建筑施工项目管理丛书

建筑施工项目资产管理

隋忠常　主编
郭显亮　孙维才　马荣全　副主编

中国建筑工业出版社

图书在版编目（CIP）数据

建筑施工项目资产管理/隋忠常主编，郭显亮等副主编．—北京：中国建筑工业出版社，2007
ISBN 978-7-112-09329-8

Ⅰ．建…　Ⅱ．①隋…②郭…　Ⅲ．建筑工程-工程施工-项目管理：资产管理　Ⅳ．TU723

中国版本图书馆 CIP 数据核字（2007）第 095216 号

本书附配套软件，下载地址如下：
www.cabp.com.cn/td/cabp15993.rar

建筑施工项目管理丛书
建筑施工项目资产管理
（附网络下载）
隋忠常　主编
郭显亮　孙维才　马荣全　副主编
*
中国建筑工业出版社出版、发行（北京西郊百万庄）
各地新华书店、建筑书店经销
霸州市顺浩图文科技发展有限公司制版
北京市彩桥印刷有限责任公司印刷
*
开本：787×1092 毫米　1/16　印张：13　字数：312 千字
2007 年 8 月第一版　　2007 年 8 月第一次印刷
印数：1—3 500 册　　定价：**28.00** 元（附网络下载）
ISBN 978-7-112-09329-8
（15993）

本书从控制成本角度运用现代管理原理和信息化手段，系统地阐述了建筑施工项目资产管理的原理、方法、手段及效果。其中通过对建筑施工项目资产管理存在问题的剖析、总结与创新，形成了一套行之有效的建筑施工项目资产管理新理念和管理方法。其范围涵盖了建筑施工企业工程项目所有可周转使用的资产。实践证明其应用效果良好。

本书共分六章，包括：建筑安装工程费用项目组成及其计算、建筑企业成本和收入、建筑施工项目资产的概念、建筑施工项目资产的制度管理与流程设计、建筑施工项目资产管理信息化及建筑施工项目资产管理案例。

本书对建筑施工企业规范资产管理、降低成本消耗具有现实的指导意义，具有体系完整、内容完备、注重实效的特点，内容通俗易懂，便于操作。

本书可供建筑施工企业相关管理人员使用，也可作为在职管理人员继续教育和业务人员上岗前培训参考。

* * *

责任编辑：郦锁林
责任设计：董建平
责任校对：王雪竹　孟　楠

序

当今，国际建筑商纷纷进入我国建筑领域，民营建筑业逐步发展壮大，国有施工企业不断改革创新，整个建筑业呈现出异常激烈的竞争态势。这种状态下，只有强化项目管理，把控制成本摆在最突出的位置上，企业才能适应市场要求，以最低的消耗取得最佳的经济效益。

本书作者结合自身在建筑业的多年经验，从控制成本角度努力追求项目管理的精细化。《建筑施工项目资产管理》一书就是项目精细化管理的范例。本书提出了“建筑施工项目资产”这一名词，这是对建筑行业各类资产的全新命名，既是一个首创，也应在整个行业推广进而形成统一概念。书中提到的项目资产管理系统研究更是获得了“中建总公司科学技术三等奖”，具有很强的操作性。

关于书中提到的建筑施工项目资产管理理念，不仅对项目资产的概念、分类及管理方式等一一作了基础性说明，更是推陈出新，将其与项目管理的信息化结合起来，建立了项目资产信息管理平台。在导入管理理念之后，本书作者还以具体案例进行了深入浅出、生动活泼的剖析，将这一管理理念形象化地呈现在读者面前。

通读全书之后，发现本书具有概念首创性，可执行性强与信息化管理相结合的特点。同时也是强化项目管理、细化项目管理的一个典范。我相信，各建筑单位通过借鉴本书，一定可以获得比较明显的效果。他山之石，可以攻玉。在此，我也希望各位读者可以以本书为参考，开拓思路，研究出更多的比较细化的管理理念，进而组合成较为完整的项目管理理念，从而推动整个建筑业的良性发展。

中国建筑第八工程局总会计师 吕宝成

2007.3.23

前　言

当前正值我国经济高速发展时期，也是我国经济转型期。在此过程中，我国传统企业无不经历着沉重的蜕变，因管理不善的企业在这场蜕变中消亡，而更多注重管理创新的企业得以发展壮大。纵观过去，生存并发展壮大的企业都离不开两个字——创新，包括制度创新、技术创新、管理创新。建筑施工项目资产管理是我们在管理创新中的一个亮点。从宏观来讲符合社会进步与建立节约型社会的要求，从微观讲符合企业规范资产管理，降低成本消耗等要求。

建筑施工企业的生产主体是工程项目，由于建筑工程项目管理组织——项目经理部是一次性组织，及其生产要素的非标准化，导致建筑施工项目资产管理难度很大，由于管理不规范，往往许多施工项目资产随着项目经理部的成立而购置，随着项目部的解散而灭失，即造成企业的资产在无形中流失。从资产管理角度看，是资产管理方面有漏洞；从企业效益看，企业利益在无形中转移，企业成本没有得到有效控制，极不利于企业发展。

建筑施工项目资产分布于施工企业的每个角落，涉及到施工生产设备工具、安全设施、废料回收、办公设施、生活设施等方方面面，包含计划、采购、保管、使用、调拨、报废等六个环节。本书详细描述了建立有效的制度控制和流程设计，将建筑施工企业一个个单独的生产要素纳入企业系统管理链条的方法和流程。长期以来，建筑施工企业受管理环境的限制，普遍忽视了对建筑施工项目资产的管理，或者想管却不知如何下手。此书作者根据多年的工作实践经验，突破目前仅限于固定资产管理的现状，将施工设备、办公用品、生活用品、临时设施、辅助生产工具、安全设施、安全用品、CI用品、主要材料、机械设备、其他资产等都纳入了建筑施工项目资产管理的范畴，并利用信息化手段，对分布各地的建筑施工项目资产实施统一管理、监控。通过内部调拨系统，实现了建筑施工项目资产的重复利用。通过责任落实，规避了施工项目资产的流失，起到了降低成本的作用。

本书由隋忠常主编，郭显亮、孙维才、马荣全副主编，卜一德参编及主审，参加编写的人员还有：李栋、沈世芹、罗平南、高得刚、代守金、刘海宏、赵衍茹、周红、徐晓满、任娅。在编写过程中，参考了有关文献资料，得到了有关专家和同事的指导和帮助，在此致以衷心感谢。

目　录

第一章　建筑安装工程费用项目组成及其计算 …… 1
第一节　建筑安装工程费用项目组成 …… 1
一、直接费的组成 …… 1
二、间接费的组成 …… 4
三、利润 …… 5
四、税金 …… 5
第二节　建筑安装工程费用参考计算方法 …… 5
一、直接费的计算公式 …… 5
二、间接费的计算公式 …… 7
三、利润的计算公式 …… 8
四、税金的计算公式 …… 8
第三节　国内建筑安装工程计价程序 …… 8
一、工料单价法计价程序 …… 9
二、综合单价法计价程序 …… 10
第四节　国际工程建筑安装工程费用的组成 …… 11
一、费用项目组成表 …… 11
二、直接费 …… 11
三、间接费 …… 12
四、分包费 …… 14
五、公司管理费 …… 14
六、暂列金额 …… 14
七、利润和风险费 …… 14
第二章　建筑企业成本和收入 …… 15
第一节　生产要素和成本 …… 15
第二节　生产函数和边际收益递减律 …… 15
一、生产函数 …… 15
二、生产可能集 …… 17
三、边际收益递减律 …… 20
四、总产量、平均产量和边际产量的关系 …… 20
五、生产阶段的划分 …… 21
六、长期生产函数和等产量曲线 …… 22
七、规模收益 …… 26
八、建筑业劳动生产率 …… 27

第三节　成本分析 …… 28
一、固定成本、变动成本、边际成本和平均成本 …… 28
二、短期平均成本 …… 29
三、长期平均成本 …… 30
四、生产要素的合理投入 …… 35
五、短期和长期平均成本的关系 …… 37
六、要素和产品的最合理组合 …… 37
七、其他成本 …… 40
第四节　收益分析 …… 43
一、总收益、平均收益与边际收益 …… 43
二、收益函数与收益曲线 …… 44
三、利润最大化原则 …… 46
第三章　建筑施工项目资产概述 …… 49
第一节　建筑施工项目资产的概念 …… 49
一、建筑施工企业概述 …… 49
二、建筑施工项目资产的概念 …… 50
三、建筑施工项目资产的发展 …… 50
第二节　建筑施工项目资产的管理原状 …… 51
一、建筑施工项目资产的管理原状 …… 51
二、建筑施工项目资产管理现状存在的问题 …… 52
第三节　建筑施工项目资产管理的新理念 …… 52
一、建筑施工项目资产管理的对象 …… 52
二、建筑施工项目资产管理的目标 …… 52
三、建筑施工项目资产管理的基本方法 …… 53
四、建筑施工项目资产管理的主要环节 …… 53
第四节　建筑施工项目资产管理的意义 …… 54
一、符合建设节约型社会的要求 …… 54
二、符合企业降低成本的要求 …… 54
三、符合企业精细化管理的要求 …… 54
四、适应企业长远发展的要求 …… 54
第四章　建筑施工项目资产的制度管理与流程设计 …… 55
第一节　建筑施工项目资产管理的原则 …… 55
一、确定管理原则的标准 …… 55
二、谁报账谁负责原则 …… 55
三、属地化原则 …… 56
四、到期回收原则 …… 56
五、以旧换新原则 …… 57
第二节　建筑施工项目资产的种类和范围 …… 57
一、种类的划分标准 …… 57

二、固定资产的范围 …… 57
三、低值易耗品的范围 …… 58
四、周转材料的范围 …… 59
五、临时设施的范围 …… 59
第三节 建筑施工项目资产的编码 …… 59
一、编码规则的制定 …… 59
二、编码的管理与使用 …… 61
三、编码的变更 …… 61
第四节 建筑施工项目资产的购置与保管 …… 61
一、计划管理与流程 …… 61
二、购置管理与流程 …… 63
三、保管管理与流程 …… 73
四、使用管理与流程 …… 75
五、调拨管理与流程 …… 75
六、调拨的划价 …… 76
七、报废管理与流程 …… 77
第五节 建筑施工项目资产购置、使用和保管的管理流程参考资料 …… 78
一、建筑施工企业固定资产类项目资产明细 …… 78
二、建筑施工企业非固定资产类项目资产明细 …… 91
三、项目现场经费及管理用生产要素配备标准 …… 127
四、建筑公司项目资产使用管理规范 …… 130
第五章 建筑施工项目资产管理信息化 …… 153
第一节 建筑施工项目资产信息化管理系统的建立 …… 153
一、信息化管理的目的 …… 153
二、信息化管理的基本思路 …… 153
三、信息化管理的基本框架 …… 154
第二节 录入系统的设置与应用 …… 156
一、系统构建 …… 156
二、权限设置 …… 156
三、系统要素构成 …… 157
四、系统应用 …… 157
第三节 查询系统的设置与应用 …… 157
一、系统的构建 …… 157
二、权限的设置 …… 158
三、系统要素构成 …… 158
四、系统应用 …… 159
第六章 建筑施工项目资产管理案例 …… 160
第一节 公司基本情况 …… 160
一、建筑公司的基本情况 …… 160

二、建筑施工项目资产的管理概况…………………………………………………… 160
第二节　建筑施工项目资产的管理内容……………………………………………… 161
一、制度建设………………………………………………………………………… 161
二、技术措施………………………………………………………………………… 167
三、资产分类………………………………………………………………………… 168
四、权限设置………………………………………………………………………… 168
第三节　管理方案实务操作………………………………………………………… 169
一、建筑施工项目资产清理与控制………………………………………………… 169
二、编码……………………………………………………………………………… 169
三、录入……………………………………………………………………………… 174
四、查询……………………………………………………………………………… 175
五、调拨……………………………………………………………………………… 185
六、报废……………………………………………………………………………… 193
参考文献…………………………………………………………………………… 196

第一章　建筑安装工程费用项目组成及其计算

第一节　建筑安装工程费用项目组成

国内现行建筑安装工程费由直接费、间接费、利润和税金组成，如图 1-1 所示。

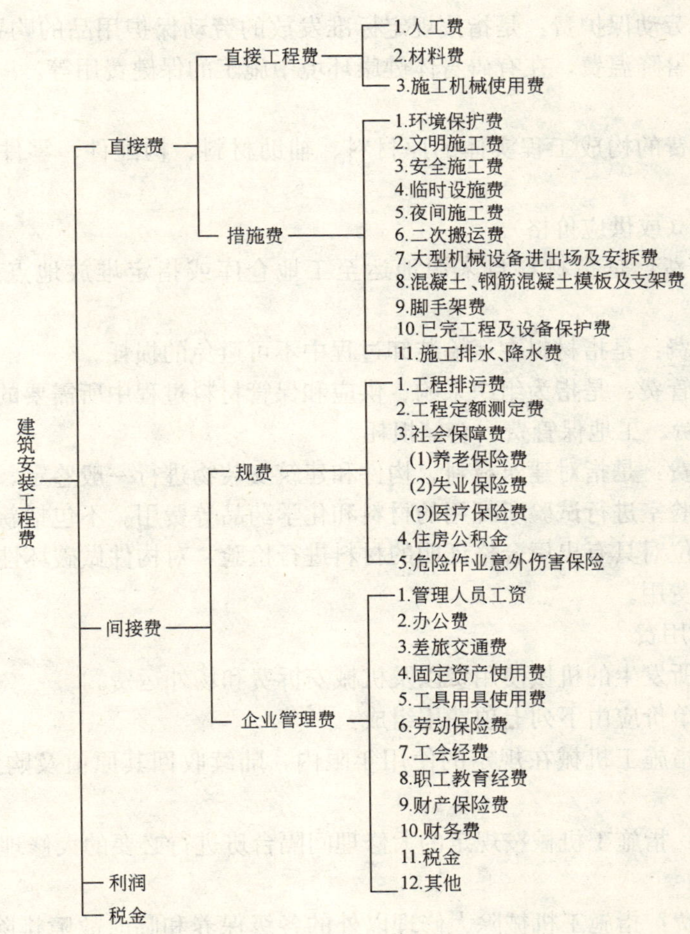

图 1-1　建筑安装工程费用项目组成

一、直接费的组成

直接费由直接工程费和措施费组成。

（一）直接工程费

施工过程中耗费的构成工程实体的各项费用，包括：人工费、材料费、施工机械使用费。

1. 人工费

直接从事建筑安装工程施工的生产工人开支的各项费用，内容包括：

（1）基本工资：是指发放给生产工人的基本工资。

（2）工资性补贴：是指按规定标准发放的物价补贴，煤、燃气补贴，交通补贴，住房补贴，流动施工津贴等。

（3）生产工人辅助工资：是指生产工人年有效施工天数以外非作业天数的工资，包括职工学习、培训期间的工资，调动工作、探亲、休假期间的工资，因气候影响的停工工资，女工哺乳时间的工资，病假在六个月以内的工资及产、婚、丧假期的工资。

（4）职工福利费：是指按规定标准计提的职工福利费。

（5）生产工人劳动保护费：是指按规定标准发放的劳动保护用品的购置费及修理费，徒工服装补贴，防暑降温费，在有碍身体健康环境中施工的保健费用等。

2. 材料费

施工过程中耗费的构成工程实体的原材料、辅助材料、构配件、零件、半成品的费用。内容包括：

（1）材料原价（或供应价格）。

（2）材料运杂费：是指材料自来源地运至工地仓库或指定堆放地点所发生的全部费用。

（3）运输损耗费：是指材料在运输装卸过程中不可避免的损耗。

（4）采购及保管费：是指为组织采购、供应和保管材料过程中所需要的各项费用。包括：采购费、仓储费、工地保管费、仓储损耗。

（5）检验试验费：是指对建筑材料、构件和建筑安装物进行一般鉴定、检查所发生的费用，包括自设试验室进行试验所耗用的材料和化学药品等费用。不包括新结构、新材料的试验费和建设单位对具有出厂合格证明的材料进行检验，对构件做破坏性试验及其他特殊要求检验试验的费用。

3. 施工机械使用费

施工机械作业所发生的机械使用费以及机械安拆费和场外运费。

施工机械台班单价应由下列七项费用组成：

（1）折旧费：指施工机械在规定的使用年限内，陆续收回其原值及购置资金的时间价值。

（2）大修理费：指施工机械按规定的大修理间隔台班进行必要的大修理，以恢复其正常功能所需的费用。

（3）经常修理费：指施工机械除大修理以外的各级保养和临时故障排除所需的费用。包括为保障机械正常运转所需替换设备与随机配备工具附具的摊销和维护费用，机械运转中日常保养所需润滑与擦拭的材料费用及机械停滞期间的维护和保养费用等。

（4）安拆费及场外运费：安拆费指施工机械在现场进行安装与拆卸所需的人工、材料、机械和试运转费用以及机械辅助设施的折旧、搭设、拆除等费用；场外运费指施工机械整体或分体自停放地点运至施工现场或由一施工地点运至另一施工地点的运输、装卸、辅助材料及架线等费用。

(5) 人工费：指机上司机（司炉）和其他操作人员的工作日人工费及上述人员在施工机械规定的年工作台班以外的人工费。

(6) 燃料动力费：指施工机械在运转作业中所消耗的固体燃料（煤、木柴）、液体燃料（汽油、柴油）及水、电等。

(7) 养路费及车船使用税：指施工机械按照国家规定和有关部门规定应缴纳的养路费、车船使用税、保险费及年检费等。

（二）措施费

为完成工程项目施工，发生于该工程施工前和施工过程中非工程实体项目的费用。包括内容：

1. 环境保护费

施工现场为达到环保部门要求所需要的各项费用。

2. 文明施工费

施工现场文明施工所需要的各项费用。

3. 安全施工费

施工现场安全施工所需要的各项费用。

4. 临时设施费

施工企业为进行建筑工程施工所必须搭设的生活和生产用的临时建筑物、构筑物和其他临时设施费用等。

临时设施包括：临时宿舍、文化福利及公用事业房屋与构筑物，仓库、办公室、加工厂以及规定范围内道路、水、电、管线等临时设施和小型临时设施。

临时设施费用包括：临时设施的搭设、维修、拆除费或摊销费。

5. 夜间施工费

因夜间施工所发生的夜班补助费、夜间施工降效、夜间施工照明设备摊销及照明用电等费用。

6. 二次搬运费

因施工场地狭小等特殊情况而发生的二次搬运费用。

7. 大型机械设备进出场及安拆费

机械整体或分体自停放场地运至施工现场或由一个施工地点运至另一个施工地点，所发生的机械进出场运输及转移费用及机械在施工现场进行安装、拆卸所需的人工费、材料费、机械费、试运转费和安装所需的辅助设施的费用。

8. 混凝土、钢筋混凝土模板及支架费

混凝土施工过程中需要的各种钢模板、木模板、支架等的支、拆、运输费用及模板、支架的摊销（或租赁）费用。

9. 脚手架费

施工需要的各种脚手架搭、拆、运输费用及脚手架的摊销（或租赁）费用。

10. 已完工程及设备保护费

竣工验收前，对已完工程及设备进行保护所需费用。

11. 施工排水、降水费

为确保工程在正常条件下施工，采取各种排水、降水措施所发生的各种费用。

二、间接费的组成

间接费由规费、企业管理费组成。

（一）规费

政府和有关权力部门规定必须缴纳的费用（简称规费）。内容包括：

1. 工程排污费

施工现场按规定缴纳的工程排污费。

2. 工程定额测定费

按规定支付工程造价（定额）管理部门的定额测定费。

3. 社会保障费

（1）养老保险费：是指企业按规定标准为职工缴纳的基本养老保险费。

（2）失业保险费：是指企业按照国家规定标准为职工缴纳的失业保险费。

（3）医疗保险费：是指企业按照规定标准为职工缴纳的基本医疗保险费。

4. 住房公积金

企业按规定标准为职工缴纳的住房公积金。

5. 危险作业意外伤害保险

按照建筑法规定，企业为从事危险作业的建筑安装施工人员支付的意外伤害保险费。

（二）企业管理费

建筑安装企业组织施工生产和经营管理所需费用。

内容包括：

1. 管理人员工资

管理人员的基本工资、工资性补贴、职工福利费、劳动保护费等。

2. 办公费

企业管理办公用的文具、纸张、账表、印刷、邮电、书报、会议、水电、烧水和集体取暖（包括现场临时宿舍取暖）用煤等费用。

3. 差旅交通费

职工因公出差、调动工作的差旅费、住勤补助费，市内交通费和误餐补助费，职工探亲路费，劳动力招募费，职工离退休、退职一次性路费，工伤人员就医路费，工地转移费以及管理部门使用的交通工具的油料、燃料、养路费及牌照费。

4. 固定资产使用费

管理和试验部门及附属生产单位使用的属于固定资产的房屋、设备仪器等的折旧、大修、维修或租赁费。

5. 工具用具使用费

管理使用的不属于固定资产的生产工具、器具、家具、交通工具和检验、试验、测绘、消防用具等的购置、维修和摊销费。

6. 劳动保险费

由企业支付离退休职工的异地安家补助费、职工退职金、六个月以上的病假人员工资、职工死亡丧葬补助费、抚恤费、按规定支付给离休干部的各项经费。

7. 工会经费

企业按职工工资总额计提的工会经费。

8. 职工教育经费

企业为职工学习先进技术和提高文化水平，按职工工资总额计提的费用。

9. 财产保险费

施工管理用财产、车辆保险。

10. 财务费

企业为筹集资金而发生的各种费用。

11. 税金

企业按规定缴纳的房产税、车船使用税、土地使用税、印花税等。

12. 其他

包括技术转让费、技术开发费、业务招待费、绿化费、广告费、公证费、法律顾问费、审计费、咨询费等。

三、利润

施工企业完成所承包工程获得的盈利。

四、税金

国家税法规定的应计入建筑安装工程造价内的营业税、城市维护建设税及教育费附加等。

第二节　建筑安装工程费用参考计算方法

一、直接费的计算公式

（一）直接工程费

$$\text{直接工程费}=\text{人工费}+\text{材料费}+\text{施工机械使用费}$$

1. 人工费

$$\text{人工费}=\sum(\text{工日消耗量}\times\text{日工资单价})$$

$$\text{日工资单价}(G)=\sum_{i=1}^{5}G_i$$

（1）基本工资

$$\text{基本工资}(G_1)=\frac{\text{生产工人平均月工资}}{\text{年平均每月法定工作日}}$$

（2）工资性补贴

$$\text{工资性补贴}(G_2)=\frac{\sum\text{年发放标准}}{\text{全年日历日}-\text{法定假日}}+\frac{\sum\text{月发放标准}}{\text{年平均每月法定工作日}}+\text{每工作日发放标准}$$

（3）生产工人辅助工资

$$\text{生产工人辅助工资}(G_3)=\frac{\text{全年无效工作日}\times(G_1+G_2)}{\text{全年日历日}-\text{法定假日}}$$

（4）职工福利费

$$\text{职工福利费}(G_4)=(G_1+G_2+G_3)\times\text{福利费计提比例}(\%)$$

（5）生产工人劳动保护费

$$生产工人劳动保护费(G_5)=\frac{生产工人年平均支出劳动保护费}{全年日历日-法定假日}$$

2. 材料费

$$材料费=\sum(材料消耗量\times材料基价)+检验试验费$$

（1）材料基价

$$材料基价=[(供应价格+运杂费)\times(1+运输损耗率(\%))]\times(1+采购保管费率(\%))$$

（2）检验试验费

$$检验试验费=\sum(单位材料量检验试验费\times材料消耗量)$$

3. 施工机械使用费

$$施工机械使用费=\sum(施工机械台班消耗量\times机械台班单价)$$

$$\begin{aligned}机械台班单价=&台班折旧费+台班大修费+台班经常修理费+台班安拆费及场外运费\\&+台班人工费+台班燃料动力费+台班养路费及车船使用税\end{aligned}$$

（二）措施费

本书中只列通用措施费项目的计算方法，各专业工程的专用措施费项目的计算方法由各地区或国务院有关专业主管部门的工程造价管理机构自行制定。

1. 环境保护费

$$环境保护费=直接工程费\times环境保护费费率(\%)$$

$$环境保护费费率(\%)=\frac{本项费用年度平均支出}{全年建安产值\times直接工程费占总造价比例(\%)}$$

2. 文明施工费

$$文明施工费=直接工程费\times文明施工费费率(\%)$$

$$文明施工费费率(\%)=\frac{本项费用年度平均支出}{全年建安产值\times直接工程费占总造价比例(\%)}$$

3. 安全施工费

$$安全施工费=直接工程费\times安全施工费费率(\%)$$

$$安全施工费费率(\%)=\frac{本项费用年度平均支出}{全年建安产值\times直接工程费占总造价比例(\%)}$$

4. 临时设施费

临时设施费有以下三部分组成：

（1）周转使用临建（如：活动房屋）；

（2）一次性使用临建（如：简易建筑）；

（3）其他临时设施（如：临时管线）。

$$\begin{aligned}临时设施费=&(周转使用临建费+一次性使用临建费)\\&\times[1+其他临时设施所占比例(\%)]\end{aligned}$$

其中：

1）周转使用临建费：

$$周转使用临建费=\sum\left[\frac{临建面积\times每平方米造价}{使用年限\times365\times利用率(\%)}\times工期(天)\right]+一次性拆除费$$

2）一次性使用临建费：

一次性使用临建费＝$\sum$临建面积×每平方米造价×[1－残值率(%)]＋一次性拆除费

3）其他临时设施在临时设施费中所占比例，可由各地区造价管理部门依据典型施工企业的成本资料经分析后综合测定。

5. 夜间施工增加费

$$夜间施工增加费=\left(1-\frac{合同工期}{定期工期}\right)\times\frac{直接工程费中的人工费合计}{平均日工资单价}\times每工日夜间施工费开支$$

6. 二次搬运费

二次搬运费＝直接工程费×二次搬运费费率(%)

$$二次搬运费费率(\%)=\frac{年平均二次搬运费开支额}{全年建安产值\times直接工程费占总造价的比例(\%)}$$

7. 大型机械进出场及安拆费

$$大型机械进出场及安拆费=\frac{一次进出场及安拆费\times年平均安拆次数}{年工作台班}$$

8. 混凝土、钢筋混凝土模板及支架

(1) 模板及支架费＝模板摊销量×模板价格＋支、拆、运输费

摊销量＝一次使用量×(1＋施工损耗)×[1＋(周转次数－1)×补损率/周转次数－(1－补损率)50%/周转次数]

(2) 租赁费＝模板使用量×使用日期×租赁价格＋支、拆、运输费

9. 脚手架搭拆费

(1) 脚手架搭拆费＝脚手架摊销量×脚手架价格＋搭、拆、运输费

$$脚手架摊销量=\frac{单位一次使用量\times(1-残值率)}{耐用期\div一次使用期}$$

(2) 租赁费＝脚手架每日租金×搭设周期＋搭、拆、运输费

10. 已完工程及设备保护费

已完工程及设备保护费＝成品保护所需机械费＋ 材料费＋人工费

11. 施工排水、降水费

排水降水费＝$\sum$排水降水机械台班费×排水降水周期＋排水降水使用材料费、人工费

二、间接费的计算公式

间接费的计算方法按取费基数的不同分为以下三种：

(一) 以直接费为计算基础

间接费＝直接费合计×间接费费率(%)

(二) 以人工费和机械费合计为计算基础

间接费＝人工费和机械费合计×间接费费率(%)

间接费费率(%)＝规费费率(%)＋企业管理费费率(%)

(三) 以人工费为计算基础

间接费＝人工费合计×间接费费率 (%)

1. 规费费率

根据本地区典型工程发承包价的分析资料综合取定规费计算中所需数据：

(1) 每万元发承包价中人工费含量和机械费含量。

(2) 人工费占直接费的比例。

(3) 每万元发承包价中所含规费缴纳标准的各项基数。

规费费率的计算公式：

1) 以直接费为计算基础：

$$规费费率(\%)=\frac{\sum 规费缴纳标准\times 每万元发承包价计算基数}{每万元发承包价中的人工费含量}\times 人工费占直接费的比例(\%)$$

2) 以人工费和机械费合计为计算基础：

$$规费费率(\%)=\frac{\sum 规费缴纳标准\times 每万元发承包价计算基数}{每万元发承包价中的人工费含量和机械费含量}\times 100\%$$

3) 以人工费为计算基础：

$$规费费率(\%)=\frac{\sum 规费缴纳标准\times 每万元发承包价计算基数}{每万元发承包价中的人工费含量}\times 100\%$$

2. 企业管理费费率

企业管理费费率计算公式：

1) 以直接费为计算基础：

$$企业管理费费率(\%)=\frac{生产工人年平均管理费}{年有效施工天数\times 人工单价}\times 人工费占直接费比例(\%)$$

2) 以人工费和机械费合计为计算基础：

$$企业管理费费率(\%)=\frac{生产工人年平均管理费}{年有效施工天数\times(人工单价+每一工日机械使用费)}\times 100\%$$

3) 以人工费为计算基础：

$$企业管理费费率(\%)=\frac{生产工人年平均管理费}{年有效施工天数\times 人工单价}\times 100\%$$

三、利润的计算公式

利润计算公式：见本章第三节——建筑安装工程计价程序。

四、税金的计算公式

$$税金计算公式:税金=(税前造价+利润)\times 税率(\%)$$

税率如下：

(一) 纳税地点在市区的企业

$$税率(\%)=\left[\frac{1}{1-3\%-(3\%\times 7\%)-(3\%\times 3\%)}-1\right]\times 100\%=3.41\%$$

(二) 纳税地点在县城、镇的企业

$$税率(\%)=\left[\frac{1}{1-3\%-(3\%\times 5\%)-(3\%\times 3\%)}-1\right]\times 100\%=3.35\%$$

(三) 纳税地点不在市区、县城、镇的企业

$$税率(\%)=\left[\frac{1}{1-3\%-(3\%\times 1\%)-(3\%\times 3\%)}-1\right]\times 100\%=3.22\%$$

第三节　国内建筑安装工程计价程序

根据建设部第107号部令《建筑工程施工发包与承包计价管理办法》的规定，发包与承包价的计算方法分为工料单价法和综合单价法，程序为：

一、工料单价法计价程序

工料单价法是以分部分项工程量乘以单价后的合计为直接工程费，直接工程费以人工、材料、机械的消耗量及其相应价格确定。直接工程费汇总后另加间接费、利润、税金生成工程发承包价，其计算程序分为三种：

1. 以直接费为计算基数

以直接费为计算基数的工料单价法计价程序，见表 1-1。

以直接费为计算基数的工料单价法计价程序 **表 1-1**

序 号	费 用 项 目	计 算 方 法	备 注
1	直接工程费	按预算表	
2	措施费	按规定标准计算	
3	小计	(1)+(2)	
4	间接费	(3)×相应费率	
5	利润	((3)+(4))×相应利润率	
6	合计(不含税造价)	(3)+(4)+(5)	
7	含税造价	(6)×(1+相应税率)	

2. 以人工费和机械费为计算基数

以人工费和机械费为计算基数的工料单价法计价程序，见表 1-2。

以人工费和机械费为计算基数的工料单价法计价程序 **表 1-2**

序 号	费 用 项 目	计 算 方 法	备 注
1	直接工程费	按预算表	
2	其中人工费和机械费	按预算表	
3	措施费	按规定标准计算	
4	其中人工费和机械费	按规定标准计算	
5	小计	(1)+(3)	
6	人工费和机械费小计	(2)+(4)	
7	间接费	(6)×相应费率	
8	利润	(6)×相应利润率	
9	合计	(5)+(7)+(8)	
10	含税造价	(9)×(1+相应税率)	

3. 以人工费为计算基数

以人工费为计算基数的工料单价法计价程序，见表 1-3。

以人工费为计算基数的工料单价法计价程序 **表 1-3**

序 号	费 用 项 目	计 算 方 法	备 注
1	直接工程费	按预算表	
2	直接工程费中人工费	按预算表	
3	措施费	按规定标准计算	
4	措施费中人工费	按规定标准计算	
5	小计	(1)+(3)	
6	人工费小计	(2)+(4)	
7	间接费	(6)×相应费率	
8	利润	(6)×相应利润率	
9	合计	(5)+(7)+(8)	
10	含税造价	(9)×(1+相应税率)	

二、综合单价法计价程序

综合单价法是分部分项工程单价为全费用单价，全费用单价经综合计算后生成，其内容包括直接工程费、间接费、利润和税金（措施费也可按此方法生成全费用价格）。

各分项工程量乘以综合单价的合价汇总后，生成工程发承包价。

由于各分部分项工程中的人工、材料、机械含量的比例不同，各分项工程可根据其材料费占人工费、材料费、机械费合计的比例（以字母“C”代表该项比值）在以下三种计算程序中选择一种计算其综合单价。

1. 当$C>C_0$（C_0为本地区原费用定额测算所选典型工程材料费占人工费、材料费、和机械费合计的比例）时，可采用以人工费、材料费、机械费合计为基数计算该分项的间接费和利润，计价程序见表1-4。

以直接工程费为计算基数的综合单价法计价程序 表1-4

序号	费用项目	计算方法	备注
1	分项直接工程费	人工费＋材料费＋机械费	
2	间接费	(1)×相应费率	
3	利润	((1)＋(2))×相应利润率	
4	合计	(1)＋(2)＋(3)	
5	含税造价	(4)×(1＋相应税率)	

2. 当$C<C_0$值的下限时，可采用以人工费和机械费合计为基数计算该分项的间接费和利润，计价程序见表1-5。

以人工费和机械费为计算基数的综合单价法计价程序 表1-5

序号	费用项目	计算方法	备注
1	分项直接工程费	人工费＋材料费＋机械费	
2	其中人工费和机械费	人工费＋机械费	
3	间接费	(2)×相应费率	
4	利润	(2)×相应利润率	
5	合计	(1)＋(3)＋(4)	
6	含税造价	(5)×(1＋相应税率)	

3. 如该分项的直接费仅为人工费，无材料费和机械费时，可采用以人工费为基数计算该分项的间接费和利润，计价程序见表1-6。

以人工费为计算基数的综合单价法计价程序 表1-6

序号	费用项目	计算方法	备注
1	分项直接工程费	人工费＋材料费＋机械费	
2	直接工程费中人工费	人工费	
3	间接费	(2)×相应费率	
4	利润	(2)×相应利润率	
5	合计	(1)＋(3)＋(4)	
6	含税造价	(5)×(1＋相应税率)	

第四节　国际工程建筑安装工程费用的组成

一、费用项目组成表

国际工程项目建筑安装工程费用的构成，由于承包项目范围的不同，以及各承包公司的分类方法不同，所以没有统一的模式，但基本构成如图 1-2 所示。

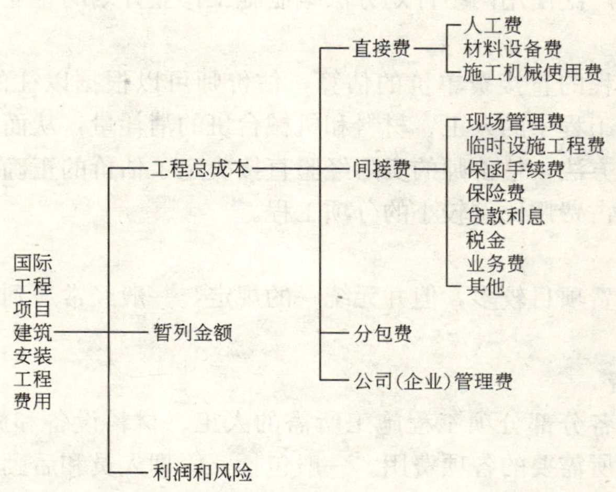

图 1-2　国际工程建筑安装工程费用构成

二、直接费

（一）直接费

直接用于工程的人工费、材料设备费和施工机械费。

1. 人工费

直接从事施工以及附属辅助性生产的工人工资，包括国内工人工资、外籍工人工资，但不包括管理人员工资、后勤服务人员的工资。

2. 材料设备费

用于永久工程的所有建筑材料、设备的费用。材料设备采购的途径不同，其费用构成也不同，但均应包括材料设备的购买价格，以及从采购地到达工程现场过程中所发生的运输费、保管费等其他费用。

3. 施工机械使用费

用于施工的各类机械、装备的使用费，包括机械的基本折旧费、安装拆卸费、维修费、机械保险费和燃料动力费，以及驾驶操作人工费等。

（二）国外多采用工程量清单方式报价

常用分项工程（工程量清单项目）直接费计算方法如下：

1. 定额估价法

采用定额估价法应具备较正确的工效、材料、机械台班的消耗定额，人工、材料和机械台班的使用单价。一般指有较可靠定额标准的企业。定额估价法应用较为广泛。

2. 作业估价法

应用定额估价法是以定额消耗标准为依据，并不考虑作业的持续时间。当机械设备所占比重较大，使用的均衡性较差，机械设备搁置时间过长而使其费用增大时，这种机械搁置无法在定额估价中给予恰当的考虑，一般应采用作业估价法进行计算。

作业估价法是先估算出总工作量、分项工程的作业时间和正常条件下劳动人员、施工机械的设备，然后计算出各项作业持续时间内的人工和机械费用。为保证估价的正确和合理性，作业估价法应包括：制定施工计划和计算各项作业资源费用等。这种方法应用相当普遍，尤其是在那些广泛使用网络计划方法编制施工作业计划的企业中。

3. 匡算估价法

对于某些分项工程的直接费单价的估算，估价师可以根据以往的实际经验或相关资料，直接估算出分项工程中的人工、材料和机械台班的消耗量，从而估算出分项工程的直接费单价。采用这种方法，估价师的实际经验直接决定了估价的正确程度。因此，往往适用于工程量不大，所占费用比例较小的分项工程。

三、间接费

国际工程的间接费项目较多，但并无统一的规定，一般经常遇到的费用项目包括以下内容：

（一）现场管理费

指除了直接用于各分部分项工程施工所需的人工、材料设备和施工机械等开支之外的，为工程现场管理所需要的各项费用。一般包括：管理人员和后勤服务人员工资、办公费、差旅交通费、医疗费、劳动保护费、固定资产折旧、工具用具使用费、检验试验费和其他费用。

（二）临时设施工程费

临时设施工程费用，包括生活用房、生产用房和室外工程等临时房屋的建设费（或房租）、水、电、暖、卫及通讯设施费等。

（三）保函手续费

国际工程招投标及实施工程中涉及到投标保函、履约保函、预付款保函、维修保函。银行为承包商出具以上保函时，都要收取一定的手续费。

1. 投标保函

国外工程投标时，投标者必须交出有资格的银行出具的投标保证书。用于保证投标者在投标后不中途退出，并在中标后与业主签订工程承包合同，否则投标保证金将予以没收。一般规定投标保证金占投标金额的5%，或具体规定某一额度。保证期限到定标时为止（一般3～6个月），中标者可将此保证书转为履约保证书，不中标者予以退还，办理投标保证书时，应向银行缴纳一定比例的手续费。

2. 履约保函

投标人中标后与业主签订了承包合同以前，需先交出履约保证书，用以确保合同的履行。其手续与办理投标保证书相同。保证金额一般为投标总价的10%，或具体规定某一额度。履约保证书的有效期至完工时止。如果承包人中途违约，则被业主没收保函以赔偿损失。

3. 预付款保函

承包商收受业主的预付工程款之前，必须交出与预付款金额相同的预付款保证书。该保证书同样也应由有资格的银行出具。

4. 维修保函

工程完工后如果发现质量上的问题，在规定的保修期内由承包者负责修理。保修金是指在保修期内，为了确保承包者负责维修而保留的一部分承包额，直到保修期满为止。保修金一般占总价的5%。同样也可由银行出具保证书。

（四）保险费

国际工程中的保险项目一般有工程一切险、第三者责任保险、机动车辆保险、人身意外保险、材料设备运输保险、施工机械保险等，其中后三项保险的费用已分别计入直接费中的人工、材料设备和机械使用费。

1. 工程一切险

工程一切险也称工程全险，即对工程在施工和保修期间，由于自然灾害、意外事故、操作疏忽或过失而可能造成的一切损失（包括第三者责任险）进行保险。保险范围包括合同规定的全部工程；到达工地的设备、材料和施工机具，临时设施及现场上的其他物资。建筑工程一切险的保险金额，应为保险标的建筑完成时的总值。保险费则按不同项目的危险程度、工期长短等因素确定。

2. 第三者责任险

建筑工程第三者责任保险是分别附加在工程一切险中的。在工程保险期内，如发生意外事故造成在工地及附近地区的第三者人身伤亡、疾病或财产损失，依法律应由被保险人负责时，以及被保险人因此而支付的诉讼费和保险公司事先同意支付的其他费用，都将由保险公司负赔偿责任。第三者责任险的赔偿限额由双方商定。

3. 机动车辆保险

机动车辆包括汽车、拖拉机、摩托车以及各种特种车辆，它们是机械损坏险中所不包括的。机动车辆保险分为车辆损失险和第三者责任险两部分，两者可以一起或分别投保。

4. 人身意外保险

为了使施工人员在遭受意外造成人身伤亡时得到经济补偿；减轻企业负担，可向保险公司投保团体人身意外伤害险。

5. 施工机械保险

承包人为保障工地施工机械设备遭受损失时得到经济补偿所投保的机械损坏险。其保险金额应以机械设备的重置价值为准。

（五）贷款利息

承包商本身资金不足时，要用银行贷款组织施工，需向银行支付利息。

（六）税金

承包商应按工程所在国税收制度缴纳税额。各国情况不同税种也不同。主要由合同税、营业税、产业税、印花税、所得税、人头税、社会福利税、社会安全税、车辆牌照税及各种特种税等。

（七）业务费

包括为监理工程师创造现场工作、生活条件而开支的费用，为争取中标或加快收取工程款的代理人佣金、法律顾问费、广告宣传费、考察联络费、业务资料费和咨询费等。

四、分包费

分包费是指分包商的费用。总包商在投标时还要考虑总包商的管理费。

五、公司管理费

公司管理费也叫企业管理费或上级管理费，是公司为承包工程提供服务而收取的一项费用。公司管理费包括总部人员工资、行政管理费用、办公室的租金、邮政通讯费用、电费、暖气费、修理费、车辆使用费、办公用品费和财务费用等。

六、暂列金额

“暂列金额”是指包括在合同中，供工程任何部分的施工，或提供货物、材料、设备，或服务，或提供不可预料事件之费用的一项金额。暂列金额是业主方的备用金，这是由业主的咨询工程师事先确定并填入招标文件的金额。

七、利润和风险费

利润对于业主来说是允许的利润，对投标者而言则是计划利润。风险费也称不可预见费，或称意外费。承包商承受来自气候、通货膨胀、合同条件、币值波动等风险，为防范风险所需要的各项费用，以及补偿费用计入标价中。

第二章　建筑企业成本和收入

第一节　生产要素和成本

关于建筑安装工程费用（或称成本），不同的人看法不同。会计师、生产管理人员和经济学家的看法就不一样。笼统地说，成本就是在建筑生产过程中所消耗的生产要素的价值，也称为要素成本。

西方经济学认为，建筑生产所需要的生产要素包括劳动力、土地、资本和经营管理才能和精力。企业家才能指生产经营者对生产过程的组织与管理。只有通过企业家的组织与管理，才能使劳动、资本、土地等自然资源，得到合理的组合配置，取得最大收益。因此，西方经济学特别予以重视。建筑企业各生产要素的消耗就是建筑企业经营的成本，包括工资、利息、地租、原材料、固定资产折旧、动力和燃料、销售、保险、广告、运输、税金等，以及正常利润。正常利润指企业所有者将生产要素保留于本企业维持生产和经营而必须付出的代价。如果企业的经营收益中没有用于补偿企业所有者管理才能和精力消耗的正常利润，则企业所有者就会将这些生产要素用于他处。

按照马克思的经济学说，成本就是生产过程中耗费的活化劳动和物化劳动的价格。生产过程从获取生产任务开始，直到将建筑产品交付使用为止，不限于现场作业。

对于许多人，上面关于成本的定义还不够具体。这一概念根据使用者所处的位置、需要以及使用场合的不同，其具体内涵也不相同。本章第三节将从研究建筑企业经营活动的角度，明确成本的各种具体含义，进而为成功的控制成本、达到成本管理的目标开拓思路。

第二节　生产函数和边际收益递减律

一、生产函数

建筑业将各种资源转变为建筑产品，在这个转变过程发生之前，必须要有其他行业的众多过程发生。例如制砖、采掘、制造门窗等。在进行建造活动，即建筑生产之前，建筑企业需要准备好生产要素，即土地、劳动力、资金、材料以及其他中间产品。

经济学家用生产函数表示在一定时期内各种中间投入与这些中间投入经过组合之后所能获得的最大产出之间的关系。本书借助这一函数，准确地分析了建筑过程中所投入生产要素的变化对成本构成的影响。

未能够达到最大产出的中间投入组合称为技术无效的投入，反之称为技术有效的投入。例如某建筑工地混凝土生产，需要的主要生产要素是混凝土生产设备（换算为人民币）和人力。这两种生产要素有 5 种组合方式（见表 2-1），都能满足该工地上的混凝土需要量。显然，第 1 和第 2 种组合方式都是技术无效的。因为这 5 种组合的产量都相同，但第 1 种组合的投入比第 3 和第 4 种组合都多，未达到更高（更不用说最大）的产量。而第 2 种组合的投入比第 5 种组合多，未达到更高（更不用说最大）的产量。后三种组合彼此之间无法比较孰好孰坏。但是，若从它们中间的任何一种减少设备或人力，就不能再满足工地上混凝土的需要。所以后三种组合都是技术有效的。

两种生产要素的 5 种组合方式　　表 2-1

组合编号	生产要素投入量		组合编号	生产要素投入量	
	混凝土设备(万元)	劳动力(人)		混凝土设备(万元)	劳动力(人)
1	40	8	4	36	8
2	35	9	5	33	9
3	38	7			

相对于技术有效而言，还存在着经济有效的概念。经济有效就是以最少的代价生产出一定的产量；或以一定的代价生产出最大的产量。技术有效是经济有效的必要条件，但不是充分条件。

生产函数是一种经济学模型，包含两个基本假设：

(1) 技术不变。这就是说，在给定时期内任何时候投入具体组合与它们能够创造的产出之间的关系是固定的。当然，有新技术出现时，投入与它们能够创造的产出之间的关系也会改变。

(2) 假定所有的投入都得到了最有效的使用。在此应当注意的是，这两个假设并不是说所有的建筑企业都在使用最先进的技术。它们的含义是建筑企业使用的所有生产要素都得到了最有效的利用，在现有的技术条件下生产出或提供了最大数量的产品或服务。

这两个假设看起来简单，但在实际中不容易实现。许多现实中的建筑企业很可能没有意识本企业存在着许多浪费，资源使用效率不高、企业组织不合理、劳动纪律松弛、计划不周、管理不善等。如果他们能够认识到这些问题，并重新安排自己的资源，就能大大提高自己的产出。

生产函数的一般形式为

$$Q=f(\text{土地},\text{劳动力},\text{资本},X_1,X_2,\cdots,X_n,R) \tag{2-1}$$

式中　Q——在给定时期的最大产出；

X_1、X_2、…、X_n——生产要素土地、劳动力和资本以外的其他投入；

R——反映企业经营规模的变量。

为了简化讨论，我们以后用的生产函数中只保留一个或两个投入，即资本和劳动力。这样，生产函数就可以表示成：

$$Q=f(K,L) \tag{2-2}$$

式中　K、L——分别为给定时期内使用的资本和劳动力数量。

美国经济学家柯布和道格拉斯在 20 世纪 30 年代初，根据历史统计资料，研究了 1899～1922 年美国资本和劳动力两种生产要素对产量的影响，提出柯布-道格拉斯生产函数公式如下：

$$Q=AL^{\alpha}K^{1-\alpha} \tag{2-3}$$

式中　Q——产量；

L——劳动力投入量；

K——资本投入量；

A——常数；

α——小于 1 的正数。

公式表明，总产量中工资的相对份额为 α，资本收益的相对份额为 $1-\alpha$。柯-道还计算出 A 为 1.01，α 为 0.75，即 $\alpha=3/4$，$1-\alpha=1/4$。这表明每增加 1%的劳动力引起产量的增长将等于每增加 1%资本引起产量增长的 3 倍。这一生产函数被广泛应用于生产决策分析中，既可以用于宏观经济分析，也可以用于产业和企业。

二、生产可能集

在建筑业中，常常不能使用式（2-2）那样的解析公式表示产量与生产要素投入量的数量关系。例如某建筑公司承建过 5 条公路的施工，投入的生产要素有人力和施工设备。这 5 条公路使用的人力、施工机械以及该公司的产量（换算成了收到的全部工程款）列于表 2-2 中。

某公司承建 5 条公路投入的人力、机械及公司产量　　表 2-2

	公路 1	公路 2	公路 3	公路 4	公路 5	符号
人工(百万工日)	18	5	15	10	3	x_1
施工机械(百万台班)	5	6	6	8	12	x_2
工程款收入(百万元)	24	14	21	20	16	y_1

从表 2-2 可以看出，该建筑公司在各条公路上产量同人力和施工机械这两种生产要素投入量的关系。但是要衡量这 5 条公路哪一条最有效率，则这种表达方式很不方便。

一般地，设建筑企业生产使用 m 种生产要素，这 m 种生产要素有 n 种可能的组合；生产 s 种产品，这 s 种产品也有 n 种组合。用 x_{ij} 表示第 i 种要素在第 j 种要素组合中的使用数量，$i=1, 2, \cdots, m$；$j=1, 2, \cdots, n$。用 y_{ij} 表示第 i 种产品在第 j 种产品组合中的产量，$i=1, 2, \cdots, s$；$j=1, 2, \cdots, n$。

生产要素的这 n 种可能组合分别用 x_j 表示，$j=1, 2, \cdots, n$，即：

$$x_1=\begin{bmatrix}x_{11}\\x_{21}\\\vdots\\x_{m1}\end{bmatrix},\ x_2=\begin{bmatrix}x_{12}\\x_{22}\\\vdots\\x_{m2}\end{bmatrix},\ \cdots,\ x_n=\begin{bmatrix}x_{1n}\\x_{2n}\\\vdots\\x_{mn}\end{bmatrix}$$

产品的 n 种组合分别用 y_j 表示，$j=1, 2, \cdots, n$，即：

$$y_1=\begin{bmatrix}y_{11}\\y_{21}\\\vdots\\y_{S1}\end{bmatrix},\ y_2=\begin{bmatrix}y_{12}\\y_{22}\\\vdots\\y_{S2}\end{bmatrix},\ \cdots,\ y_n=\begin{bmatrix}y_{1n}\\y_{2n}\\\vdots\\y_{Sn}\end{bmatrix}$$

另外，用 (x_j, y_j)，$j=1, 2, \cdots, n$ 表示建筑企业使用第 j 种生产要素组合 x_j 生产出第 j 种产品组合 y_j 的生产活动。所有 n 次已经进行并记录下来的生产活动的全体，用符号 $\hat{T}$ 表示，即：

$$\hat{T}=\{(x_1,y_1),(x_2,y_2),\cdots,(x_n,y_n)\} \tag{2-4}$$

$\hat{T}$叫做参考集。参考的意思是，当建筑企业在将来的生产活动中考虑生产要素的其他组合时，要以过去的生产数据为依据。

相应的，可定义投入参考集为$\hat{L}=\{x_1, x_2,\cdots,x_n\}$和产出参考集$\hat{P}=\{y_1,y_2,\cdots,y_n\}$。

对于表 2-1 中的例子，参考集、投入参考集和产出参考集分别是

$$\hat{T}=\left\{\left[\begin{pmatrix}18\\5\end{pmatrix}, 24\right], \left[\begin{pmatrix}5\\6\end{pmatrix}, 14\right], \left[\begin{pmatrix}15\\6\end{pmatrix}, 21\right], \left[\begin{pmatrix}10\\8\end{pmatrix}, 20\right], \left[\begin{pmatrix}3\\12\end{pmatrix}, 16\right]\right\}$$

$$\hat{L}=\left\{\begin{pmatrix}18\\5\end{pmatrix}, \begin{pmatrix}5\\6\end{pmatrix}, \begin{pmatrix}15\\6\end{pmatrix}, \begin{pmatrix}10\\8\end{pmatrix}, \begin{pmatrix}3\\12\end{pmatrix}\right\}$$

$$\hat{P}=\{24, 14, 21, 20, 16\}$$

有了过去的数据（x_j，y_j），$j=1$，2，…，n，企业的管理者自然会认为，将生产要素组合x_j增加到$kx_j(k\geqslant 0)$，则产量y_j也会相应的增加到ky_j。也就是说，他们认为生产活动$k(x_j, y_j)=(kx_j, ky_j)$是可能的。

他们或许还认为，将x_k的α倍，即αx_k加上x_l的$1-\alpha$倍，即$(1-\alpha)x_l$之后，能够出产出$\alpha y_k+(1-\alpha)y_l$。也就是说，$\alpha(x_k, y_k)+(1-\alpha)(x_l, y_l)$也是可能的生产活动。其中$(x_k, y_k)\in\hat{T}$，$(x_l, y_l)\in\hat{T}$；$\alpha\in[0, 1]$。

大家一定会同意以下结论：$(x_a, y_a)\in\hat{T}$，$(x_b, y_b)\in\hat{T}$，$x_a\geqslant x_b$，则（x_a，y_b）是可能的，即$(x_a, y_b)\in\hat{T}$；如果，$y_a\leqslant y_b$，则（x_b，y_a）是可能的，即$(x_b, y_a)\in\hat{T}$，这一常识称为无效性。无效性的含义是，生产中的浪费生产要素是很难避免的。

我们把所有行为$(x, y)=k(x_j, y_j)$、$(x, y)=\alpha(x_k, y_k)+(1-\alpha)(x_l, y_l)$、$(x, y_j)$，其中$x\geqslant x_j$，$(x_j, y_j)\in\hat{T}$和$(x_j, y)$，其中$y\leqslant y_j$，$(x_j, y_j)\in\hat{T}$的生产活动的全体称为生产可能集，用$T$表示。即：

$$T=\left\{(x,y)\mid k\sum_{j=1}^{n}\alpha_j x_j\leqslant x, k\sum_{j=1}^{n}\alpha_j y_j\geqslant y, k>0, \sum_{j=1}^{n}\alpha_j=1, \alpha_j\geqslant 0\right\} \tag{2-5}$$

若令$k\alpha_j=\lambda_j$，$j=1$，2，…n，则（2-4）式变为：

$$T=\left\{(x,y)\mid \sum_{j=1}^{n}\lambda_j x_j\leqslant x, \sum_{j=1}^{n}\lambda_j y_j\geqslant y, \lambda_j\geqslant 0\right\} \tag{2-6}$$

根据T的定义可知，若有$(x^1, y^1)\in T$，$(x^2, y^2)\in T$，则$\forall\alpha\in[0, 1]$，有$\alpha(x^1, y^1)+(1-\alpha)(x^2, y^2)\in T$。生产可能集$T$的这个性质叫凸性。同样，若有$(x, y)\in T$，则$\forall k\geqslant 0$，有$k(x, y)\in T$。$T$的这一性质称为锥性。$T$还满足上面所说的无效性。这就是说，生产可能集$T$同时满足凸性、锥性和无效性。这个性质称最小性。

由于有下面要介绍的边际收益递减律的作用，生产可能集不满足锥性，即当k足够大时，$k(x, y)$就不再是可能的生产活动了。这时候，T就变为下面的形式：

$$T=\left\{(x,y)\mid \sum_{j=1}^{n}\lambda_j x_j\leqslant x, \sum_{j=1}^{n}\lambda_j y_j\geqslant y, \lambda_j\geqslant 0, \sum_{j=1}^{n}\lambda_j=1\right\} \tag{2-7}$$

有时候，还需考虑如下形式的生产可能集

$$T=\left\{(x,y)\mid \sum_{j=1}^{n}\lambda_j x_j \leqslant x, \sum_{j=1}^{n}\lambda_j y_j \geqslant y, \lambda_j \leqslant 0, \sum_{j=1}^{n}\lambda_j \leqslant 1\right\} \tag{2-8}$$

为了以后的方便，再介绍几个概念：

(1) 投入可能集 $L(y)$，生产要素对于产出 y 的投入可能集 $L(y)$ 的表达式是

$$L(y)=\{x \mid (x,y)\in T\} \tag{2-9}$$

投入可能集 $L(y)$ 就是对于固定的产出 y，生产要素的所有可能组合的全体。

(2) 产出可能集 $P(x)$，对于生产要素 x 的产出可能集 $P(x)$ 的表达式是

$$P(x)=\{y \mid (x,y)\in T\} \tag{2-10}$$

产出可能集 $P(x)$ 就是对于固定的生产要素组合 x，所有产品组合的全体。

请注意，如果对于固定的 y^0，若 $x^0\in L(y^0)$，且 x^0 是 $L(y^0)$ 中最小的，则表明企业在保持 y^0 为变的前提下，无论如何也不能再减少生产要素的投入量了。换句话说，在生产要素的投入量组合为 x^0 时，y^0 已经是最理想的产出组合了。

(3) 有效生产活动，设 $(x, y)\in T$，如果不存在 $(x, y^*)\in T$，其中 $y^*\geqslant y$；或者不存在 $(x^*, y)\in T$，其中 $x^*\leqslant x$，则称 (x, y) 为（技术）有效生产活动。

(4) 生产函数，反映生产可能集 T 中有效生产活动 (x, y) 产量组合 y 与生产要素投入组合 x 之间的数量关系：

$$y=f(x) \tag{2-11}$$

称为生产函数

由于实际生产活动中不能完全避免浪费，因此生产可能集包括无效的生产活动，所以 y 是关于 x 的增函数。

生产要素的组合比例由生产技术水平决定。生产单位产品或提供单位服务所需各种生产要素的组合比例，称为技术系数。技术系数有固定技术系数和可变技术系数之分。固定技术系数指生产单位产品或提供单位服务所需各种生产要素的组合比例不变，各种生产要素彼此之间不能互相替代；而可变技术系数指各种生产要素的组合比例可变，为了保持产量不变，一种生产要素的减少，可以用另一种生产要素的增加来抵补。

从短期来看，生产要素有固定生产要素和可变生产要素之分。如办公用房、大型施工机械等要素的数量和质量在短期内不会变化，称为固定生产要素；而现场作业的劳动力、建筑材料等，则可根据工程量的变化进行增减，称为可变生产要素。

由于在购买土地、厂房和机器之前可能会有很长的“酝酿期”，购买之后，可以使用很长时间。因此，在短期内往往假定只有劳动力会发生变化，是变数，所有其他生产要素都固定不变。

对于临时工，该假设完全正确，但是对于许多熟练工人，在短期内最好将期视为“准”固定的。由于这一点，某些行业具有人们常称之为“隐性失业”或“变相失业”的特点。隐性失业是由于存在合同、参与多阶段工作选择过程的必要性、沉没培训费用、潜在培训费用等。建筑业大部分工作的临时性，决定了就业水平对于国民经济其他部门的建筑工程需求水平非常敏感。因此，劳动力在建筑业很符合经济学家所下的可变生产要素的定义。

现在假定所有的劳动力在短期内都是可变的。从长远来看，所有的要素投入都会改变，没有必要区别固定和可变生产要素。

三、边际收益递减律

人们通过观察和研究发现，如果其他生产要素数量固定不变，而仅连续增加其中某一种要素的投入，开始的时候不但产量增加，而且边际产量也增加。边际产量就是追加最后一个单位该生产要素所增加的产量，即产出增量同该生产要素增量的比值，又称为边际产品或边际产出。但是该要素增加到一定程度后，产量虽然可以继续增加，但是边际产品却开始下降。这就是边际收益递减律。

边际收益递减律可叙述如下：在保持所有其他（固定）生产要素不变的条件下，依靠增加某种变动生产要素增加产量，则当产量增加到一定程度后继续增加这一变动生产要素数量，该变动生产要素的边际产品将减少。

上面已经假定短期内只有劳动力可变，土地、厂房和机器假定固定不变。这样，要增加产出，就只有增加劳动数量。这种情况反映在由（2-2）式改写后的下式中：

$$Q=f(K', L) \tag{2-12}$$

或

$$Q=f(L) \tag{2-13}$$

式中 K'——资本固定不变，或 K'省略表示资本不影响产出的增减。

现在来看一看，当资本数量保持不变而增加若干单位劳动力之后。产出量会发生什么样的变化。图 2-1 就是生产函数式（2-12）或式（2-13）的曲线，其中横坐标是劳动力投入量，是自变量，该曲线呈 S 状，其原因就是边际收益递减律。生产函数曲线是以后估计建筑企业产品价格和产量时绘制成本曲线的基础。可以举个简化的例子加以说明。施工现场开始时作业工人不多，工作面和工作空间宽敞。此时若增加作业工人人数，产出将增加，且增加的速率也增加，因为新来的工人都有足够的工作空间，都能充分发挥自己的能力。换句话说，边际产品是增加的，但是随着劳动力的继续增加，总的产出量虽然继续增加，但由于施工现场的工作面和工作空间越来越小，越来越拥挤，甚至工具也不够用，工人的工作效率开始下降，边际产出开始减少。越到后来，每新增加一个工人，能够增加的产出越少。由于拥挤，新来的工人不但帮不了忙，反而彼此干扰，弄的所有的工人都使不出劲。边际产出从增加转变为减少的那一点，就是读者熟悉的反弯点，如果生产函数二阶导数存在，就是该导数等于零的那一点。从图 2-1 上看，在工人数增加到 L_1 以前，边际产品是增加的，而超过 L_1 以后边际产品就开始减少。

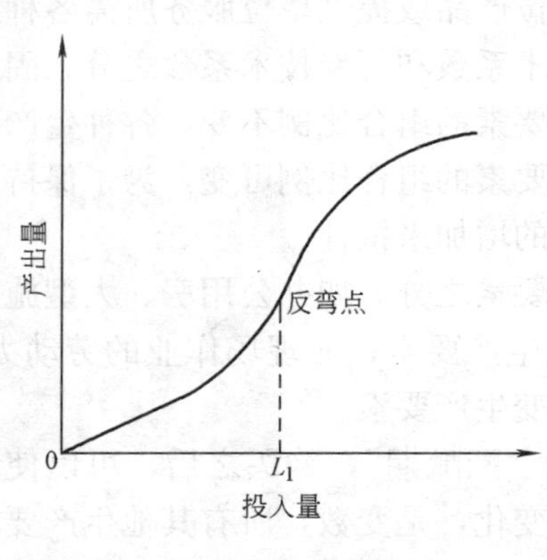

图 2-1 生产函数曲线

四、总产量、平均产量和边际产量的关系

总产量指一定量的生产要素经过组合投入后，在现有的技术水平下能够生产出来的最大产出。平均产量是平均每个单位某种生产要素所生产出来的产量，即总产量除以这种生产要素投入量所得之商。

总产量、平均产量、边际产量之间的关系，可用图 2-2 说明。图 2-2 中纵坐标表示产量，横坐标表示劳动力投入量，是自变量。*TP* 表示总产量曲线。图 2-3 中 *AP* 表示平均产量曲线，*MP* 表示边际产量曲线。如图所示，随着劳动力这一生产要素投入的不断增加，总产量先升后降，边际产量和平均产量也是先升后降，但边际产量下降在先，平均产量下降在后。边际产量曲线与平均产量曲线的交点必定是平均产量曲线的最高点，即边际产量等于平均产量时，平均产量最大。

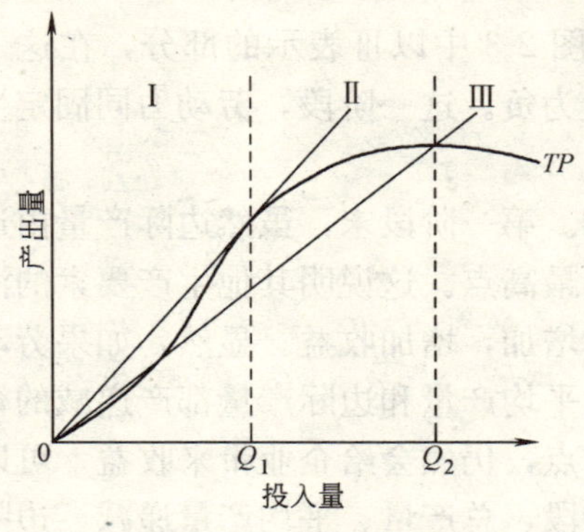

图 2-2　总产量曲线

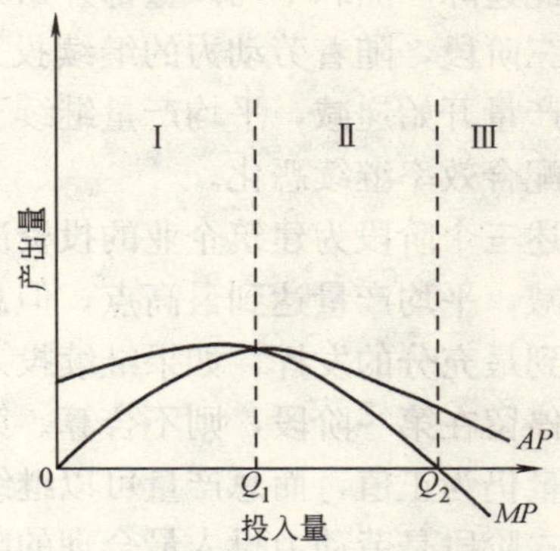

图 2-3　平均产量与边际产量曲线

我们可以换一种方式解释上面说明的关系。根据定义，有

$$AP=\frac{TP}{Q},\ MP=\frac{\mathrm{d}TP}{\mathrm{d}Q}=\lim_{\Delta Q\to 0}\frac{\Delta TP}{\Delta Q}$$

故

$$\frac{\mathrm{d}AP}{\mathrm{d}Q}=\frac{Q\frac{\mathrm{d}TP}{\mathrm{d}Q}-TP}{Q_2}=\frac{Q^* MP-TP}{Q_2}$$

因此，当$\frac{\mathrm{d}AP}{\mathrm{d}Q}<0$，有 $MP<\frac{TP}{Q}=AP$，即当平均产量 AP 下降时，边际产量 MP 小于平均产量 AP；

而当$\frac{\mathrm{d}AP}{\mathrm{d}Q}>0$，有 $MP>\frac{TP}{Q}=AP$，即当平均产量 AP 上升时，边际产量 MP 大于平均产量 AP；

再有，$\frac{\mathrm{d}AP}{\mathrm{d}Q}=0$ 时，有 $MP=\frac{TP}{Q}=AP$，即当平均产量 AP 等于边际产量 MP 时，平均产量 AP 达到最大。

五、生产阶段的划分

上述表示总产量、平均产量和边际产量之间相互关系的曲线，可以按劳动力这一生产要素划分为三个阶段：

第一阶段，是劳动力投入量从零增加到 Q_1 的阶段，即图 2-2、图 2-3 中以Ⅰ表示的部分，在这一阶段平均产量递增。随着劳动力投入量的增加，总产量和平均产量均呈上升趋势，边际产量先增后减，平均产量从零达到最高点。在这一阶段开始时，由于劳动力这一变动生产要素相对于固定生产要素数量少，固定生产要素未充分发挥作用，效率不高。而随着劳动力的增加，和固定生产要素的配合越来越好，两者作用都逐渐得到充分发挥，因而效率提高，产量、平均产量和边际产量都逐步增加。在这一阶段结束时，劳动力同固定生产要素的配合在数量上已达到了最高水平。

第二阶段，是劳动力投入量从 Q_1 增加到 Q_2 的阶段，即图 2-2、图 2-3 中以Ⅱ表示的部分，在这一阶段平均产量递减、边际产量递减但仍大于零、总产量仍然递增。在此阶段，总产量达到最高点。由于在这一阶段开始时固定生产要素和劳动力在数量上的配合已经达到最佳，因此继续增加劳动力的数量时，劳动力同固定生产要素的配合效率就开始下降，因此边际产品和平均产量都开始减少。

第三阶段，随着劳动力的继续投入，即图 2-2、图 2-3 中以Ⅲ表示的部分，在这一阶段，总产量开始递减，平均产量继续下降，边际产量为负。这一阶段，劳动力同固定生产要素的配合效率继续恶化。

上述三个阶段为建筑企业的投资决策提供了依据。第一阶段末，虽然边际产量由递增转入递减，平均产量达到最高点，但总产量还未达到最高点。这说明其他生产要素的潜力仍未得到最充分的发挥，如果继续投入还可以使产量增加，增加收益。显然，如果劳动力的投入停留在第一阶段，则不合算。第二阶段，虽然平均产量和边际产量都产递减的，但边际产量仍为正值，而总产量可以继续递增直到最高点，仍然会给企业带来收益。可以看出，第二阶段是劳动力投入最合理的阶段。而第三阶段，总产量、平均产量递减，边际产量为负，即增加劳动力投入不仅不能带来收益，反而还会造成损失，使收益减少。很明显，劳动力的投入不能进入这一阶段。至于在第二阶段，劳动力投入量究竟选择多少最为合适，需要综合成本收益两个方面做更深入的分析。如果劳动力的价格相对于其他固定生产要素低，则劳动力投入量应增加到 Q_2；如果劳动力的价格相对于其他固定生产要素高，则劳动力的投入量增加到 Q_1 后就应停止。

六、长期生产函数和等产量曲线

前面假定短期内只有劳动力可变，而土地、厂房和机器都固定不变的生产函数称为短期生产函数，相应的分析称为短期分析。

现在来看长期内两个生产要素都为变量的情况。这时候，生产函数为：

$$Q=f(K,L) \tag{2-14}$$

如果资本和劳动力可以分别取任意的数值，彼此之间可按任意的比例进行组合，则产量 Q 就可以是资本和劳动力的连续函数。

长期生产函数可以用等产量曲线表示。等产量曲线表示资本和劳动力这两种生产要素在产出量保持不变情况下各种可能的优化组合。等产量曲线实际上是假定企业有许多办法生产出同样的产品，即假定资本和劳动力可以分别取任意的数值，彼此之间可按任意的比例进行组合，因而产量 Q 就是资本和劳动力的连续函数。

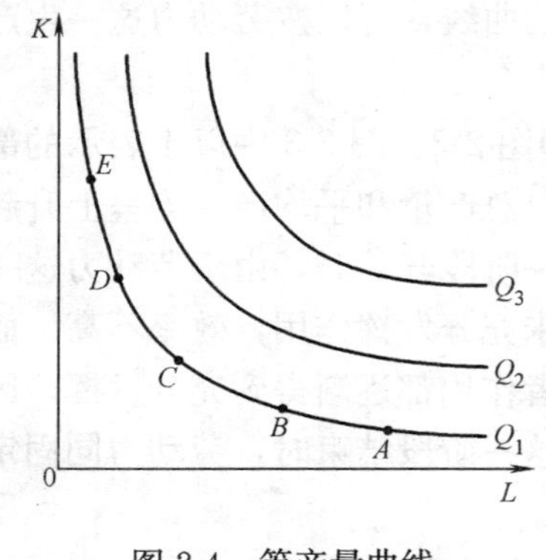

图 2-4　等产量曲线

资本和劳动力两种生产要素的一种极端组合是，使用劳动密集型技术，所有的生产任务都由工人完成，很少使用资本，基本上都用体力；另一个极端是使用资本密集型技术，即使用大量的机器设备，而仅用很少的几个工人监视生产过程。其他各种情况就是介于上述两个极端之间。等产量曲线的确定方法是：先将产量 Q 固定在一个水平（数值）上，然后写出生产函数，则所有满足此式的投入量组合即为该产量的等产量曲线。

图 2-4 中有三条抛物线型等产量曲线 Q_1、Q_2 和 Q_3，它们分别表示三个不同产出水平下资本和劳动力的

各种可能的优化组合。在等产量曲线 Q_1 上，$A \sim E$ 五个点表示资本和劳动力的五种优化组合都可以生产出同样多的产量曲线 Q_1。

（一）边际技术替代率

等产量曲线表明，作为生产过程的投入，资本和劳动力这两种生产要素是可以互相替代的。在生产技术不变条件下，为保持产量不变，在减少一个单位某种要素投入的同时必须增加另一种要素投入的数量。若以 ΔL 和 ΔK 分别表示劳动力投入的减少量和资本投入的增量，则比值：

$$MRTS_{\mathrm{KL}} = \frac{\Delta L}{\Delta K} \tag{2-15}$$

称为资本对劳动力的边际技术替代率。如果等产量曲线是连续的，严格说来，MRTS 应等于比值 $\frac{\Delta L}{\Delta K}$ 在 ΔK 趋于零时的极限，即：

$$MRTS_{\mathrm{KL}} = \lim_{\Delta K \to 0} \frac{\Delta L}{\Delta K}$$

由于边际技术替代率是负值，且是等产量曲线各点切线的斜率，所以等产量曲线上各点的斜率均为负。其含义是，为了维持产量不变，劳动力的任何减少，资本数量都要相应地增加。反之亦然。

边际技术替代率可用两种方法计算：①根据其定义，利用等产量曲线的斜率计算。②利用边际产品计算，即：

$$MRTS_{\mathrm{KL}} = -MP_{\mathrm{K}}/MP_{\mathrm{L}}$$

式中　MP_{K}、MP_{L} ——资本和劳动的边际产品。

上述第二种方法的正确性，可验收如下，利用式（2-2）求产量 Q 的全微分，得：

$$\mathrm{d}Q = \frac{\partial Q}{\partial K}\mathrm{d}K + \frac{\partial Q}{\partial L}\mathrm{d}L$$

在同一等产量曲线上，对于 K 和 L 的各种组合，产量都是固定不变的。因此，若 $\mathrm{d}K$ 和 $\mathrm{d}L$ 沿着同一等产量曲线变动，则 $\mathrm{d}Q=0$，即 $\frac{\partial Q}{\partial K}\mathrm{d}K = -\frac{\partial Q}{\partial L}\mathrm{d}L$，或 $\frac{\partial Q}{\partial K}/\frac{\partial Q}{\partial L} = -\mathrm{d}L/\mathrm{d}K = -MRTS_{\mathrm{KL}}$。另一方面，$\frac{\partial Q}{\partial K} = MP_{\mathrm{K}}$，$\frac{\partial Q}{\partial L} = MP_{\mathrm{L}}$。所以，有 $MP_{\mathrm{K}}/MP_{\mathrm{L}} = -\mathrm{d}L/\mathrm{d}K = -MRTS_{\mathrm{KL}}$ 。

（二）边际技术替代递减律

如果等产量曲线画成直线，则表明资本和劳动力之间的边际技术替代率为一常数。然而，更经常遇到的情况是资本和劳动力相互之间的边际技术替代率不是固定不变的，而是服从边际技术替代递减律。

边际技术替代递减律是指，每增加一定数量的一种生产要素，该生产要素所能替代的另一种生产要素的数量会越来越少。

其原因如下：当一种生产要素投入增加的时候，该生产要素的边际产量减少；而另一种生产要素由于投入量减少，其边际产量增加。若产出增量绝对值相同，则前一种生产要素的增量大于后一种生产要素的减量。这就是说，前一种生产要素所能替代的后一种生产要素的数量越来越少。

从上面的解释中还可看出，边际技术替代递减律根源于边际收益递减律。

这样一来，就可以预料到，生产过程中使用的劳动力（资本）数量越大，为了维持等产量曲线代表的产出水平不变，必须释放的资本（劳动力）数量越少。

（三）等产量曲线特征

由图 2-4 可知，等产量曲线具有如下特点：

1. 同一产量可以通过两种生产要素的各种可能的组合来实现。不同的产量水平要由资本和劳动力不同水平的组合来实现，因此，可以画出一个等产量曲线族。不同的等产量曲线代表不同的产量水平。等产量曲线离原点越远，所代表的产量水平越高；反之，越低。当然，这一性质在现实中不可能永远成立，而是在很大程度上取决于产品的性质。

2. 向右下方倾斜，其斜率为负值。表明在既定条件下，两种生产要素的替代性，即多投入一种生产要素，就要相应减少另一种生产要素的投入。

3. 由于等产量曲线表示的是在各种产量水平下生产要素最低量投入的组合，所以在同一平面上，任意两条等产量曲线不能相交。如果相交，则表明资本和劳动力的一种组合可以创造出两种水平的产量。

4. 等产量曲线是一条凹向原点的线。等产量曲线之所以总是凹向原点，是由生产要素的边际技术替代递减律决定的。

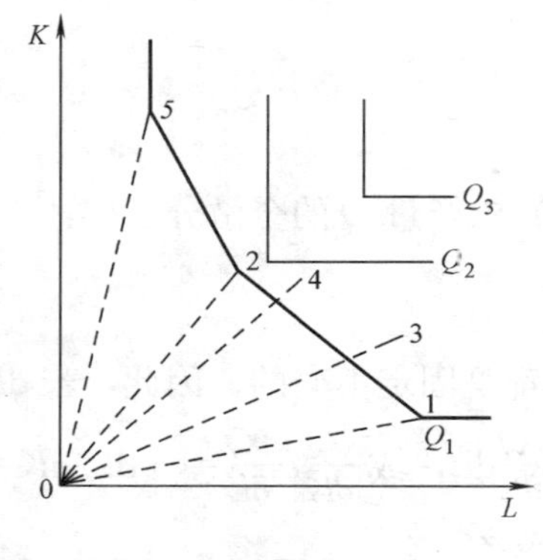

图 2-5　技术和等产量曲线

图 2-4 中的等产量曲线是平滑的曲线。平滑的等产量曲线表示建筑企业有无限多种生产要素的组合可以用于生产出给定水平的产出。

但是在建筑业的现实中，建筑企业只有有限的几种办法进行生产，反映这种情况的等产量曲线就变成了折线。更为极端的情况是，建筑企业只有一种办法进行生产。对应这种情况的等产量曲线是一个 L 形折线。以上两种可能性表示在图 2-5 中，当等产量曲线呈 L 形时，增加已经优化组合过的两种生产要素中的任何一种都无济于事，都不能增加产量。只有按现有技术规定的比例同时增加两种生产要素，才能增加产量例如从 Q_2 增加到 Q_3。

现以表 2-2 中的例子说明建筑企业只有有限的几种办法组合生产要素时，等产量曲线的情况。表 2-3 中已经根据式（2-4）或式（2-5）的锥性将表 2-2 中的所有产出量换算成相等的数值，而投入量也相应地放大。

根据式（2-4）、式（2-5）的锥性换算表 2-2 中的产量　　　　**表 2-3**

	公路 1	公路 2	公路 3	公路 4	公路 5
人工(百万工日)	18	8.57(5)	17.14(15)	12(10)	4.5(3)
施工机械(百万台班)	5	10.29(6)	6.86(6)	9.6(8)	18(12)
工程款收入(百万元)	24	24(14)	24(21)	24(20)	24(16)

投入参考集为

$$\hat{L}=\{x_1,x_2,x_3,x_4,x_5\}=\left\{\begin{pmatrix}18\\5\end{pmatrix},\begin{pmatrix}8.57\\10.29\end{pmatrix},\begin{pmatrix}17.24\\6.86\end{pmatrix},\begin{pmatrix}12\\9.6\end{pmatrix},\begin{pmatrix}4.5\\18\end{pmatrix}\right\}$$

对于产出 $y^0=24$ 的投入可能集为

$$L(y^0)=\{x\,|\,(x,\ y^0)\in T, x\geqslant\lambda_1x_1+\lambda_2x_2+\lambda_3x_3+\lambda_4x_4+\lambda_5x_5;\lambda_1,\lambda_2,\lambda_3,\lambda_4,\lambda_5\geqslant0\}$$

在图 2-5 中根据表 2-3 中的人工和施工机械两种生产要素的数据标出的 5 个点。从坐标原点出发过 5 个点各引出一条射线。从第 5 点出发向上平行纵坐标画出 1 条射线，从第 1 点出发向右平行横坐标画出 1 条射线。最后用直线将第 1、2 和 5 点连接起来，则图中实线就是生产可能集 T 在投入空间上的投影，即等产量曲线。根据（技术）有效生产活动的定义，可知 1、2 和 5 点以及等产量曲线上的所有点代表的都是（技术）有效生产活动的生产要素组合。

由于本例只有两种生产要素，所以从等产量曲线上就可以看出哪个生产活动是（技术）有效生产活动的生产要素组合，而哪些不是。然而，当生产要素种类数为 3 和 3 个以上时，等产量曲线就无法画出来。这时候，可以通过解下面的线性规划模型回答这个问题。

$$\min f(\theta)=\theta$$

$$s.t.\ \sum_{j=1}^{n}\lambda_jx_j\leqslant\theta x_{\mathrm{k}},\ \sum_{j=1}^{n}\lambda_jy_j\geqslant y_{\mathrm{k}}$$

$$\lambda_j\geqslant0,\ j=1,\ 2,\ \cdots,\ n,\ \theta\text{可正，可负}$$

式中　$(x_{\mathrm{k}},\ y_{\mathrm{k}})$——欲考察是否为技术有效的生产活动。

现在就利用线形规划模型来检查表 2-2 中的 5 个生产活动是否技术有效，见表 2-4。

对表 2-2 中的 5 个生产活动技术有效的检验结果　　　　**表 2-4**

	公路 1	公路 2	公路 3	公路 4	公路 5
θ	1	1	0.9163	0.9242	1
$\lambda_1,\lambda_2,\lambda_3,\lambda_4,\lambda_5$	$\lambda_1=1$	$\lambda_2=1$	$\lambda_1=0.6624$ $\lambda_2=0.3643$	$\lambda_1=0.2228$ $\lambda_2=1.0466$	$\lambda_5=1$
$s_1,\ s_2,s_3,s_4$	0	0	0	0	0
是否为技术有效生产活动	是	是	不是	不是	是

上面线形规划模型中的 θ 表示生产活动 $(x_{\mathrm{k}},\ y_{\mathrm{k}})$ 所用生产要素组合 x_{k} 可以减少的比例。当 $\theta=1$ 时，表明当产量 y_{k} 保持不变时，生产要素 x_{k} 不能够减少，因此，$(x_{\mathrm{k}},\ y_{\mathrm{k}})$ 是技术有效生产活动，而当 $\theta<1$ 时，表明生产要素 x_{k} 还可以减少，所以，$(x_{\mathrm{k}},\ y_{\mathrm{k}})$ 就不是技术有效的生产活动。

现在就来看一看，表 2-4 中的第 1 个生产活动，即 $(x_1,\ y_1)$ 是否为技术有效的。这时候，将上面的线形规划模型具体表示，即：

$$\min f(\theta)=\theta+Ms_4$$

$$s.t.\ 18\lambda_1+15\lambda_2+15\lambda_3+10\lambda_4+3\lambda_5-18\theta+s_1=0$$

$$5\lambda_1+6\lambda_2+6\lambda_3+8\lambda_4+12\lambda_5-5\theta+s_2=0$$

$$24\lambda_1+14\lambda_2+21\lambda_3+20\lambda_4+16\lambda_5-s_3+s_4=24$$

$\lambda_1,\ \lambda_2,\ \lambda_3,\ \lambda_4,\ \lambda_5,\ s_1,\ s_2,\ s_3,\ s_4\geqslant0$，$\theta$ 可正，可负，其中 s_1，s_2 是松弛变量，s_3

是剩余变量，s_4 是人工变量，而 M 是任意大的正数。

严格说来，(x_k，y_k) 若为技术有效生产活动，还要求 $s_1=s_2=s_3=s_4=0$。

不难求得，$\theta=1$，$\lambda_1=1$，$\lambda_2=\lambda_3=\lambda_4=\lambda_5=s_1=s_2=s_3=s_4=0$。根据上面的说明，可知第 1 个生产活动，即（$x_1$，$y_1$）是技术有效的。

同样，可以为第 2、3、4 和 5 个生产活动写出类似的线性规划模型，并解之。所有的结果都列在表 2-4 中。从中可看出，第 3 和第 4 个生产活动不是技术有效生产活动。

很容易证明，等产量曲线上所有点对应的生产活动都是（技术）有效生产活动。上面已经说明（x_1，y_1）和（x_2，y_2）是有效生产活动，而图 2-5 中等产量曲线介于（x_1，y_1）和（x_2，y_2）两点间的任何生产活动都可以表示成：$\alpha(x_1,y_1)+(1-\alpha)(x_2,y_2),\alpha\in[0,1]$。由于 $\sum_{j=1}^{n}\lambda_j x_j=x_1,\sum_{j=1}^{n}\lambda_j y_j=y_1;\sum_{j=1}^{n}\lambda_j x_j=x_2,\sum_{j=1}^{n}\lambda_j y_j=y_2$，所以有

$$\alpha\sum_{j=1}^{n}\lambda_j x_j=\alpha x_1,\alpha\sum_{j=1}^{n}\lambda_j y_j=\alpha y_1$$

$$(1-\alpha)\sum_{j=1}^{n}\lambda_j x_j=(1-\alpha)x_2,(1-\alpha)\sum_{j=1}^{n}\lambda_j y_j=(1-\alpha)y_2$$

将上面的式子两端分别相加，则有

$$\alpha\sum_{j=1}^{n}\lambda_j x_j+(1-\alpha)\sum_{j=1}^{n}\lambda_j x_j=\alpha x_1+(1-\alpha)x_2$$

$$\alpha\sum_{j=1}^{n}\lambda_j y_j+(1-\alpha)\sum_{j=1}^{n}\lambda_j y_j=\alpha y_1+(1-\alpha)y_2$$

即

$$\sum_{j=1}^{n}\lambda_j x_j=\alpha x_1+(1-\alpha)x_2,\sum_{j=1}^{n}\lambda_j y_j=\alpha y_1+(1-\alpha)y_2$$

这就是说，$[\alpha x_1+(1-\alpha)x_2,\alpha y_1+(1-\alpha)y_2]=\alpha(x_1,y_1)+(1-\alpha)(x_2,y_2)$也是有效的生产活动。

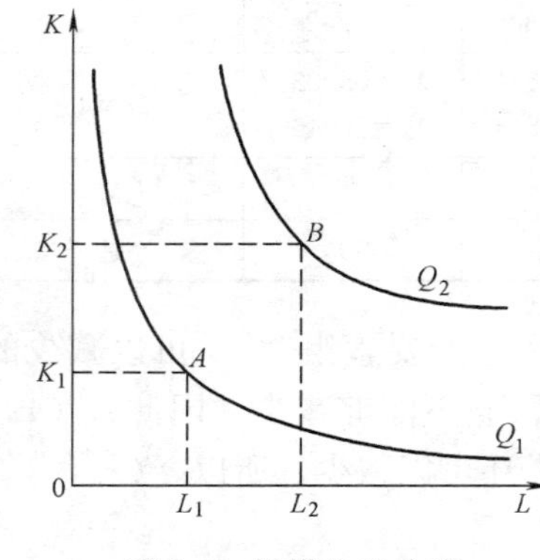

图 2-6　规模收益曲线

七、规模收益

式（2-1）表达的生产函数中有一个变量 R。那时说 R 是反映企业经营规模的变量。现在我们来解释何为规模收益。具体说来，规模收益就是当所有生产要素都按相同比例增加时，产出进而收益发生变化。规模收益有图 2-6 中表示的三种可能性。

1. 规模收益递增。当所有生产要素都增加相同的一个比例时，产出增加的幅度会更大。例如，当所有生产要素都增加 1 倍，而产出增加 2 倍，即 $L_2=2L_1$，$K_2=2K_1$，$Q_2=3Q_1$。

2. 规模收益递减。与上面的情况相反。例如，当所有生产要素都增加 2 倍，而产出只增加一倍，即 $L_2=3L_1$，$K_2=3K_1$，$Q_2=2Q_1$。

3. 规模收益不变。当所有生产要素都增加相同的一个比例时，产出增加的比例也相同，即 $L_2=\alpha L_1$，$K_2=\alpha K_1$，$Q_2=\alpha Q_1$，$\alpha>0$。

从长期看，建筑企业的生产规模会由小变大，逐渐发展壮大。其产出是否也会无限增

长呢？建筑企业的产出，进而收益也遵循类似边际收益递减律那样的规律，先是规模收益递增，继而规模收益不变，最后规模收益递减。

在生产开始扩大阶段，由于大规模生产可以采用先进技术、大型先进设备，实行专业分工，节约管理费用，进行多种经营等等，当所有生产要素按相同比例增加时，产出增加的幅度超过生产要素增加的比例。

规模收益递增持续一段时间之后，大规模经营的优越性得到了充分发挥。凡事都有限度，生产规模过大，企业组织部门和层次过多，经营范围过宽，管理起来很困难，同时资源和销售等均受到限制，必然会出现规模收益递减。这时候的产出，特别是收益的增加幅度开始减小，直到规模收益不变。这时候企业的管理者应当通过改善管理减缓收益增幅的落势。

当生产规模继续扩大，终有一个规模，产出和收益的增加幅度小于生产要素增加的比例。这时候，企业就进入了规模收益递减阶段。

【例题 2-1】 设某建筑企业生产函数为 $Q=aL^{0.3}K^{0.7}$，a 为常数。试判断该企业的规模收益状况。

解：设劳动力 L 和资本 K 都按同一比例 k 增加，增加后的产出为 Q^*，则有

$$Q^*=a(kL)^{0.3}(kK)^{0.7}=ak^{0.3}L^{0.3}k^{0.7}K^{0.7}=akL^{0.3}K^{0.7}=kQ$$

所以有 $Q^*/Q=k$。因此，该企业属于规模不变。

八、建筑业劳动生产率

我国建筑业的劳动生产率。可以通过多种形式加以提高，如管理创新、培训、改进工作方法、材料和设备的技术革新等。

建筑业同其他行业一样，通过生产投入的标准化获得了很大好处，如工厂预制构件和配件等。这样就可以大大减少对技术工人和现场作业工具的需求。由于制造企业能够从大规模生产中获得降低单位成本的好处，于是就把成本节省转移给了建筑企业。这样，大大提高了建筑师选用便宜的标准化投入的可能性。他们的设计因此可以简化，不必再作需要很多现场作业、成本高昂的复杂设计。

然而，尽管建筑业的准固定劳动力要少得多，但在劳动生产率方面，建筑业总是落后于许多其他行业和部门。建筑业劳动生产率落后于其他行业和部门有若干原因。

1. 建筑业的工作性质决定了实行机械化不一定总是有利。建筑业很大一部分工作是翻修和维护，这些工作大部分是劳动密集型的，并不适合机械化。

2. 假定资本和劳动力可以相互替代。但在现实建筑业中资本不一定能很好地代替劳动力。例如专业电工和砌筑瓦工，或者可以在现场干多种不同工作的一般劳动力。这些事实表明等产量曲线不光滑。因此，在许多情况下，资本设备（租赁的或购买的）只能用于具体的作业，如基础挖方、场地平整、混凝土搅拌、土方运送等。

3. 建筑业固有的不确定性增加了资本设备在经济衰退期间长期闲置的可能性。这样，除非建筑企业规模大，同时有多个项目在手，或者各项目可以彼此接续，否则，所谓的资本替代作用恐怕就不现实。更有，如果这个建筑企业的项目分散在不同的地方，具体工序的衔接就会出现问题。

4. 建筑业资本设备经常在崎岖不平的山地，或者风雨中等恶劣条件中使用，其折旧速度要比别的行业大得多。

许多建筑企业只在具体的地方承揽任务，其他地方的建筑企业也由于种种原因不到这些地方来承揽工程。结果，许多地方的建筑市场竞争不足。缺乏竞争就使得这样的建筑企业不像受到其他企业激烈竞争时那样认真地关心成本。

第三节　成本分析

现在来研究生产要素的价格如何制约建筑企业管理者的选择。建筑企业所使用的全部生产要素的价格就是建筑企业的成本。

一、固定成本、变动成本、边际成本和平均成本

固定成本就是同完成多少工作量无关的费用。例如一个建筑设计院，不管忙不忙，也不管设计任务是多是少，都必须交固定数额的房租。固定成本取决于合同安排的条款。

平均固定成本（*AFC*）为总固定成本（*TFC*）除以产出的单位数，或产出量 *Q*，即：

$$AFC = TFC/Q \tag{2-16}$$

产出量 *Q* 可能是设计院绘制的图纸张数、施工单位完成的土方量、设备安装公司安装的管道长度、咨询公司为客户咨询的小时数等等。*AFC* 随着产量的增加而降低。从图2-7 中可以看到，*AFC* 曲线坡向右下方。

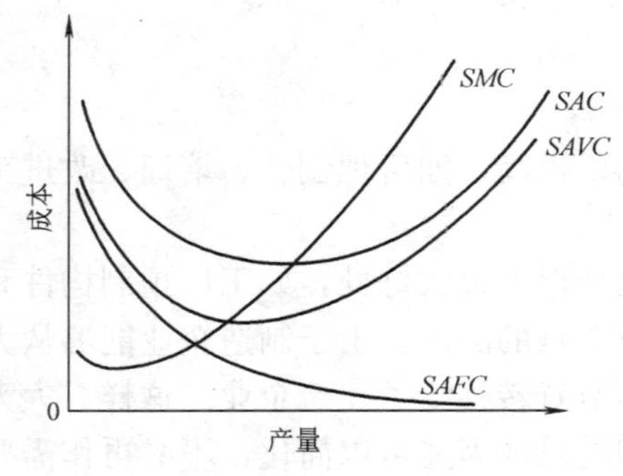

图 2-7　短期成本曲线

变动成本就是随着完成的工作量即产出变化而变化的所有费用。产出即工作量增加时，某些费用也增加，但是并非所有这些费用都是“可逆的”。当需要增加人员时，招聘的费用不一定等于当不再需要他们时加以遣散的费用。需要额外添置的设备买的是新的，不需要时再卖，只能当二手货。

变动成本包括材料、能源、劳动力和其他费用。变动成本直接随着产出的变化而变化。例如临时雇用的人员、加班费和租用的设备。在建筑工地上，盖的房子越多，用的砖、水泥、门窗也越多。

平均变动成本（*AVC*）为用于给定产出量的总变动成本（*TVC*）除以该产出量或产出单位数所得之商，即

$$AVC = TVC/Q \tag{2-17}$$

总成本（*TC*）建筑企业的总成本为总固定成本和总变动成本之和，即用于给定产出量的所有固定成本和所有变动成本之和，即

$$TC = TFC + TVC \tag{2-18}$$

平均总成本或平均成本（*AC*）就是考虑了所有的变动和固定成本之后单位产出的成本。为用于给定产出量的 *TC* 除以该产出量或产出单位数所得之商，即

$$AC = TC/Q \tag{2-19}$$

边际成本（*MC*）指在现有产量基础上再增产一个单位产品或提供一个单位服务时企业所增加的成本。边际成本还可以定义成：如果不生产最后一个单位产品或不提供最后一个单位服务总成本可以减少的数额，即

$$MC = \Delta TC / \Delta Q \tag{2-20}$$

或

$$MC_n = TC_n - TC_{n-1} \tag{2-21}$$

式中 MC_n——第 n 个单位产品或服务的边际成本；

TC_n——n 个单位产品或服务的总成本；

TC_{n-1}——$n-1$ 个单位产品或服务的总成本。

建筑企业可以把在目前已有工作量基础上再承揽一项工程的费用视为边际成本，也可以将不承揽这项工程节省下来的费用视为边际成本。

成本发生的时期长短很重要。某些成本短期来看是固定的，但从长期来看所有的成本都是变动的。时期的长短取决于建筑企业最长承诺的时间长短。如果建筑企业若租用办公楼时签订的协议是支付两年的房租，那么，就企业的规划目的而言，两年就是短期。在这两年里，企业可能会决定迁入更大的办公场所，结果就会增加房租支出。时期长短因公司而异，因行业而异。

下面，分别考虑建筑企业经营的短期和长期成本。

二、短期平均成本

建筑企业支付的短期总成本为短期总固定成本和短期总变动成本之和，再除以产品数量，就是单位产品或服务的短期平均成本，或短期平均成本。图 2-7 画出了短期平均固定成本（*SAFC*）、短期平均变动成本（*SAVC*）、短期平均总成本（*SATC* 或 *SAC*）和短期边际成本（*SMC*）的曲线。图中横坐标表示产量 *Q*，是自变量。短期平均变动成本（*SAVC*）曲线呈扁平 *U* 形。其原因如下：当某一具体生产要素，例如劳动力的投入量开始增加时，由于所有生产要素的作用都逐渐得到发挥，因此总产出增加速度上升，进而 *SAVC* 逐渐减少；当该具体生产要素的投入量继续增加时，由于边际收益递减律开始起作用，总产出的增加速度开始下降，于是平均变动成本开始增加。

短期边际成本曲线反映了总产量增加或减少一个单位时总成本或总费用是如何变化的。下面就会明白，明确边际成本曲线与其他三条短期成本曲线之间的关系是非常重要的。

如果短期平均总成本（*SATC*）或短期平均变动成本（*SAVC*）下降，则短期边际成本（*SMC*）一定落在这两个平均值之下，因为实际上就是后者将前两者向下拉动的。所以短期边际成本曲线一定在短期平均总成本和短期平均变动成本曲线下面。相反，如果短期平均总成本或短期平均变动成本上升，则短期边际成本一定大于这两个平均值，所以短期边际成本曲线一定在短期平均总成本和短期平均变动成本曲线上面。

这样，就可以得出结论：短期边际成本曲线一定要在短期平均总成本和短期平均变动成本曲线的最低点处与之相交。图 2-7 就表现了这一事实。

我们可以换一种方式解释上面说明的事实。根据定义，有

$$AVC = \frac{TVC}{Q},\ MC = \frac{\mathrm{d}TVC}{\mathrm{d}Q} = \lim_{\Delta Q \to 0} \frac{\Delta TVC}{\Delta Q}$$

故

$$\frac{\mathrm{d}TVC}{\mathrm{d}Q} = \frac{Q\dfrac{\mathrm{d}TVC}{\mathrm{d}Q} - TVC}{Q_2} = \frac{Q \cdot MC - TVC}{Q_2}$$

因此，当 $\frac{\mathrm{d}TVC}{\mathrm{d}Q} < 0$ 时，有 $MC < \frac{TVC}{Q} = AVC$，即当短期平均变动成本 *AVC* 下降时，

短期边际成本 MC 小于短期平均变动成本 AVC；

当$\frac{dTVC}{dQ}>0$时，有 $MC>\frac{TVC}{Q}=AVC$，即当短期平均变动成本 AVC 上升时，短期边际成本 MC 大于短期平均变动成本 AVC；

再有，$\frac{dTVC}{dQ}=0$时，有 $MC=\frac{TVC}{Q}=AVC$，即当短期边际成本 MC 等于短期平均变动成本 AVC 时，短期平均变动成本 AVC 达到最小。

三、长期平均成本

随着考察时间的延长，所有的成本都是可变的，因此就没有必须区别平均固定成本和平均变动成本。所以只须考察长期平均成本。为此，可以利用等产量曲线进行分析。

在利用等产量曲线分析生产同样数量的产品或服务所需要的两种生产要素量（资本和劳动力）的各种不同组合时，我们并没有提到建筑企业实际上受到的各种约束。在所有其他条件不变的情况下，约束建筑企业发展的主要是它可以支配的资源，其中主要的就是资金。这个约束可以用等成本线来表示。等成本线表达的是建筑企业所有者可以支配的预算与资本和劳动力两种生产要素价格和可购买数量之间的关系。其函数表达式为：

$$B=P_L L=P_K K \tag{2-22}$$

式中 P_L、P_K——劳动力和资本的价格；

L、K——企业可购买的劳动力和资本数量；

B——企业的预算，即可用来购买劳动力和资本的资金，一旦将劳动力和资本买来并投入生产，B 就是企业的成本。

（一）等成本线

等产量曲线表明生产一定的产量，两种可变生产要素可以多种不同的组合方式投入生产。但是，哪一种组合方式最能增加收益呢？这就必须分析如何以最低的要素成本来取得一定的产量。研究这个问题，可以使用等成本线。

等成本线表示两种生产要素成本之和相等的所有可能组合的全体。在市场上，生产要素都有价格。等成本线是在建筑企业成本（数量上等于预算 B）和生产要素价格不变的条件下，建筑企业所能购买到的两种生产要素数量的最大组合线。

现假定生产要素 L 单位价格为 4 元，即 $P_L=4$，生产要素 K 单位价格为 5 元，即 $P_K=5$，企业分别用 3.5 万元、4.5 万元和 5.5 万元购买时，采购结果在表 2-5 中表示。

企业按不同支出采购 *K*、*L* 要素的不同组合结果　单位：万元　　表 2-5

支出（万元）	全买 K、不买 L，可买到 K 的数量	全买 L、不买 K，可买到 L 数量
3.5	$K_1=0.7$	$L_1=0.875$
4.5	$K_2=0.9$	$L_2=1.125$
5.5	$K_3=1.1$	$L_3=1.375$

根据表 2-5，在图 2-8 中绘出三条等成本线 K_1L_1、K_2L_2、和 K_3L_3，分别表示企业支出为 3.5 万元、4.5 万元和 5.5 万元时，买到的 K 和 L 数量。各等成本线上的任意一点（如 C 点），都表示一种在成本（数量上等于企业预算 B）和生产要素价格不变的条件下，生产要素购买数量的最大组合 K^*L^*。增加一种生产要素的购买量，就必然要减少另一种生产要素的购买量。

等成本线是一条直线，其斜率是两种生产要素价格的比率。图 2-8 中的等成本线斜率为 $\Delta L/\Delta K=-P_K/P_L=-1.25$。等成本线是用等产量曲线研究生产要素最优组合时的限制条件。等成本线左侧的任意一点（如 D 点），虽可实现购买，但企业的采购预算并未用完。等成本线右侧的任意一点（如 E 点），则超过了企业的采购预算。

（二）生产要素最合理组合

假定建筑企业希望在给定的预算约束下，使本企业的总产出达到最大。等成本线虽然显示出建筑企业用相等的成本支出能够买到的两种生产要素不同数量的最优组合，但并不是每一种组合都有同样的产量与收益。为了求得成本最小产量最大的一种最优组合，可以把等成本线和等产量线结合起线，这样做，能够求得生产要素的最合理组合。图 2-9 表示了等成本线与等产量线结合的情况。

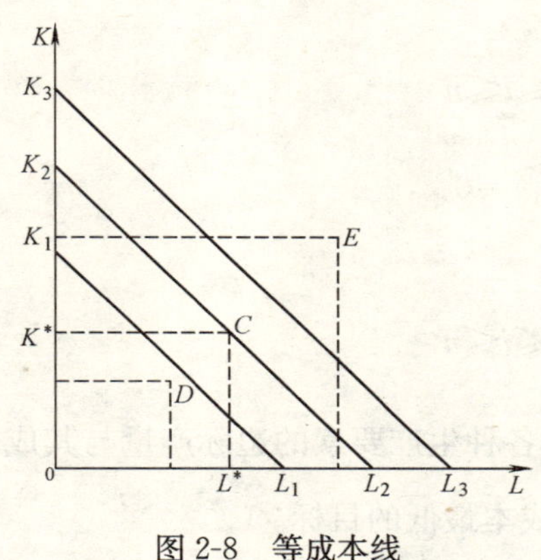

图 2-8　等成本线

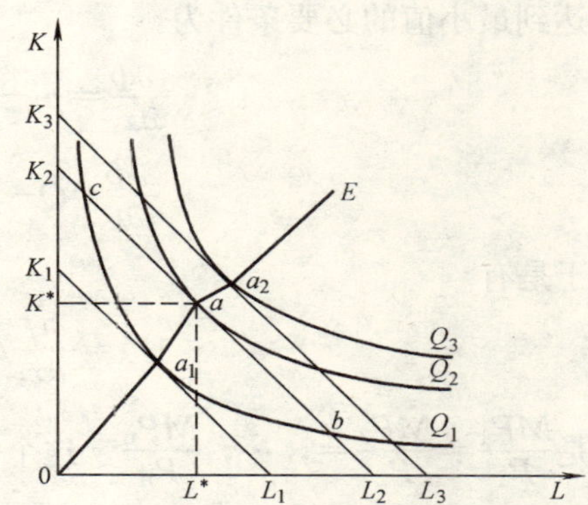

图 2-9　生产要素最合理组合

如果建筑企业管理者增加用于生产要素的预算，将会产生什么样的结果呢？我们仍然假定所有其他条件不变，当建筑企业预算增加时，等成本线将如图 2-9 那样向右上方平行移动。等成本线的平行移动意味着建筑企业取得了更多的资源，产出自然会增加。

图 2-9 中 K_1L_1、K_2L_2 和 K_3L_3 三条等成本线分别与 Q_1、Q_2 和 Q_3 三条等产量线相切，其切点 a_1、a、a_3 就是在既定成本条件下达到最大产量时生产要素最合理组合。以等成本线 K_2L_2 为例，其与等产量线 Q_2 相切于 a，与等产量线 Q_1 相交于 b、c。根据等产量曲线的定义，$Q_2>Q_1$，因此，按 a 点组合要比 b、c 实现的产量大。虽然 $Q_3>Q_2$，但它与 K_2L_2 不相切，也不相交。可见，a 是 K_2L_2 条件下最合理生产要素组合点。也就是说，在企业预算约束和要素价格既定时，数量为 oL_2 的 L^* 生产要素和数量为 oK_2 的 K^* 生产要素相组合，能实现产出最大化，即既定产量下成本最小或既定成本下产量最大。这种情况表明，只有在等产量线与等成本线的切点上，等产量曲线与等成本曲线的斜率相等，才能实现投入的最佳组合，这是生产要素最合理组合的基本条件。也就是说，当投放在每种生产要素上的单位成本带来的边际产量相等时，才能达到成本最小，产量最大。上述结论若用边际技术替代率和等成本线斜率表示，就是

$$MRTS_{KL}=\frac{\Delta L}{\Delta K}=-P_K/P_L \quad \text{或} \quad MRTS_{lk}=\frac{\Delta K}{\Delta L}=-P_L/P_K$$

当企业产量目标确定后，如何以最小的成本实现这一产量目标，在数学上是规划问题。这个问题的数学模型为

$$\min C=\sum_{i=1}^{n} p_i x_i$$

$$s.t.\ Q=f(x_1,\ x_2,\ \cdots x_n)$$

式中 n——生产要素的种类；

p_i、x_i——第 i 种生产要素的价格和投入量。

下面就是确定各要素投入量 x_i，$1\leqslant i\leqslant n$ 的方法。构造拉格朗日函数如下：

$$\Phi(x_1,x_2,\cdots x_n)=\sum_{i=1}^{n} p_i x_i+\lambda(Q-f(x_1,x_2,\cdots x_n))$$

式中 λ——拉格朗日乘子。

于是，上述规划问题就变成了求 $\Phi(x_1,\ x_2,\ \cdots x_n)$ 最小值的问题。$\Phi(x_1,\ x_2,\ \cdots x_n)$ 达到最小值的必要条件为：

$$\frac{\partial\Phi}{\partial x_i}=p_i-\lambda\frac{\partial f}{\partial x_i}=0,\ 1\leqslant i\leqslant n$$

$$\frac{\partial\Phi}{\partial\lambda}=Q-f(x_1,x_2,\cdots x_n)=0$$

于是有

$$1/\lambda=\frac{\partial f}{\partial x_i}/p_i=\frac{MP_i}{p_i},\ 1\leqslant i\leqslant n$$

也就是$\frac{MP_1}{P_1}=\frac{MP_2}{P_2}=$，…，$\frac{MP_n}{P_n}$。这个等式说明只有各种生产要素的边际产量与其成本，即价格彼此相等时，才能在产量一定的条件下实现总成本最低的目标。

下面看一看拉格朗日中值乘子 λ 的含义。为此，分别求目标函数 $C=\sum_{i=1}^{n} p_i x_i$ 和约束条件 $Q=f(x_1,\ x_2,\ \cdots x_n)$ 的全微分，得

$$\mathrm{d}C=\sum_{i=1}^{n} p_i\,\mathrm{d}x_i$$

$$\mathrm{d}Q=\sum_{i=1}^{n}\frac{\partial f}{\partial x_i}\mathrm{d}x_i$$

将 $p_i-\lambda\frac{\partial f}{\partial x_i}=0$ 代人上面第二式右边之后，得

$$\mathrm{d}Q=\sum_{i=1}^{n} p_i\,\mathrm{d}x_i/\lambda$$

于是有的$\frac{\mathrm{d}C}{\mathrm{d}Q}=\lambda$。这就是说，拉格朗日乘子 λ 是企业增加单位产量的成本。

当企业可用于购买生产要素的费用一定，如何安排各种生产要素之间的组合比例才能实现最大利润目标，在数学上也是同样类型的规划问题。此种问题的数学模型为

$$\max\pi=Pq-C=pf(x_1,x_2,\cdots x_n)-C$$

$$s.t.\ C=\sum_{i=1}^{n} p_i\,\mathrm{d}x_i$$

式中 n——生产要素的种类数；

p——企业产品在市场上的售价；

p_i、x_i——第 i 种生产要素的价格和投入量。

下面就是确定各 x_i，$1\leqslant i\leqslant n$ 的方法。构造拉格朗日函数如下：

$$\Phi(x_1,x_2,\ldots x_n)=\pi+\lambda\left(C-\sum_{i=1}^{n}p_i\mathrm{d}x_i\right)=pf(x_1,x_2,\cdots x_n)-C+\lambda\left(C-\sum_{i=1}^{n}p_i\mathrm{d}x_i\right)$$

于是，上述规划问题就变成了求 $\Phi(x_1,\ x_2,\ \cdots x_n)$ 最大值的问题，$\Phi(x_1,\ x_2,\ \cdots x_n)$ 达到最大值的必要条件为

$$\frac{\partial\Phi}{\partial x_i}=p\,\frac{\partial f}{\partial x_i}-\lambda p_i=0,\ 1\leqslant i\leqslant n$$

$$\frac{\partial\Phi}{\partial\lambda}=C-\sum_{i=1}^{n}p_i\mathrm{d}x_i=0$$

于是有
$$\lambda=p\,\frac{\partial f}{\partial x_i}\Big/p_i=p\,\frac{MP_i}{p_i},\ 1\leqslant i\leqslant n$$

也就是$\frac{MP_1}{P_1}=\frac{MP_2}{P_2}=$，…，$\frac{MP_n}{P_n}$。该等式说明只有各种生产要素的边际产量与其成本，即价格彼此相等时，才能在成本一定的条件下实现最大利润。

由此可见，当企业可用于购买生产要素的费用一定，实现最大利润目标的问题和企业产量目标一定，实现最小成本的问题，其必要条件都是一样的。

根据边际技术替代率的定义，从条件$\frac{MP_1}{P_1}=\frac{MP_2}{P_2}=$，…，$\frac{MP_n}{P_n}$中可以得出这样的结论：无论是当企业可用于购买生产要素的费用一定，如何实现最大利润的问题，还是当企业产量目标一定，如何实现最少成本的问题，其必要条件都是任意生产要素 i 和生产要素 j 的边际技术替代率 $MRTS_{ij}$ 必须有：

$$MRTS_{ij}=\frac{P_j}{P_i}=\frac{MP_j}{MP_i},\ 1\leqslant i,\ j\leqslant n$$

图 2-9 还表示了企业的长期生产扩展线。所谓长期生产扩展线是指在技术水平、生产要素价格不变的条件下，企业扩大生产规模时，生产要素最合理组合的轨迹。如图 2-9 所示，它是不同水平的等产量曲线和等成本线相切点的连线（OE）。图中三条等成本线 $K_1L_1<K_2L_2<K_3L_3$，表示总成本的增加，三条等产量线 $Q_1<Q_2<Q_3$，表示总产量的增加。a_1、a、a_2 是代表三种不同生产规模的等成本线与等产量线的切点，其连线 OE 就是生产扩展线。企业沿着这条线扩大生产时，始终可以实现生产要素的最合理组合，实现成本最小，产量最大。如果长期生产扩展线是发自坐标原点的一条直线，则尽管产量增加，相对要素密度保持不变。另外，如果长期生产扩展线弯向资本或劳动力的任意一侧，则意味着要素相对密度，即有机构成已经改变。

（三）由于劳动力价格上升而引起的相对要素价格变化

假定资本价格以及建筑企业管理者支配的用于购买生产要素的预算保持不变。在这样的条件下，劳动力价格的上升将引起图 2-10 中等成本线从 AB 向内旋转到 AC。新等成本线表明，放弃一个单位资本而释放的资金现在能够买进的劳动力要比劳动力价格上升前少。这样一来，不仅改变了劳动力和资本的组合方式，还减少了给定预算下的最大产出。

（四）长期平均成本曲线

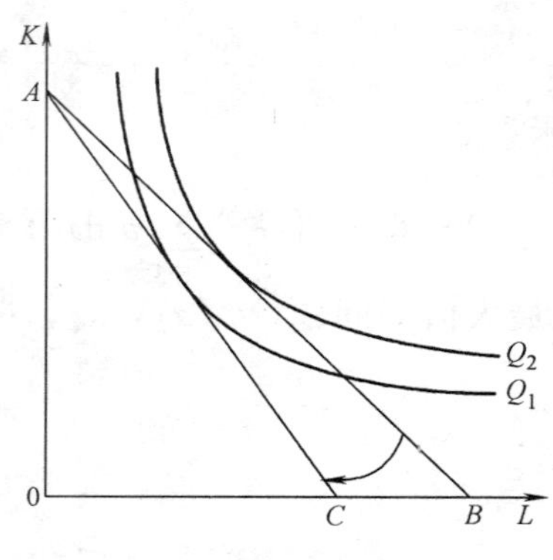

图 2-10　生产要素价格变化

利用长期生产扩展线可以推算出建筑企业长期平均成本曲线。推算步骤是对于每一个产出水平，确定出相应最便宜的生产要素（例如资本和劳动力）组合。然后将这时候的成本除以该产出水平下的产量，所得之商即为长期平均成本。例如，若产出等于1万个单位的等产量曲线与总价值为150万元的资本和劳动力组合等成本线相切，那么该产出水平的平均成本就是150元。对于每一个产出水平，重复上述计算步骤就能点画出长期平均成本曲线。

根据对企业实际经营的观察，长期平均成本曲线呈扁平U字形。这就是说，当产出开始增加时，规模收益递增，平均成本下降；在产出增加到一定水平后，规模收益不变，平均成本达到最低点；以后，当产出水平继续增加时，规模收益递减，平均成本开始上升。其形状如图2-11所示，图中横坐标表示产量，是自变量。长期平均成本曲线的形状与短期平均成本相同，区别是后者变化较前者显著。建筑企业一般根据长期平均成本曲线规划生产规模，所以长期平均成本曲线又称为计划曲线。

（五）长期边际成本曲线

长期边际成本是所有成本都随着时间的推移而改变时，增加一个单位产品或服务时所增加的成本，也是随着产量的增加先减少而后增加的。其曲线也同长期平均曲线一样，呈扁平U字形。长期边际成本曲线与长期平均成本曲线的关系类似于短期边际成本曲线与短期平均成本曲线的关系，即当长期边际成本小于长期平均成本时，长期平均成本下降；长期边际成本大于长期平均成本时，长期平均成本上升；长期边际成本等于长期平均成本时，长期平均成本最低。长期边际成本的变动规律及其同长期平均成本曲线的关系见图2-12。图中横坐标表示产量，是自变量。

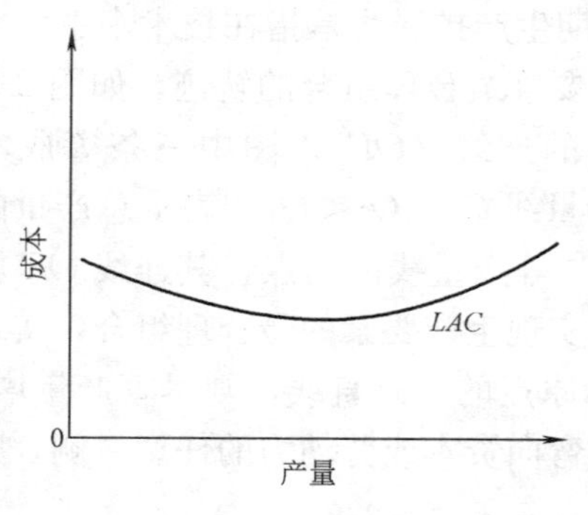

图 2-11　长期平均成本曲线

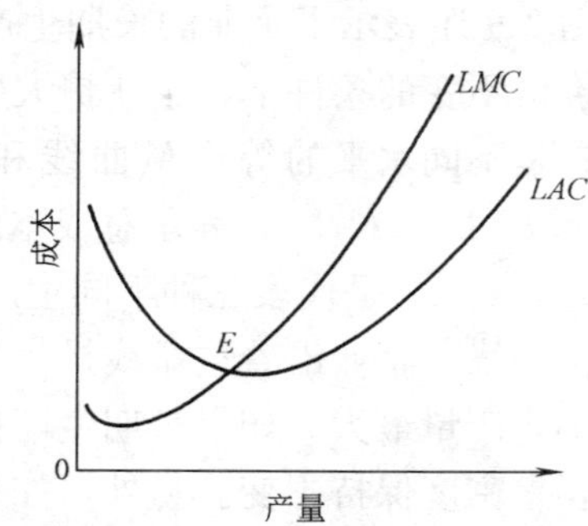

图 2-12　长期边际成本曲线

LMC 为长期边际成本曲线，*LAC* 为长期平均成本曲线，两者交于 *E* 点。*E* 点是长期平均成本曲线的最低点。相交之前，*LAC* 在 *LMC* 之上，表明长期边际成本小于长期平均成本；相交之后，*LAC* 在 *LMC* 之下，表明长期边际成本大于长期平均成本。读者完全可以依照短期平均成本的情况，用数学语言说明长期边际成本和长期平均成本之间的上述关系。

四、生产要素的合理投入

如果建筑企业由于增加生产规模而降低了长期平均成本，获得了成本优势，就说该企业在利用规模节省（规模经济）；而如果建筑企业由于增加生产规模而使平均成本上升，就说该企业出现了规模不节省（规模不经济）。

（一）规模节省（规模经济）

由于增加生产规模而降低（长期）平均成本的主要原因是内容节省。所谓内容节省是指在生产规模扩大时由于企业内部机制带来的收益增加。内部节省的原因主要有：

1. 生产要素得到更充分利用。某些技术与投入，只有在生产达到一定规模时才能发挥作用，也有一些生产要素，产量达到一定水平时才更有效。例如，建筑企业必须要有一定数目的技术和管理人员才能运转起来。自有或租用的施工设备使用次数达到一定程度后，平均台班费才能下降。

2. 专业分工更加精细。当建筑企业扩大规模时，雇用专业技术人员就越来越合算。专业化是人类劳动分工的结果，在现代社会大生产中，专业分工日益精细。但是对于企业而言，只有发展到一定规模之后才能真正发挥专业化的优势。专业分工更精更细有利于提高工人技术水平，节约劳动时间，提高生产效率。

3. 市场条件的改善。生产规模扩大以后，需要的生产要素和产品产量增多，从而企业在原料购买、产品销售，以及企业信用方面都能够比小企业取得更为有利的条件，可以在购销活动中得到更多的好处，在广告效应与资金融通方面也能体现同样的优势。读者从新闻界的报道中常常听到，在筹集资金或采购物资时，小企业同大企业相比总是不能得到同样的优惠待遇，尽管小企业感到不舒服，但它是一个必须接受的现实。对于建筑业来说，这种情况更甚。

4. 学习效应。在长期的生产过程中，随着生产规模的增加，企业雇员，包括工人、技术人员和管理人员可以逐渐积累起操作、规划、设计和管理方面的经验，而降低了成本。学习效应可以用学习曲线表示。在平面图上绘制学习曲线，横坐标表示雇员积累的工作量，纵坐标表示雇员在单位产品中投入的工作量，则学习曲线是向右下方倾斜的。这就表明，雇员在单位产品中投入的工作量随着雇员积累的工作量的增加而减少。

所有这些，都是生产规模的扩大使企业长期平均成本下降，规模收益递增的原因，也是内部节省的具体表现，见图 2-13。

（二）规模不节省（规模不经济）

当企业的产出超过某一水平后，长期平均成本就要上升，这时候就叫做规模不经济。规模不经济的主要原因是内部不节省，指的是企业规模扩大时，由企业内部机制造成的收益下降。引起内部不经济的原因主要有：

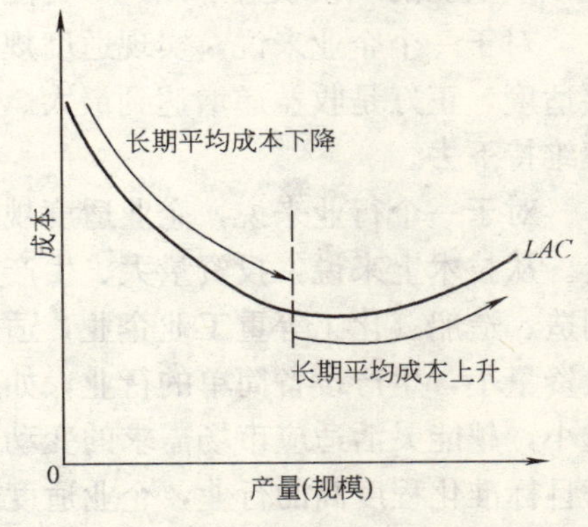

图 2-13　规模节省（经济）与规模不节省（不经济）

1. 管理效率降低。企业生产规模过大，管理机构与人员庞大，层次过多，不易协调，并且易造成信息传递迟缓或失真。既增加平均管理费用，又降低管理效率。若在生产规模扩大的同时，企业的地理分布也更加分散时，企业对于紧急情况的反应速度就会大大降低，这个问题对于建筑企业特别严重。建筑企业的工程现场分散在多个不同的地方，企业总部很难对这些现场进行有限的监督。

2. 资源供给困难。当企业生产规模的扩大超过资源限度时，就要造成原料供给紧张，运输困难，动力不足，生产要素价格上涨，成本增加，收益减少。

3. 产品销售困难。生产超过一定规模，不仅随着产品数量增多，需增设流通机构、人员和费用，产品销售也发生困难，资金周转不灵，收益降低。所有这些，都是企业生产规模过大，促使成本上升，规模收益递减的原因，也是内部不节省的具体表现，见图2-13。

（三）外部节省与外部不节省

对企业产量和收益发生影响的，除前述因企业本身生产规模而引起的内部节省与内部不节省的原因外，还有因行业生产规模引起的外部节省与外部不节省。

外部节省是指生产同种产品的整个行业生产规模的扩大和产量的增加使个别企业的产量与收益因此而增加。外部节省的主要原因是：个别企业可以从整个行业的扩大中得到修理、科技服务、交通运输、人才供给、科技情报、信息交流等方面的方便，从而使生产成本降低，产量与收益增加。这些都是有利的外部影响。外部节省将使长期平均成本曲线下移（不一定平等下移），见图2-14。

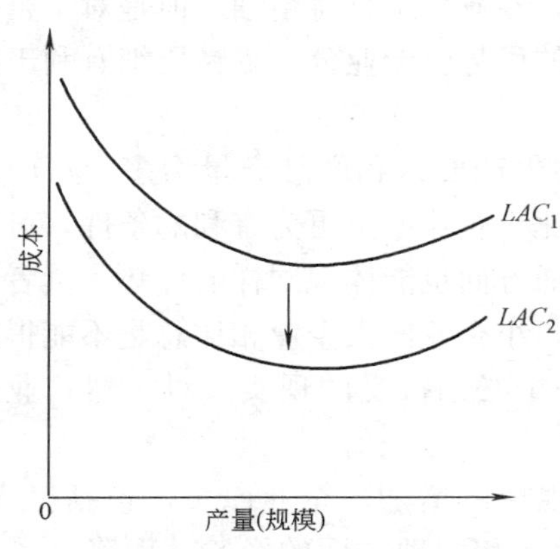

图2-14　外部节省与外部不节省

外部不节省是指整个行业生产规模扩大与产量增加使个别企业成本增加，收益减少。引起外部不节省的主要原因是：行业生产规模扩大使个别企业之间的竞争日益激烈，争夺劳动力、能源和其他资源，结果使交通拥挤、地价上涨、环境污染。企业因此付出了巨大代价，使收益大为减少。外部不节省将使长期平均成本曲线上移（不一定平等上移），见图2-14。

（四）适度规模

一个企业和一个行业应确定自己的适度生产规模。确定适度规模的基本原则是，至少应该使企业的规模收益不减，尽可能使规模收益递增，不能出现规模经营收益递减。

对于一个企业来说，实现适度规模，就是使各种生产要素的增加，即生产规模的扩大要适度，正好是收益递增达到最大。达到最大时，就不再增加生产要素，并使这一生产规模维持下去。

对于一个行业来说，企业适度规模的大小还要根据本行业的技术特点和市场条件来确定。从技术上来说，投资量大、生产设备先进而复杂的行业的企业，如冶金、机械、汽车制造、造船、化工等重工业企业，适度规模要大，生产规模越大，经济效益越高。相反，投资量小，生产设备简单的行业，如服装、服务等行业的企业，适度规模要小，生产规模越小，越能灵活适应市场需求的变动。就市场条件来看，一般而言，产品市场需求量大、而且标准化程度高的行业，企业适度规模要大，前述重工业企业适度规模大的原因也在于此。相反，产品市场需求量小，而且标准化程度低的行业，企业适度规模相应要小。这也正是前述服装行业适度规模小一些的原因之一。不同行业，由于技术水平和市场条件不同，会有不同的适度规模。除上述因素外，在确定一个企业生产的适度规模时，还应考虑原料、能源供给、交通运输条件，以及政府的经济政策等诸多因素，见图 2-15。

五、短期和长期平均成本的关系

前面分别讨论了短期和长期平均成本，这两者之间存在着密切关系。在长期平均成本曲线每一点处都有一个短期平均曲线与之相切，这一事实的含义是，如果改变企业的产出水平，它会有多个选择方案。图 2-16 特别点出了三个与长期平均成本曲线相切的短期平均成本曲线，这三个短期平均成本曲线表示短期固定生产要素在三种不同水平下，平均成本同生产规模的关系。短期内固定成本越多，生产规模就可以越大。

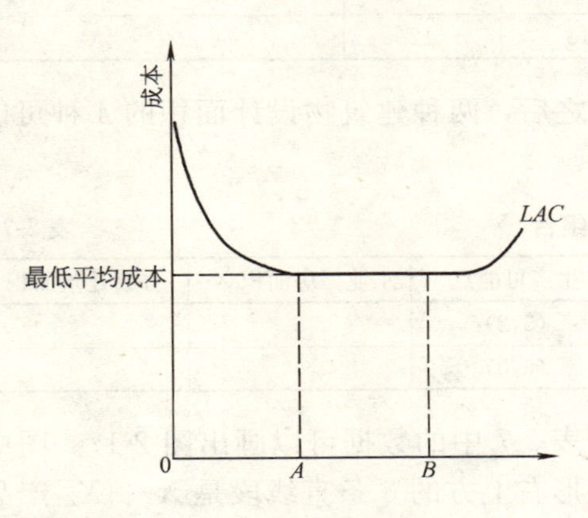

图 2-15　适度规模

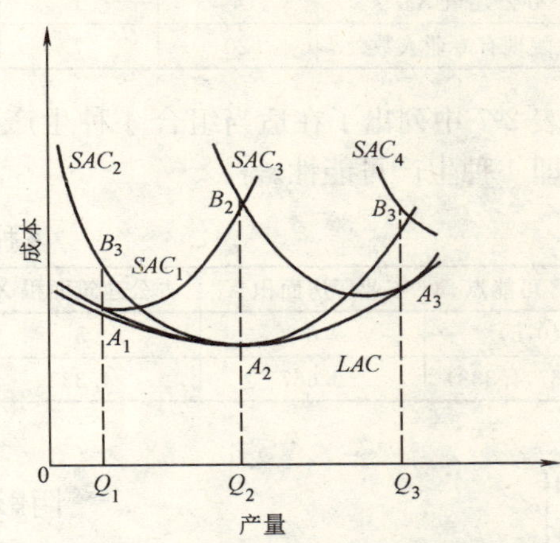

图 2-16　短期和长期平均成本的关系

现在来考虑 Q_1 点。该点表示的产量可以通过短期内固定生产要素和变动生产要素的不同组合来实现。如果采取 SAC_1 表示的组合，其长期平均成本 LAC 等于 Q_1A_1，若采取 SAC_2 表示的组合，则 LAC 等于 Q_1B_1。显然，企业从长期来看应当采取 SAC_1 表示的组合。

同理，当产量为 Q_2 时，要采取 SAC_2 表示的组合，其长期平均成本 LAC 等于 Q_2A_2，若采取 SAC_1 表示的组合，则 LAC 等于 Q_2B_2。

对于产量 Q_3，要采取 SAC_3 表示的组合，其长期平均成本 LAC 等于 Q_3A_3，若采取 SAC_2 表示的组合，则 LAC 等于 Q_3B_3。

很容易看到，A_1、A_2 和 A_3 都是短期平均成本曲线与长期平均成本曲线的切点。或者说，长期平均成本曲线是短期平均成本曲线的下部包络线。

六、要素和产品的最合理组合

一般来说，建筑企业提供的产品或服务不止一种，而是生产多种产品，提供多种服务。而生产要素，也不仅仅投入两种，而是很多。在这种情况下，分析生产要素和产量的最合理组合，就要利用生产可能性曲线与等收益曲线。

（一）生产可能性曲线

生产可能性是指一定技术水平和资源条件下利用企业现有资源可能生产出来的最大产量。对于企业来说，生产资源总是有限的，在现有技术水平所能达到的限度内，运用现有资源，即有限的生产要素，生产某种产品的投入要素愈多，则生产另一种产品的投入要素必然愈少。这就存在一个生产可能性选择的问题。

现假设某建筑设计院提供设计服务有两种，即工业厂房 X_1 和办公建筑 X_2 的设计。设计工业厂房和办公建筑所需要的生产要素，即建筑师、结构工程师、设备工程师和电气工程师的平均人数列在表 2-6 中。

设计工业厂房和办公建筑所需要的生产要素 表 2-6

专业 / 建筑物	建筑	结构	设备	电气	设计费收入(10 万元/万 m^2)
工业厂房 X_1	1	1	1	2	2
办公建筑 X_2	4	1	2	1	6.
该院现有专业人数	20	7	13	12	

表 2-7 中列出了在适当组合 4 种生产要素之后，两种建筑物设计面积的 4 种可能组合，即 4 种生产可能性。

4 种生产组合 表 2-7

生产可能点	工业厂房面积 X_1	办公建筑面积 X_2	生产可能点	工业厂房面积 X_1	办公建筑面积 X_2
(0,5)	0	5	(5,2)	5	2
(2.667,4.333)	2.667	4.333	(6,0)	6	0

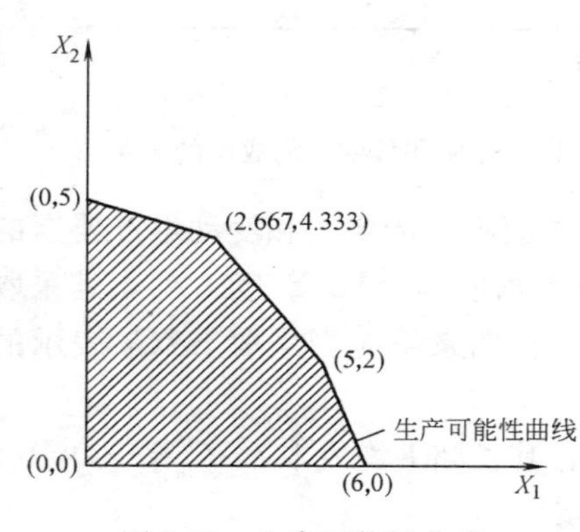

图 2-17 生产可能性曲线

根据表 2-7 中的数据可以画出图 2-17。图中带阴影多边形右上方的 3 条直线段是 X_1、X_2 产品的生产可能性曲线，这 3 条直线段的 4 个交点就是 X_1、X_2 产量的 4 种不同组合。实际上，生产可能性曲线上的任何一点都代表适当组合建筑师、结构工程师、设备工程师和电气工程师 4 种生产要素后，能够设计出来的两种建筑物最大面积组合。在生产可能性曲线以内的任意一点，都表明该设计院设计能力仍有剩余，现有的全体设计人员还未得到充分利用；相反，在生产可能性曲线之外的任何一点，则表示该设计院的现有资源（即现有专业人数）不足以达到的产量。

在生产可能性曲线上，当一种产品或服务的数量增加时，表示生产该种产品或服务的生产要素投入量在增加，而生产另一种产品或服务的生产要素投入量必然相应减少，其产量也相应减少。从而两种产品或服务的数量存在此增彼减的关系。设 X_2 产品（即办公建筑）在逐步减少，X_1 产品（即工业厂房）在逐步增加，当生产要素等量地由生产 X_2 生产 X_1 时，由于边际收益递减律的作用，则每转移一次，ΔX_2 的值都逐步增大，ΔX_1 的值都在逐步减少，即 $\Delta X_2/\Delta X_1$ 的值在逐步增大。也就是说，生产可能性曲线的斜率从左到右由小到大，因此生产可能性曲线是凹离原点的。

生产可能性曲线是以要素总量与技术水平不变为前提。如果总资源不变而生产技术水平提高或降低，或生产技术水平不变而总资源增加或减少，或者总资源与技术水平同时变动，则生产可能性曲线就会发生移动。从左向右上方移动，表示总资源增加或技术水平的提高；从右向左下方移动，表示总资源的减少或技术水平的降低。位于右上侧的生产可能性曲线表示在一定技术和资源条件下的可能达到的更高的产量。

对于这个建筑设计院而言，面对无限种生产可能性选择，应如何安排设计任务，才能使设计费收入最大呢？

（二）等收益曲线

为了回答上面的问题，我们来看等收益曲线。等收益曲线是在产品或价格已定的条件下，建筑企业为获取某一数额的收益，两种产品或服务的数量各种不同组合的全体。根据表 2-6 中给定的数据，知道该设计院设计 X_1 和 X_2 两种建筑物的单价（即设计费收入）分别为 2（10 万元/万 m^2）和 6（10 万元/万 m^2）。现计划今年设计费总收入要达到 27（10万元），可以达到这一收入额的设计两种建筑物的面积的不同组合表示见表 2-8。

设计两种建筑物的面积的组合 **表 2-8**

生产可能性编号	X_1（万 m^2）	X_2（万 m^2）	收益（10 万元）
1	13.5	0	27
2	8	1.5	27
3	6	2.5	27
4	4	3.167	27
5	2	3.833	27
6	0	4.5	27

根据上表可做出等收益曲线如图 2-18。表 2-8 中的 6 种产量组合均在 $2X_1+6X_2=27$ 这条等收益曲线上，他们的总收益是相等的。读者还可以看到，如果不考虑该设计院现有人力资源的限制，只要设定一个收益数额就能画出一条等收益曲线。因此，等收益曲线就是一个由无限多条等收益曲线构成的族。显然，等收益线的斜率是两种产品的价格之比，即 P_{X1}/P_{X2}。

不同的成本有不同的等成本线和等产量线，不同的生产水平也有不同的等收益线。等收益线距离原点越远，表示收益愈大；反之，则小。

生产可能性曲线虽然表示在一定技术水平与资源条件下利用现有资源生产两种产品或服务的最大产量的不同组合，但并不是每一种产量组合都能实现总收益最大。要实现产量最大而且收益也最大，还必须把生产可能性曲线与等收益曲线结合起来。只有这样，才能求得产量的最优组合，即由最大收益的产出组合。这种组合如图 2-19 所示。

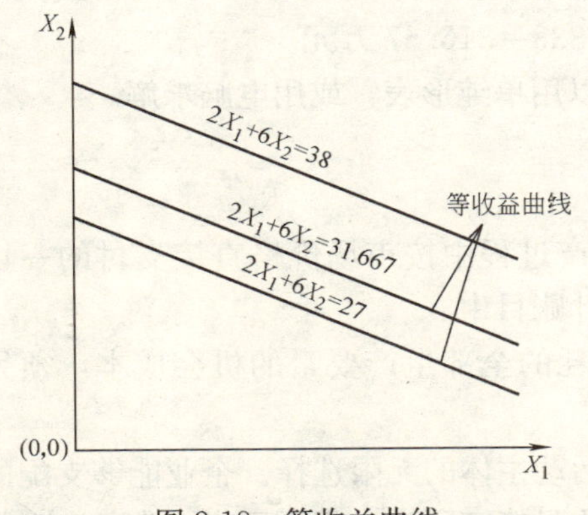

图 2-18 等收益曲线

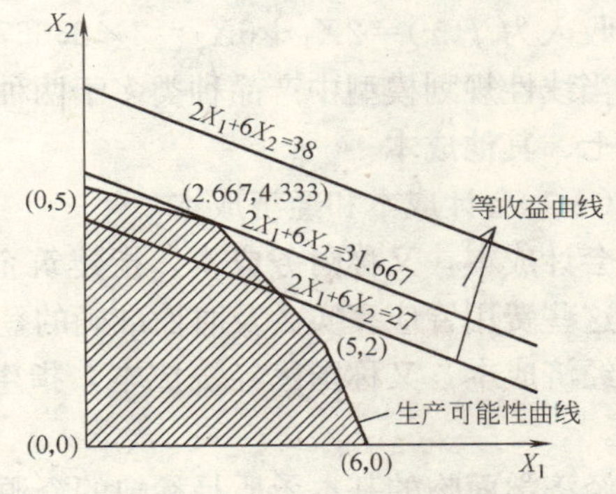

图 2-19 等收益曲线与生产可能性曲线结合

图中生产可能性曲线与等收益曲线 $2X_1+6X_2=27$ 相交，交点为（2.667，4.333）。这个交点就是能带来最大设计费收入的产量组合。而在该交点以外的生产可能性曲线上的其他点，如（0，5）、（5，2）和（6，0），虽然可以达到最大产量组合，但带来的设计费收入少于 27。可见，（2.667，4.333）点是设计费收入最大的产量组合点。

如果可以写出收益函数和表示建筑企业产品产量同资源之间关系的函数（即生产可能性函数）时，则在各种不同产量组合当中寻找收益最大的组合的问题，实际上就数学规划问题。上面某建筑设计院在现有的人力资源条件下，如何在各种生产可能性中进行选择，以取得最大设计费收入的问题，就可以用线性规划模型来说明和解决。

设工业厂房和办公建筑各承揽 X_1 和 X_2 万平方米。根据表 2-6 中给出的数据，可以写出如下线性规划模型：

$$\mathrm{Max} f(x)=2X_1+6X_2$$

$$\text{s.t. } X_1+4X_2\leqslant 20$$

$$X_1+X_2\leqslant 7$$

$$X_1+2X_2\leqslant 13$$

$$2X_1+X_2\leqslant 12$$

$$X_1, X_2\geqslant 0$$

在上述线性规划模型中，收益函数 $f(x)=2X_1+6X_2$ 称为目标函数；表示工业厂房和办公建筑产量 X_1 和 X_2 同资源数量之间关系的函数：$X_1+4X_2\leqslant 20$，$X_1+X_2\leqslant 7$，$2X_1+X_2\leqslant 12$ 和 $X_1+2X_2\leqslant 13$ 称为约束条件；X_1，X_2 称为决策变量；X_1，$X_2\geqslant 0$ 称为非负约束条件。由 $X_1+4X_2=20$，$X_1+X_2=7$；$2X_1+X_2=12$，$X_1=0$ 和 $X_2=0$ 五条直线在图 2-17 中围起来的带阴影的五边形称为可行域。生产可能性曲线就是可行域右上方的边界线。读者会注意到，约束条件 $X_1+2X_2\leqslant 13$ 没有表示在图 2-17 和图 2-19 中。其原因很简单，就是妨碍该设计院多多承揽设计任务的不是设备工程师，而是其他 3 种专业技术人员的数量。

因为上述例子仅涉及两种产品，所以线性规划模型很简单。可以用图解法求解取得最大设计费的产量组合，求解过程已经表示在图 2-19 中。结果是，要取得最大的设计费收入，工业厂房和办公建筑各承揽 $X_1=2.667$ 万 m^2 和 $X_2=4.333$ 万 m^2。此时，最大的设计费收入为 $f(x)=2X_1+6X_2=2\times 2.667+6\times 4.333=316.67$ 万元。

当线性规划模型中产品种类多于两种时，可以用单纯形表，或用电脑求解。

七、其他成本

（一）会计成本和经济成本

会计成本，又称财务成本，指建筑企业在生产过程中按市场价格直接支付的一切费用，这些费用皆应真实、及时而准确的登录于会计账目中。

经济成本，又称国民经济成本，指生产所消耗的全部生产要素的机会成本，须另行计算。

经济学面临的基本矛盾是稀缺的资源与经济活动主体的无限选择。企业能够支配的资源永远满足不了企业各种各样的用途。所以，企业只能有所为，有所不为。为了实现某些目标，就必须放弃另外一些打算。企业在生产过程中付出的成本，远远不能用生产过程中所消耗的生产要素的价格来计算。生产要素的价格只是标志着达成了交换或交易。

机会成本就是丢掉了的机会。我们将机会成本定义为把一种稀缺资源用于一种用途，而不是仅次于此种用途的第二种用途时放弃的利益。或者说，机会成本就是放弃仅次于此种用途的第二种用途的成本。在某场地建一栋楼房的机会成本就是放弃该场地用于仅次于建楼房的第二种用途的成本。成本实际上是一种牺牲。

机会成本对于建筑企业总部和施工现场管理的重要意义在于，在做出任何决策之前必须充分考虑所有其他可能的方案。考虑和计算机会成本在经济学理论和方法中占重要位置。

例如，某建筑施工企业某年某月有甲、乙两项工程可以承揽。经过计算后发现，承揽乙工程要比甲工程少赢利 140 万元。但是，如果再深入的了解，就会知道乙工程完成后，其业主还有可能将另一比甲工程还大的工程委托给该建筑企业施工。然而，该企业的管理层忽略了这种可能性，决定承包甲工程。

当甲工程于一年后竣工结算时，该企业为这一项目专设的会计账目上记载的所有费用合计为 9800 万元。在甲工程竣工后近两年的时间里，该建筑公司再也没有得到像样的大工程，零零星星，共赢利 96 万元。

而另外一家建筑公司承包了乙工程，完成之后又接着用一年多一点的时间承包并完成了其后的那个工程。这另一家企业在后续工程上赢利 500 多万元。

根据以上情况，我们可以知道第一企业承包甲工程的会计成本是 9800 万元，而经济成本是 9800 万元＋500 万元－140 万元－96 万元＝10064 万元。

从上面的例子可以知道，建筑企业在决定如何安排自己的生产要素（即资源）时，一定要充分考虑它们的机会成本。

（二）私人成本和社会成本

一切经济和社会活动都会产生外部影响。具体经济主体付出的成本称为内部成本、私人成本或财务成本。社会上其他人由于经济主体造成的外部影响而付出的成本是外部成本。内部成本与外部成本之和就是社会成本或国民经济成本。

建筑企业的生产活动也不例外。建筑施工常常阻塞交通，扬起灰尘，发出噪音，给人们造成诸多不便，这样的外部影响，给人民生活和社会生产造成的直接和间接损失，都应折算为外部成本，列入建筑工程的社会成本之中。

（三）沉没成本

沉没成本就是过去付出的，现在的决策者已无法改变的成本。沉没成本没有机会成本，因为对于现在的决策者来说，没有任何选择余地。沉没成本不影响需要现在作出的任何决策，因为不管现在的决策是什么，已经花出去的钱无法收回了。

沉没成本的概念是提醒决策者，只有关于将来结果的决策才是最重要的。建筑企业管理者在做出管理决策时不应当考虑沉没成本。例如，建筑企业参加建设项目投标，为此花费了大量时间和金钱，两个月过去了，已经花了 30 几万元人民币。这时候，根据可靠消息，该建设项目业主已经严重亏损，根本没有资金将这一项目完成。这时候企业的决策者若心疼已经花掉的 30 几万元人民币和两个多月的心血而舍不得果断停止投标就是错误的。

遇到这种情况，决策者应当提出这样的问题：在这件事情上继续是否值得？若把时间花在另一项目上是否能获得更多的收益？有多大的可能性？应当根据现在的形势、根据现在和将来选择最好的可能性，进而做出决定。靠牺牲企业将来潜在的整体利益纠正过去的错误本身就是一个错误。

（四）显性成本和隐性成本

按照生产费用支付的形式，成本可划分为显性成本和隐性成本。

显性成本就是必须由企业根据合同（各种形式的合同）作为报酬直接按市场价格支付给除企业所有者之外其他生产要素所有者的款项之和。显性成本就是财务成本或会计成本。

隐性成本就是会计账目上无法记载，但代表实际上已经消耗掉的某种资源的成本，又称视同成本。

所有建筑企业，包括勘测、设计、施工、租赁、咨询或其他有关业务的企业在以使用办公设施的形式使用土地时必须付出租金，不管这块土地是否属于企业本身。如果土地属于企业本身，则称未实际支付的租金为“视同租金”或“估算租金”。

建筑企业在使用劳动力时必须向付出劳动的人支付工资以及与此有关的其他费用。不仅企业雇员提供劳动力，其他合伙人、分包单位、供货单位等都以某种形式提供一定数量的劳动力。如果劳动力是合伙人提供的，则实际上未支付的工资称为“视同工资”或“估算工资”。

建筑企业使用的资金是企业资本的一部分，其中很多都是借来的。借，就要支付利息，利息属于财务费用。即使使用的资金是企业自己过去的盈余，利息仍然要计算，就好像把利息支付给银行一样。这样计算的利息称为“视同利息”或“估算利息”。视同租金、视同工资和视同利息等称为“视同费用”、“视同成本”、“估算成本”。对于建筑企业来讲，在进行费用或成本核算时，正确地计入视同费用是非常重要的。只有这样，才能可能准确估计企业对外提供产品或服务的真实成本。否则，就会遗漏某些实际上消耗的资源。

（五）可控成本和不可控成本

可控成本指企业管理人员通过努力可以减少或不使其超过某一数额的成本。例如，原材料、水、电、燃料、人工、余料、废品、现场办公用品等要素的消耗，是施工项目管理班子能够加以控制的。

不可控成本指企业管理人员无法通过自己的努力加以改变的消耗。例如，具体施工项目管理班子对于公司的房屋等固定资产的折旧、公司总部的管理费等就无法实施其管理职能。

将成本分为可控和不可控成本便于分配责任，将成本管理落实到人。当然，可控和不可控成本是相对的。公司房屋等固定资产的折旧以及公司总部的管理费等对于施工项目管理班子是不可控的，但是对于公司总部管理人员而言就是可控的。

（六）直接生产成本和研究开发成本

用于建筑生产，消耗在建筑产品和服务上的所有要素市场价值称为直接生产成本。为了企业长远发展而进行的研究和开发费用，称为研究开发成本。例如，建筑施工企业研究新型模板支撑体系、研究高耸筑物液压模板提升装置、预应力张拉和锚固装置等。再比如，建筑设计院研究和编制结构分析和设计软件等。建筑企业进行这样的研究和开发活动所耗费的人力、物力和财力都属于研究开发成本。研究开发成本应当分摊到将来所有使用这些研究开发成果的建筑产品和服务上去，而不能仅仅加在第一次使用它们的建筑产品和服务上去。

第四节 收益分析

上述所有的成本或费用在计算利润之前，都必须加以考虑。建筑企业在支付租金、工资和利息时一般都涉及到合同安排，因此以上生产要素的提供者都事先知道他们应该收到多少数额。但是，对于市场经济国家合伙经营的专业事务所的合伙人，他们的收益有两部分，一部分是根据各方实际工作时间计算的工资和薪金，另一部分则是根据他们拥有的公司股份计算的公司赢利。这些民间合伙企业从来没有人保证他们的投入一定会有收益。民间合伙企业负有无限责任，经营很可能发生亏损，甚至破产倒闭。

归纳起来，建筑企业所使用的生产要素能够得到的各自收益是，劳动力得到工资，土地得到租金，资金得到利息，而经营管理精力和才能得到利润。

一、总收益、平均收益与边际收益

收益在西方微观经济学中指企业出售产品或提供服务所得到的收入，与产出或产量不同。收益之中包括成本，当然也包括正常利润。收益可分为总收益、平均收益和边际收益。

总收益 TR 指企业出售一定量产品或提供一定量服务得到的全部收入，即商品的总卖价。总收益等于单位商品的卖价 P 乘以销售量 Q 所得之积。

平均收益 AR 指企业出售一定量的产品和服务，从每个单位产品或服务所得到的平均收入。平均收益等于产品或服务总卖价除以销售量所得之商，即单位产品或服务的平均售价。

边际收益 MR 是指企业每多销售一个单位的产品或服务所增加的收入，即每多售出单位产品和服务而使总收益的增加额，即最后一个单位产品或服务的卖价。边际收益等于总收益增量 ΔTR 除以销售量增量 ΔQ 所得之商。

上述三种收益之间，有下列关系：

$$TR=AR\cdot Q$$

$$AR=TR/Q$$

$$MR=\Delta TR/\Delta Q$$

当总收益 TR 可以表示成产量 Q 的连续函数时，有 $MR=\mathrm{d}TR/\mathrm{d}Q$

总收益、平均收益和边际收益之间的变动关系存在两种不同的情况：一是在产品或服务销售价格不变条件下的变动趋势；二是在产品或服务价格随着销售量的增加而递减条件下的变动趋势。

在价格不变条件下，一定量的产品或服务的价格既等于平均收益，又等于边际收益，因为无论厂商出售多少产品和服务，都是按同一价格出售的，因而平均收益与边际收益都不变。这种条件下，边际收益、平均收益、总收益之间的关系为

$$AR=MR=P(\text{价格})=TR/Q$$

$$TR=AR\cdot Q=MR\cdot Q=PQ$$

在这种条件下，生产者增加生产，不影响单位产品或服务的卖价。

在价格递减条件，随着销售量的增加，边际收益和平均收益都是递减的。一定量的产品或服务的价格只等于平均收益，而不等于边际收益。这种条件下，边际收益、平均收益、总收益的关系为

$$AR=P=TR/Q$$

$$TR=P\cdot Q=AR\cdot Q$$

$$MR=\Delta TR/\Delta Q \text{ 或 } MR=\mathrm{d}TR/\mathrm{d}Q$$

在这种情况下，生产者增加生产，就会使单位产品或服务的卖价下降。从图 2-22 可以看到，边际收益 MR 总是小于平均收益 AR，即价格 P，也就是说 $MR<AR=P$。产生这种情况的原因是，每增加一个单位的产量，销售价格既要下降一些（ΔP 表示降价数额，$\Delta P<0$）。增产的一个单位必须按下降后的价格出售，原来计划产量 Q 的产品或服务也必须按增产后的平均收益 AR 减去原来计划产量 Q 的产品或服务因降价而受到的损失，也就是说：

$$MR=AR+Q\cdot\Delta P<AR$$

若价格为产量 Q 的连续函数 $P(Q)$，则上述说明的数学模型为

$$TR=P(Q)\cdot Q, AR=TR/Q=P(Q)$$

$$MR=\mathrm{d}TR/\mathrm{d}Q=P(Q)+Q\cdot \mathrm{d}P(Q)/\mathrm{d}Q=AR+Q\cdot \mathrm{d}P(Q)/\mathrm{d}Q$$

因为 $P(Q)$ 是减函数，所以 $\mathrm{d}P(Q)/\mathrm{d}Q<0$，而 $Q>0$，所以有 $MR<AR$。

MR 还有另外一种表达方式，由于需求价格弹性 $E_{\mathrm{d}}=-\mathrm{d}QP/\mathrm{d}PQ$，所以

$$MR=\mathrm{d}TR/\mathrm{d}Q=P+Q\cdot \mathrm{d}P/\mathrm{d}Q=P\left(1+\frac{Q}{P}\cdot\frac{\mathrm{d}P}{\mathrm{d}Q}\right)=P(1-1/E_{\mathrm{d}})$$

这就是说，在价格既定的条件下，边际收益与需求价格弹性同方向变化。需求价格弹性越大，边际收益越大，反之越小。

二、收益函数与收益曲线

（一）总收益函数与总收益曲线

总收益函数反映总收益同销量与商品价格之间的关系为：$TR=AR\cdot Q=P\cdot Q$

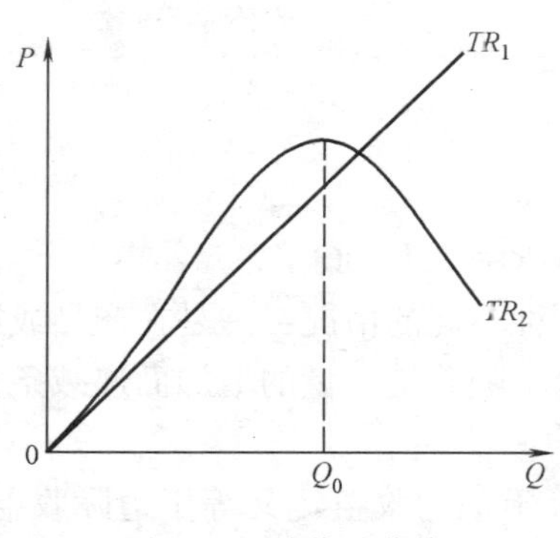

图 2-20　总收益曲线

在价格不变的条件下，总收益曲线是一条通过原点向右上方倾斜的曲线。这表明着销售量（产量）的增加，企业的总收益也在不断增加，其变化规律如图 2-20 中的 TR_1 曲线所示。图中，横坐标表示销售量，是自变量。在价格递减的条件下，总收益曲线是一条通过原点先递增后递减的曲线。当销售量超过 Q 时，边际收益已为零，因此企业也不可能再销售，其变化规律如图 2-20 中的 TR_2 曲线所示。

（二）企业需求曲线

在讨论什么是企业面对的需求曲线，或简称企业需求曲线之前，必须明确市场供给和企业供给，市场需求和对单一生产企业产品或服务的需求的区别。所谓的市场供应量是市场上所有生产企业的供应量之和。市场需求量是市场上所有买主的需求量之和。显然，企业供给不会超过市场供给，对单一生产企业产品或服务的需求不会超过市场需求。下面分两种情况介绍企业需

求曲线。

1. 销售价格不变

后面我们将看到，在有众多买主和卖主的完全竞争市场上，产品或服务的价格是由整个市场上的供求关系决定的均衡价格，即市场价格。单位的生产企业生产的产品或服务的产量仅占均衡交易量的很小一部分，市场价格并不会因为某单独生产企业的产量增减而发生变化。单独生产企业生产出来的产品都能被市场上的众多买主买走，市场对该企业产品或服务的需求量 Q 同销售价格 P 无关。这样，单独生产企业的产量可在销售价格不变的条件下增减，单独生产企业的产量 Q 同销售价格 P 无关。总之，不管单独的生产厂家愿意不愿意，只能把市场价格当作即成事实接受下来。图 2-21 中平行于表示对单独生产企业产品或服务的需求量（单独生产企业的产量）的横轴的直线 d 称为企业需求曲线。d 与竖轴交于市场价格 P。这条需求曲线表明如果生产企业稍微提价，其产品或服务就一点也销售不出去。如果按市场价格，生产多少（当然远远小于市场上的总需求量）都能销售出去。

2. 销售价格随着产量增加而下降

当市场上仅有一家或几家生产企业时，产品或服务的销售价格虽然仍是由整个市场上的供求关系决定的市场价格。但是这一家或几家生产企业的产量占市场交易量的很大一部分，甚至全部。他们可以决定市场上的供应量。在这样的市场上，当买主增加购买数量时，他们的需求价格就会降低。因而，这一家或几家生产企业要想增加其销售额，就只能在增加产量的同时降低其产品或服务的售价，不降价，就不能增加销售额。这就是说，市场价格将随着这一家或几家生产企业的产量的增加而下降。图 2-22 中的上面那条向右下方倾斜的曲线也称企业需求曲线。

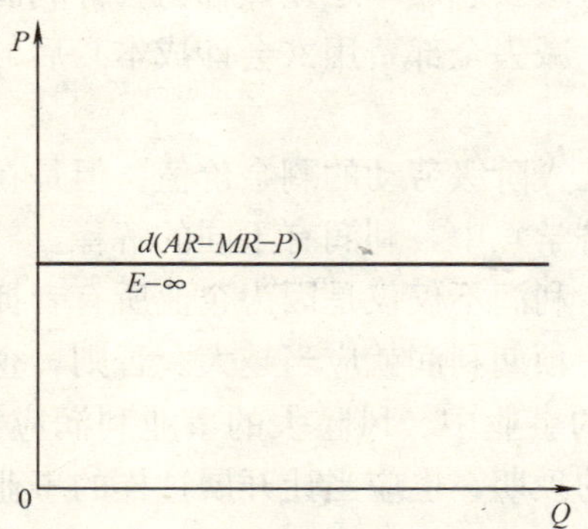

图 2-21　价格不变条件下的企业需求平均收益和边际收益曲线

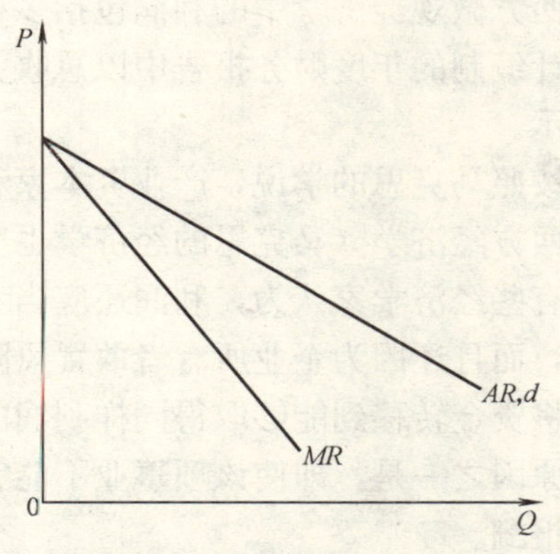

图 2-22　价格递减条件下的企业需求平均收益和边际收益曲线

（三）平均收益、边际收益函数及其曲线

1. 平均收益函数

平均收益函数反映单位销量与商品价格之间的关系，即

$$AR=TR/Q=P$$

（1）销售价格不变。在图 2-21 中，平均收益曲线 AR 是一条与表示单独生产企业产量的横轴平行的直线。与企业需求曲线 d 重叠。

(2) 销售价格随着产量的增加而下降。在图 2-22 中，平均收益曲线 AR 是一条向右下方倾斜，同时与企业需求曲线 d 重叠的曲线。因为 $AR=P$，P 递减，AR 线自然随销售量的增加向右下方倾斜。

2. 边际收益函数

边际收益函数反映追加生产和销售一个单位产品时的收入增量。边际收益函数等于总收益增量函数同最后一个单位销量之比，即

$$MR=\Delta TR/\Delta Q$$

(1) 销售价格不变，因为此时有 $MR=AR=P$，所以边际收益曲线在图 2-21 中是一条与平均收益曲线和企业需求曲线 d 相重叠的水平线。此时，多销产品或服务就能使收益呈线性增加。在价格不变条件下，市场上的消费者接受既定市场价格购买产品和服务，这表示需求弹性无穷大，即 $E=\infty$。

(2) 销售价格随着产量的增加而下降。由于边际收益 MR（即最后生产的那一单位产品的售价）总是小于平均收益 AR，所以在图 2-22 中，边际收益曲线也向右下方倾斜并且必然在平均收益曲线之下方。

三、利润最大化原则

我们假设市场经济中的企业为“理性人”，他们经营企业的根本目的，就是谋求最大的利润。实际上，建立在私有制基础上的资本主义企业都是盈利性组织。资本家进行生产经营决策活动的根本目标是实现最大的利润。在我国由计划经济向社会主义市场经济转变过程中，国有和集体企业也逐渐将经营目标由过去的国家规定的产量，调整到自主决定的经营利润上来。

（一）利润

西方微观经济学中的利润包括多种含义。总收益减去总成本之差额称为会计利润，在由会计编制的年度财务报告中以总收益（销售收入）减去全部费用（会计成本）后的余额来表示。

按照马克思的学说，产业资本家利润的来源是工人阶级劳动的剩余价值。但是在其他主流西方经济学（马克思的经济学也应当算西方经济学）中，利润有不同的解释。

有些经济学家认为，利润还应当考虑风险因素，利润不仅仅是因为企业所有者拥有该企业，而且还因为企业所有者敢冒风险。风险越大，预期利润就应当越大。否则，企业家就会将资金转移到能够取得同样利润的其他较稳妥的事业中。风险大的事业利润应当高，其中原因之一是，即使该项事业不能完全实现原来的预期，也应当让开展这样的事业的人得到报酬。

如此说来，企业的利润应当同企业资产的机会成本，即企业资产若转用于其他用途时所能获得的收益进行比较。

利润可以衡量企业财务的否成功，可以分配给建筑企业的合伙人、所有人或股东，也可以再投资于企业将来的发展。如果不赢利，股东就没有积极性留在建筑业。利润对于投资是至关重要的，投资资金来源于利润，利润有正常利润，次常利润和超常利润之分。

正常利润是使得建筑企业能够在建筑业长期经营下去的最低利润。只要低于这一水平，开办建筑企业的人就不会再继续干下去，而是退出建筑业。

正常利润在数额上等于将企业资产拆现，且存入银行后得到的利息，再加上相当于企

业经营风险的一笔数额。正常利润是会计利润的最低数额。

举个简单的例子，两个建筑师准备投资 50 万元人民币，注册一个建筑师事务所。经过盘算，在去掉所有开支，包括工资和其他劳务费之后每年净收入将是 5 万元，他们的计划如果实现，那就是 10%的收益。但是，如果将这 50 万元存入银行后第每年的利润也是 5 万元的话，则尽管开业后这两位建筑师仍然有薪金可得，但是总的来说开办建筑师事务所并无利可图，因为存入银行无风险，而开业经营有风险。

如果能够在别的建筑师事务所找到工作，而且那里的工资比自己开业发给的自己的高一些，那么，这两位建筑师就应当到这样的事务所去工作。除了挣一份工资，将 50 万元存入银行，每年还可得 5 万元的利息。无须承担经营的风险，要比自己开业好。如果不这样做，就等于丢掉了一个潜在的收入机会。

如果他们 50 万元资本的收益在扣除了他们的工资、其他的费用以及风险之后是 15 万元，则这 15 万元就是正常利润。其中 10 万元人民币是承担经营风险的收益，5 万元是 50 万元资本在所有情况下都有能得到的收益，例如存入银行获取的利息。

此外，如果对于合伙人花费在经营上的时间和精力，不给予报酬，则应将其作为视同成本计算，只有这样才能反映建筑师事务所的真正成本。正常利润属于生产成本的一部分。

只要会计账目上销售收入多于会计成本，会计师就可能报告企业有净利润，这种利润称为会计利润。会计利润的最低数额应当是正常利润。但是，在上面建筑师事务所的例子中，如果资本收益在扣除了他们的工资、其他费用以及风险之后是 6 万元人民币，而不是 15 万元，那么，尽管该企业的资本收益率为 12%，超过 10%，但这样的利润就是次常利润。在给定的风险条件下，次常利润不足以吸引投资。

当然，如果没有其他投资机会，而且相信将来可赚取正常利润，甚至超常利润的话，也有人愿意投资在短期内赚取次常利润。

任何超过正常利润的部分都称为超常利润，计算超常利润方法是先计算经济成本然后将其从销售收入中减去，余额为正者就是超常利润，超常利润又称为经济利润、纯利润。

读者可以将上述正常利润和超常利润同马克思政治经济学中的平均利润和超额利润进行比较。

超额利润的来源是建筑企业员工创造的剩余价值。建筑业增加值减去支付给员工的劳动者报酬之后的余额就是剩余价值，除掉上缴政府的生产税之后的营业余额，就是建筑企业用于为今后发展购买设备、支付企业股东红利、银行贷款利息、土地和房屋租金的部分。建筑企业为了确保得到足够的剩余价值，总是尽可能地压低工资，结果建筑企业与其雇员之间的冲突就出现了，不但如此，建筑企业、银行、地主之间也为在剩余价值中多取得一些而争夺。实际上，建筑工人和其他员工创造的剩余价值的很大一部分最后是被地主所吞取。再加上建筑业竞争非常激烈，建筑企业就因此而承受到很大的压力。

（二）利润最大原则

企业在生产经营活动中追求最大利润应遵循的原则，就企业的产量的边际等于边际成本，即 $MR=MC$。如果边际收益大于边际成本，即 $MR>MC$ 时，表明这时候每多生产一单位产品或服务所增加的收益大于生产这一单位产品或服务所耗费的成本，仍有潜在利润，企业增加生产仍有利可图。如果边际收益小于边际成本，即 $MR<MC$，则表明这时

候每多生产一个单位产品或服务增加的收益小于生产这一单位产品所耗费的成本，企业增加生产必然使总收益减少。

在前一种情况下，企业必然增加生产，使供给增加，价格下降，边际收益减少。在后一种情况下，企业必然缩减生产，其结果供给减少，价格上升，边际收益增加，边际也本减少。只有在边际收益等于边际成本时，即 $MR=MC$ 时，企业把该赚到的利润都赚到了，即实现了利润的最大化。这时企业既不会增加生产，也不会减少生产。

上述确定企业利润最大化原则时使用的方法称做边际分析法。另一种分析方法盈亏平衡分析法（这里不作详细讲解）也能得出同样的结论。

第三章　建筑施工项目资产概述

第一节　建筑施工项目资产的概念

一、建筑施工企业概述

1. 建筑

建筑是人类自己创造，供人们居住和从事各种活动的场所。《辞海》对建筑的解释是：①建筑物和构筑物的总称；②工程技术和建筑艺术的综合创作；③各种土木工程、建筑工程的建造活动。

2. 建筑业

建筑业是国民经济的一个物质生产部门。包括从事矿山、铁路、公路、桥梁、水利和房屋建造活动的土木工程建筑业；从事各种线路、管道和各种机械设备、装置安装活动的线路、管道和设备安装业；从事建筑物和车船等装修和装饰的装修装饰业三大类。

3. 建筑施工企业

建筑业企业是国民经济中的基本物质生产组织单位。是从事建筑产品生产经营的、独立的、具有法人性质的经济组织。主要从事建筑工程、设备安装、装饰装修等建筑商品的生产。在我国通常把建筑企业称为建筑施工企业。建筑企业按不同的要求，通常按经济类型、承包方式、专业性质、资质等级和企业规模等进行分类。

按经济类型分为公有经济、集体经济、私有经济、港澳台经济和外商经济。

按承包方式分为施工总承包企业、专业承包企业、劳务分包企业。

按资质等级施工总承包企业分为特级、一级、二级、三级；

专业承包企业分为一级、二级、三级、不分级；

劳务分包企业分为一级、二级、不分级。

按规模分为大型企业、中型企业、小型企业。

4. 建筑施工企业的特点

建筑施工企业生产的产品具有固定性、个体性、质量的耐久性三个特点。产品的特点决定了建筑施工企业产品的生产过程与一般制造业不同，因此建筑施工企业在生产经营和企业管理方面与一般制造业企业有较大差异。这些差异主要表现在以下几个方面：

（1）生产的产品具有一次性，施工项目生产要素管理复杂的特点

作为施工企业产品的工程项目，每一个合同的地点都是不同的，与一般制造业相比，生产场地随着产品的变动而变动。施工企业要根据产品位置的变化，组织施工生产。由于各地的市场环境、政治环境、经济环境、自然环境和人文环境等方面因素对生产要素有着很大的影响，导致施工项目生产要素的可预见性较差，施工企业组织资源供应和施工生产比较困难。施工项目生产要素的管理难度和复杂程度都超过一般制造业。

（2）生产的产品具有个体性，施工项目成本控制和施工项目资产管理模式化程度低的特点

施工企业的每一件产品从设计、编制施工方案、组织施工到资源耗费，每件产品都不相同，加大了成本控制和资产管理的难度。施工企业项目与一般制造业相比成本控制和资产管理模式化程度低。

（3）施工地点分散，内部统一协调管理难度大的特点

施工企业生产产品的一次性和个体性，决定了生产地点的分散，内部管理和资源统筹受到地域的限制，不利于集中管理，特别是资产的统一调配和周转使用，因信息、管理制度等方面限制，协调能力较低。对于大中型建筑施工企业来说，因为产品分布较广，尤其如此。

二、建筑施工项目资产的概念

1．建筑施工项目资产的概念

建筑施工项目资产是指建筑施工企业为进行工程项目生产或管理而购买或配置的、企业所拥有或控制的、不构成工程项目实体、但完成工程项目所必须的、可周转使用的有形资产（无形资产以外的资产）。为了叙述方便以下简称项目资产。

2．建筑施工项目资产的特点

与其他资产相比，项目资产主要有以下几个特点：

（1）企业所拥有或控制是构成项目资产的前提

项目资产属于企业资产的范畴，其必须符合资产的基本条件，《企业会计制度》对资产的解释是：资产，是指过去的交易或事项形成并由企业拥有或控制的资源，该资源预期会给企业带来经济利益。

项目资产必须是企业所拥有或控制的，这是企业进行管理的前提。项目资产的取得可以通过购买、自制、接受实物投资、以债权抵资产、接受捐赠等形式。一般而言，项目资产中除固定资产的取得形式相对多样外，其他项目资产的主要取得形式是购买和自制。

企业拥有的项目资产能够给企业未来带来经济利益。

（2）可周转使用和以实物形式存在是项目资产的基本特征之一

企业有着各种各样资产，比如货币资金、债权、存货、固定资产等，这些资产各自有着不同存在形式、起着不同的作用，因而有着各自的特征。项目资产的存在形式是可重复使用的、实物的，其作用是为工程项目施工生产提供组织、技术、管理等方面的支持。

（3）不构成工程项目实体是项目资产的另一个基本特征

在建筑施工企业的各种资产中，按用途分主要有两大类，构成工程实体的和不构成工程实体的。项目资产主要用于组织、技术、管理方面的支持，而不是用于工程项目的直接消耗，因此其不构成工程项目实体。

（4）项目资产的包含范围广

从内容上看，项目资产涉及到施工生产的设备工具、安全设施、废料回收、办公设施、生活用品等方方面面。从应用范围看，适用于建筑施工企业的各种项目。从管理环节看，涵盖了计划、采购、保管、使用、调拨、报废等各个环节。

三、建筑施工项目资产的发展

项目资产伴随着建筑业的出现而出现，伴随着建筑业的发展而发展，在项目资产的发

展历程中大概经历了以下几个阶段：

1. 原始阶段

从人类初期到奴隶制社会产生，这一阶段，人类主要依赖原始的、可自然利用的工具建造房屋。老子《道德经》说："凿户牖以为室，当其无，有室之用。"这一阶段没有专业的建造工具，以利用自然工具和简单的通用工具为主。

2. 传统的制造与应用阶段

从奴隶社会到封建社会末期，伴随着社会的进步，建筑业也有了长足发展，应用于建筑施工的工具、用具水平也不断进步，制造的各种各样的建筑用生产工具，为建筑业的发展提供了有力保证，特别是到封建社会后期，现存的各种辉煌的历史建筑说明了这一点。在这一时期，中国创造和应用建筑工具、用具的典型代表是鲁班。

3. 现代建筑施工项目资产的制造与应用阶段

19 世纪 20 年代，波特兰水泥制成后，出现了混凝土。到 19 世纪中叶，混凝土与钢材相结合，使现代建筑工程有了跨越式发展，建筑工程进入由钢筋混凝土代替传统土木结构的建筑时期，相关建筑技术亦随之迅猛发展。项目资产也随着产生，经过一个半世纪的发展，到今天已经发展成为机械化、电子化、信息化相结合的水平。现代项目资产的诞生，又极大推动了现代建筑业的发展。

第二节　建筑施工项目资产的管理原状

一、建筑施工项目资产的管理原状

项目资产的概念没有被使用之前，施工企业没有将其纳入企业管理的组成部分，或者没有系统的管理，只是零散的管理和控制，没有起到实质性控制的作用。因此，其价值也就随管理的失控而长期流失。项目资产在未提出系统管理概念之前，主要表现为以下几个特征：

1. 建筑施工项目资产购买随意性大

随着项目经理部的成立和在实施工程项目管理的过程中，项目经理部根据自身的需要购置建筑施工项目资产。在大中型建筑施工企业，除了固定资产须报企业审批，集中采购外，其他项目资产基本都是项目经理部随着需要自由购置，事前没有编制需求计划，购置过程也没有策划购置方案。因此随意性大，购置成本上升。

2. 建筑施工项目资产保管责任没有落实

购置的项目资产的去向主要有两种，一是为工程项目公共使用的资产，比如：为工程项目施工所需要的机械设备、仪器仪表、周转工具、安全用品等生产用资产和空调、电视、电脑等等办公生活用资产；二是为工程项目管理人员或生产人员个人固定使用的资产，如：办公桌椅、移动硬盘等。在所有项目资产中，除了大部分固定资产有专人负责管理使用外，余下的固定资产和其余项目资产基本都没有落实保管责任。对项目资产的管理好坏，无法追溯责任。

3. 建筑施工项目资产损耗没有标准

一般而言，建筑施工企业都有自己的固定资产折旧办法，规定了折旧率、残值等，并作为一项会计政策保持相对稳定，这也是国家的要求。而其他项目资产由于国家没有明确提出要求，也由于品种多，分布零散等原因，建筑施工企业普遍没有制定分摊办法，这就造成其他项目资产的损耗没有标准。项目资产的损耗水平依据项目经理部的管理经验、个人素质等决定，成本控制目标不好确定。

4. 统一管理协调水平低

由于项目分散，项目经理部自主购置行为普遍存在；又由于受传统管理模式的限制，对于大量的项目资产流落在企业的各个角落，并在无形中流失。传统的管理模式主要表现在信息收集手段和资产费用化两个方面。在项目资产管理较好的建筑施工企业，往往在项目经理部层次对项目资产建立了台账，而管理混乱的建筑施工企业，则由其自我灭失，即使是项目经理部建立了台账的施工企业，因项目的分散而不能纳入统一管理；按《企业会计制度》规定，构成固定资产的要纳入固定资产管理，构成周转材料的纳入周转材料管理，构成低值易耗品的纳入低值易耗品管理，其他的资产直接费用化，实际上，除了固定资产和周转材料其余的资产都很快以不同形式被费用化，费用化的资产财务不再挂账，企业很难掌握到底有多少资产，更无从谈统一管理了。

从以上几点可以看出，由于项目分散，项目采购计划性差、自主性大，责任落实缺位，缺少摊销标准等原因，导致了项目资产没有纳入企业系统的管理范畴。

二、建筑施工项目资产管理现状存在的问题

针对项目资产的管理状况，我们发现其存在的主要问题有：

1. 没有统一的管理制度

规章制度是企业内部管理规范的行为准则。由于项目资产存放地分散，种类繁多，单位资产金额小，有的企业往往忽视了对其管理，有的企业虽然想管又不知从何下手，不知制定什么样的标准来规范种类繁多的，内容差异很大的项目资产，管理制度难以浮出水面。

2. 没有有效的管理手段

管好项目资产，首先要解决管理的实效性和管理的成本。在传统的管理模式下，管理较好的建筑施工企业，项目经理部建立的台账，只能应用于本项目的管理需要，最多是上报到企业集中汇总，这种管理方式，既加大了管理成本，又不能解决企业内部各项目之间的信息共享，需要调剂的供需双方信息不透明，往往是这边急着找出路，那边还要重新购置，项目资产管理没有有效的管理手段。

第三节　建筑施工项目资产管理的新理念

一、建筑施工项目资产管理的对象

项目资产的概念界定了其基本内涵，根据目前建筑施工企业的实际情况结合《企业会计制度》的规定，可以将项目资产的管理对象概括为固定资产和非固定资产。固定资产的范畴与《企业会计制度》的规定基本一致，非固定资产的范畴包括除规定资产以外的其他项目资产。这种划分是为了适应企业管理和会计核算的需要。

二、建筑施工项目资产管理的目标

项目资产的管理目标是通过规范各类建筑施工项目资产的计划、购置、保管、使用、调拨、报废的各个过程，起到规范企业资产管理，减少资源浪费，降低企业成本的作用。

三、建筑施工项目资产管理的基本方法

项目资产管理的基本方法一是制定管理制度，一是建立信息平台。通过制度，明确建筑施工项目资产管理的流程、权限、职责，从而起到规范管理的作用。这是企业各子系统管理的一般方法。建立信息化平台是为实施管理制度的手段。建筑施工企业长期以来一直无法突破对建筑施工项目资产管理的瓶颈，往往是受到管理手段的限制。通过建立信息化平台，有效解决内部信息孤岛，实现内部信息的资源共享，从而保证管理制度的有效实施。关于基本方法的具体运用将在本书第五章、第六章详细介绍。

四、建筑施工项目资产管理的主要环节

围绕项目资产的管理目标，通过研究项目资产的管理对象，总结实现其管理目标主要做好六个方面的工作：

1. 通过实施计划管理，保证事前受控

计划管理是保证项目资产管理受控的前提。在企业层面统一计划管理，保证信息集散及时，资产管理受控。计划管理包括是否纳入企业预算，是否必要，购买、自制还是内部调配等要素。

2. 采取分级授权管理方式，避免造成浪费

分级授权管理是项目资产管理的组织保证。资产的审批与购置实行分级授权，不同类别的资产由不同级别负责审批，只有经过审批的资产才能购置。购置的形式包括企业级别集中购置，派出的管理机构集中购置，项目经理部自行组织购置三种形式。根据采购价格、技术要求、使用要求等决定由那个层次购置。一般来说价格越高、技术要求越高、使用要求越高的，购置的级别越高。分级授权，可以对数量较大、金额较高的资产采取集中采购，起到降低成本，防止腐败的作用，对数量少，价格低的资产采取灵活的方式采购，起到快捷方便的作用。

3. 通过落实保管责任，实现责任追究

项目资产的流失的根本原因就是责任不清，无法追究。落实一对一的责任，并将责任体现在企业管理的每一个环节，是项目资产管理的关键环节。

4. 通过制定摊销办法，保证资产充分利用

制定符合科学的、符合资产使用规律的摊销标准，是项目资产管理的必要条件。项目资产管理的难点是没有摊销政策，由于没有摊销标准，考核项目资产的责任就失去了杠杆，往往成了“公说公有理，婆说婆有理”。这里的项目资产主要指的是除周转工具以外的非固定资产部分。

5. 通过建立统一的信息平台，内部统筹调配

建立统一的信息平台是项目资产管理的重要手段。工程项目的特点是施工地点分散和产品的一次性，建筑施工项目资产的特征之一就是可周转使用，二者的特点决定了要把其有效融合，必须建立透明的、不间断的信息交换，信息孤岛无法满足施工生产的需要。因此必须建立统一的信息平台。

6. 通过到期报废与回收，控制资产外流

报废与回收是建筑施工项目资产的管理环节之一，也是考核检验资产管理办法和摊销标准是否科学、合理的环节。到期报废的资产交回企业，是企业对资产拥有权利的体现，企业可以通过废旧资产的集中处理，取得残值利益；同时通过对回收的到期资产状况的检

验，重新评估摊销政策。到期报废与回收避免了企业资产的外流。

第四节　建筑施工项目资产管理的意义

加强项目资产管理符合国家的利益、企业的利益，对国家来说，符合建立节约型社会的要求；对企业来说，符合建筑施工企业精细化管理的要求，符合建筑施工企业降低成本的要求，符合企业长远发展的要求。

一、符合建设节约型社会的要求

改革开放以来，我国的经济飞速发展。但粗放型的经济增长方式尚未得到根本转变，与国际先进水平相比，仍存在资源消耗高、浪费大、环境污染严重等问题，随着经济的快速增长和人口的不断增加，我国淡水、土地、能源、矿产等资源不足的矛盾更加突出，环境压力日益增大。解决高消耗问题已经纳入我国发展的议事日程。党的十六大和十六届三中、四中全会精神指出：树立和落实以人为本、全面协调可持续的科学发展观，坚持资源开发与节约并重，把节约放在首位的方针，紧紧围绕实现经济增长方式的根本性转变，以提高资源利用效率为核心，以节能、节水、节材、节地、资源综合利用和发展循环经济为重点，加快结构调整，推进技术进步，加强法制建设，完善政策措施，强化节约意识，尽快建立健全促进节约型社会建设的体制和机制，逐步形成节约型的增长方式和消费模式，以资源的高效和循环利用，促进经济社会可持续发展。为此国务院专门通知，并提出具体落实意见。加强项目资产管理符合通过技术进步和落实节约意识节约资源的要求。是具体落实建设节约型社会的具体体现。

二、符合企业降低成本的要求

企业的经营目的是不断提高经济效益，在日益激烈的市场竞争中，利润逐步被平均化。企业要想取得超额利润的主要途径就是降低成本。加强项目资产管理能有效降低能耗，控制成本开支，提高经济效益，从而提高企业市场竞争力。

三、符合企业精细化管理的要求

精细化管理是加强企业管理，堵塞企业漏洞，规避企业风险的要求。加强项目资产管理，是规范企业资产管理行为，落实精细化管理的具体措施。通过管理，加强计划控制，落实管理责任，实现资源的统一调配，有效解决资产流失问题，这符合企业精细化管理的要求。

四、适应企业长远发展的要求

企业的长远发展来自于合理的内部治理结构和有效的管理手段。如果说技术和管理是企业发展的两个轮子，那么对现代企业来说，管理占的比重更大，技术可以引进，惟管理服务无法引进。沃尔玛、海尔的发展就足以证明这个问题。核心竞争力是企业长远发展的必然手段，培养核心竞争力需要从管理入手，加强项目资产管理是实现管理创新，从而培养企业核心竞争力的具体措施。

第四章　建筑施工项目资产的制度管理与流程设计

第一节　建筑施工项目资产管理的原则

一、确定管理原则的标准

企业任何管理目标的实现都不是孤立行为或措施能够解决的，实现项目资产管理目标的方法需要是系统的。管理系统包括：改变观念，建立和完善目标基础、责任基础、组织基础，控制定位，设定环境基础，界定操作空间，最终实现目标，见图 4-1。

更新管理模式，改善管理手段，就是项目资产管理观念的转变。新观念需要以管理原则的形式表现。管理原则的制定需要满足系统管理的需要。项目资产的目标是规范企业资产管理，减少资源浪费，降低企业成本。“谁报账谁负责”、“属地化”、“到期回收”、“以旧换新”等原则就是围绕完善目标基础、组织基础、责任基础、控制定位、操作空间的界定。

通过“谁报账谁负责”，明确了管理责任主体，建立责任基础；“属地化”明确了管理主体，建立了组织基础；“到期回收”、“以旧换新”明确了如何管理，建立了控制定位。信息化手段则设定了环境定位和界定了操作空间。

如图 4-1 所示，项目资产管理的逻辑演进以观念为起点，逐层向上演进，直至目标。任一层次基础的缺失，都将影响下一层次的等级下降，因此在设定项目资产管理原则时必须充分考虑到系统管理的每一项基础。

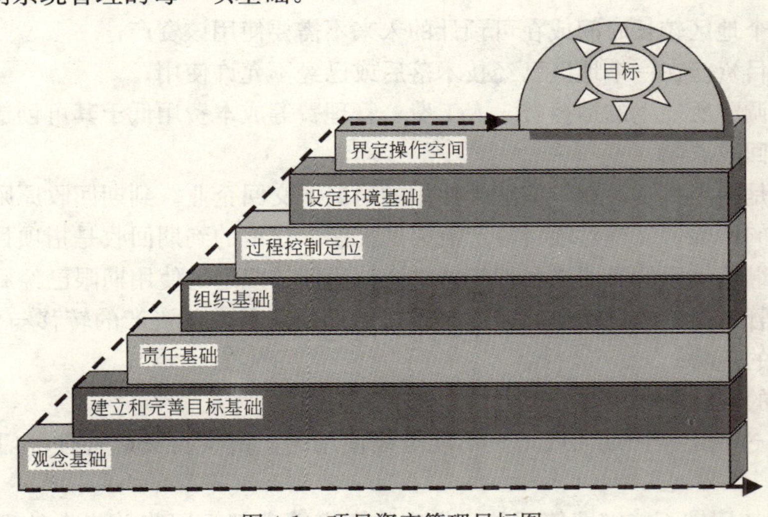

图 4-1　项目资产管理目标图

二、谁报账谁负责原则

谁报账谁负责原则是企业落实管理责任的具体措施，是针对项目资产没有责任保管者设定的。

这里的“谁”，包括个人和单位或部门。在项目资产的范畴里，包括不同类型的资产，有些资产数量少或金额小，具有单一性，如电脑、打印机、办公桌等，这些资产一般是由某个人单独使用，这种情况下，“谁”就是指个人；还有些资产数量多或金额大，具有共用性，如机械设备、周转工具、会议桌等，这些资产一般是几个人或几个业务环节共用的，这种情况下，“谁”就成了单位或部门。

“报账”是包括经办人从申请、购置、登记到财务核销几个步骤。一般而言申请是控制的第一个环节，财务核销是企业项目资产纳入管理的控制环节，完成财务核销也就完成了登记手续，落实了责任主体。

“负责”是落实项目资产保管、使用、交回的责任及项目资产发生丢失进行赔偿的责任。

三、属地化原则

建筑施工企业的分散性决定了资产实物集中保管和调配的难度，特别分支机构或建筑施工项目遍布全国甚至是全世界的大中型企业，集中保管和调配必然带来成本的增加和调配难度的加大，远距离调配可能导致其成本高于资产本身。因此在企业内部统一建立项目资产信息平台的基础上，以所在城市（地区）为基本的保管和调配平台，是属地化管理的具体内容。这种管理主要包括以下含义：

1. 企业内信息流公开、透明、统一，起到企业内的用户都可以了解项目资产的状况；

2. 授权地区分支机构管理本地区的建筑施工项目资产，在授权范围内具有计划审批权、购置权、保管权、内部调配权、到期回收权；

3. 必要时企业可以在全公司范围内集中调配，如大型设备、周转工具等量大、价高的资产，不因属地化管理而丧失管理权。

一般情况下，为了降低成本，公司不跨地区调配项目资产，但在具备以下条件时，企业会跨区调配：

（1）在一个地区较长时间或在可预计的未来不需要使用该资产；

（2）该项目资产在一个地区已经技术落后或已经不允许使用；

（3）跨区调配所发生的运输费、人工费、管理费等成本费用低于其可创造的价值。

四、到期回收原则

到期回收是指项目资产在不能继续使用的情况下交回企业。到期回收原则既是对项目资产使用情况的检验，又是对项目资产流失的控制。这里的到期回收是指项目资产的技术性能不能满足继续使用的需要或虽然能够继续使用但按规定的使用期限已经到期而退回的项目资产。保管者岗位的调动退回，内部调拨的退回，是内部资产的转移与价值的转移，属于内部调配的范畴。

到期回收的项目资产主要处理方法：

1. 对于已过规定使用期回收，且不能继续使用的，由实物资产管理部门回收并集中处理。

2. 对未到使用期不能继续使用的，由实物资产管理部门回收并集中处理，责任人须要按一定比例赔偿。

3. 对已过使用期，但可以继续使用的，可以由项目继续使用或项目之间进行调配；

也可以交回企业，重新配置使用。

五、以旧换新原则

为了保证建筑施工生产和项目管理的连续、有效，需要对已回收的资产进行补充。以旧换新具有两个作用，一是项目资产更新，二是规避资产流失。虽然到期资产从管理意义上讲已经实现了其自身价值，但资产管理责任的落实并没有转移资产的所有者，资产依然是企业所有，因而，不能继续使用或到期资产应归企业收回。以旧换新因资产的责任内容不同而不同，主要有以下几种情况：

1. 工程项目购置并保管使用的项目资产，其损耗的价值直接进入工程成本。这类资产，以旧换新的形式是购置，成本核算形式是直接进成本或摊销进成本。如办公用品、生活用品、安全文明施工用品等。

2. 资产管理单位保管的项目资产，以租赁的形式取得收入，按规定的比例摊销。对资产管理单位来讲，这种项目资产随着价值回收而逐渐回收，并可以转换为新的资产，残值在报废处理时一并回收。

第二节　建筑施工项目资产的种类和范围

一、种类的划分标准

（一）传统项目资产管理的分类形式

为了方便项目资产的管理，需要按一定标准划分不同种类。传统的项目资产主要有以下几种分类形式：

1. 按会计制度可分为固定资产、低值易耗品、周转材料、临时设施等。其中：

（1）固定资产包括施工机械、运输设备、生产设备、试验设备及仪器、土地、其他固定资产等五类；

（2）低值易耗品包括安全用品、劳保用品、工具用具、其他低值易耗品等四类；

（3）周转材料主要包括钢模板、木模板、脚手架、其他周转材料等；

（4）临时设施包括各种可周转使用的生产生活设施。

2. 按使用功能可分为管理用项目资产和施工用项目资产两类。

3. 按费用的入账形式可以分为直接费用化、五五摊销、固定比例计提、按使用期限摊销等。

（二）建筑施工项目资产的分类

为了既满足会计核算的需要，又满足项目资产实际管理的需要，我们将根据不同的分类形式归纳为以下 4 类：

（1）固定资产；

（2）低值易耗品；

（3）周转材料；

（4）临时设施。

二、固定资产的范围

《企业会计准则第四号——固定资产》第三条是这样定义固定资产的：

“固定资产，是指同时具有下列特征的有形资产：

1. 为生产商品、提供劳务、出租或经营管理而持有的；

2. 使用寿命超过一个会计年度。

使用寿命是指企业使用固定资产的预计期间，或者该固定资产所能生产产品或提供劳务的数量。”

《企业会计准则第四号——固定资产》第四条规定：

“固定资产同时满足下列条件的，才能予以确认：

1. 与该固定资产相关的经济利益很可能流入企业；

2. 该固定资产的成本能够可靠计量。”

《准则》规定了固定资产的使用期限应该是超过一个会计年度，也就是一年。但对价值没有设定底线。在建筑施工企业，为了便于管理一般将对固定资产设定价值底线，笔者认为，这一底线设定为5000元较为合理。一些国有骨干控股企业也都是将5000元设定为纳入固定资产管理的价值标准。

同时符合下列条件的可以确认为固定资产：

（1）为企业所拥有的、不构成工程实体的；

（2）价值超过5000元的；

（3）可连续使用超过一年的，或虽未超过一年但金额较大，且连续使用超过一个项目周期的；

（4）实物资产；

（5）与该固定资产相关的经济利益很可能流入企业；

（6）该固定资产的成本能够可靠计量。

根据以上划分标准，结合建筑施工企业的项目资产情况，我们将固定资产分为以下五类：

施工机械、运输设备、生产设备、试验设备及仪器、其他固定资产。这里与会计制度的分类基本一致，与之不同的是没有将房屋及土地纳入项目资产的管理范围。

关于建筑施工固定资产的常用目录参见表4-17《建筑施工企业固定资产类项目资产明细表》。

三、低值易耗品的范围

低值易耗品是指不能作为固定资产的各种用具物品，如工具、管理用具、玻璃器皿等。根据这一定义我们可以发现，低值易耗品具有固定资产的某些特性，而又不能完全等同于固定资产。

同时符合下列条件的可以确定为低值易耗品：

（1）为企业所拥有的、不构成工程实体的；

（2）价值一般在50元以上，不超过5000元的，或虽超过5000元，但该类资产未列入固定资产的；

（3）可连续周转使用的；

（4）实物资产；

（5）与该低值易耗品相关的经济利益很可能流入企业；

（6）该低值易耗品的成本能够可靠计量。

根据以上划分标准，结合建筑施工企业的项目资产情况，我们将低值易耗品分为以下八类：

办公用品，办公设施，宣传工具，生活及炊事用具，交通用具，生产工具，安全用品，劳保用品等。这里的分类与会计核算的分类有一定的不同，是在会计核算分类的基础上进行了进一步的细化，在会计核算时可一一对应归类。如：可将办公用品，办公设备，宣传工具，生活、炊事用具，交通用具，其他等统一纳入低值易耗品——其他低值易耗品项下；将生产用具归入工具用具项下；安全用品和劳保用品直接纳入对应项核算。

关于建筑施工低值易耗品的常用目录参见表4-18《建筑施工企业非固定资产类项目资产目录》。

四、周转材料的范围

周转材料是指建筑施工企业在施工过程中能够多次使用，并可基本保持原来的形态而逐渐转移其价值的材料，主要包括钢模板、木模板、脚手架和其他周转材料等。

同时满足下列条件的可以确认为周转材料：

1. 为企业所拥有的、不构成工程实体的；
2. 可连续周转使用的；
3. 建筑项目施工的专用工具且不够成固定资产；
4. 与该周转材料相关的经济利益很可能流入企业；
5. 该周转材料的成本能够可靠计量。

关于建筑施工周转材料的常用目录参见表4-18《建筑施工企业非固定资产类项目资产明细表》。

五、临时设施的范围

临时设施是施工企业为满足工程施工需要，购建的用于临时使用的各种设施。主要包括临时办公用房屋，生活用宿舍、食堂、厕所、浴室，防护用围墙、大门、岗亭等，以及这些设施的配套构件。

在实际工作中，部分临时设施是可以重复周转使用的，部分是一次性的，纳入项目资产管理的临时设施是指可以周转使用的部分。

第三节　建筑施工项目资产的编码

一、编码规则的制定

对项目资产进行编码是为了方便管理，因此项目资产编码规则需要满足资产管理的需要。编码既要考虑到管理者的各种需要，又要简洁明了，避免不必要的增加长度。一般来讲较繁琐的编码可以由五部分组成：①资产类型；②使用方向；③流水号；④物理位置；⑤购置时间。在实际工作中，片面的追求全面反而会降低工作效率，管理者可以根据管理的需要，自由组合。

下面介绍两种编码结构，供参考：

1. 完全要素组合编码

这种编码共18位，第1、2位是资产类型，第3、4位是使用方向，第5、6、7、8位是流水号，第9、10位是物理位置，第11、12、13、14、15、16、17、18位是购置时间。其中：资产类型、使用方向、物理位置用汉语拼音缩写表示，流水号用四位阿拉伯数字表示，购置时间用 8 位阿拉伯数字表示，分别是四位年两位月两位日。在实际使用中可以根据实际情况进行增减。

表 4-1 所表示的项目资产编码记录为：GC-BG-0001-ZL-1998-07-28 表示固定资产，办公用，流水号 0001，位于主楼，1998 年 7 月 28 日购建。

项目资产编码表 **表 4-1**

资产类型		使用方向		流水号				物理位置		购买时间							
										年				月		日	
1	2	3	4	5	6	7	8	9	10	11	12	13	14	15	16	17	18
GC		BG		0001				ZL		1998				07		28	

2. 选择要素组合编码

根据建筑施工企业项目资产的规模和一般情况，完全要素组合编码，有的编码要素不适用，有的不够用，因此可以根据管理需要自由选择。分类是项目资产管理的基本要求，分类要素必须保留，并且由于项目资产分类层次较多，还需要多层次分类。建筑施工企业的项目资产大多是使用方向固定，流动性较强，使用方向一目了然，物理位置设置不能真正反应其所在位置，因此这两要素没有必要保留。流水号是同类资产的顺序号，建筑施工企业同类项目资产较多，需要保留，购置年限可以通过其他方式查询，可以不在编码中表示。

因此，对建筑施工企业项目资产的编码规则可以采用表 4-2 所示结构。

项目资产编码规则 **表 4-2**

大类	小类	资产代码		流水号			
1	2	3	4	5	6	7	8
G	B	01		0001			

根据表 4-2 编码结构，大类用一个大写汉语拼音字母表示，如固定资产用 GU 的 G 表示；小类用一个英语大写字母表示，表示方法为 26 个英语字母依次表示，如 GB 表示固定资产项下的施工机械；资产代码是某项资产的代码，用两位阿拉伯数字表示，GB01 表示固定资产—施工机械—起重机械；流水号用四位阿拉伯数字表示，是某类项目资产的序号，GB010001 表示编号为 0001 的固定资产-施工机械-起重机械。

项目资产的编码，企业可以根据需要编制，建筑施工企业原来对固定资产都有一定的编码。为了便于管理，原则上固定资产原有的代码，直接作为项目资产的代码。也可以加以完善使之适应新的编码规则，但应该做好备查登记，避免出现管理混乱。

序号是按购置顺序排列，为了避免重复，尽可能设置为计算机自动生成系统，我们要介绍的项目资产管理办法中，序号就是将项目资产输入信息管理平台后自动生成的。

大类、小类、代码、序号共同构成的编码就是一项资产的身份证，其随着资产的诞生而诞生，随着资产的消失而消失，具有惟一性。为了便于管理，即使某项资产消失，也不再重复其编码。

二、编码的管理与使用

编码规则由企业制定，为了防止混乱，实施授权管理。大中型建筑施工企业，存在着多层次管理，授权范围要视组织架构而定。在公司、地区事业部（区域分公司）、项目经理部三级管理框架下，公司层次应建立统一的项目资产信息管理平台，制定统一的编码，实施统一的购置、调配，实施对项目资产的统一管理。地区事业部作为公司派出的分支机构，代表公司在当地履行一些经营、管理职能，授权在本单位范围内购置、保管、调配项目资产，对购置的固定资产编码登记。

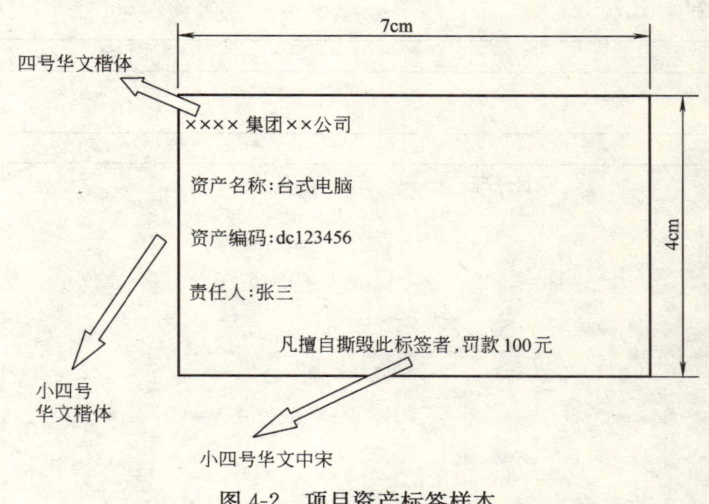

图 4-2　项目资产标签样本

应用信息化网络平台后，项目资产编码由计算机自动生成后，需要及时粘贴标签。标签是为了保持项目资产编码后盘点的方便。标签应统一格式，并具备以下要素：单位名称，资产名称，资产编码，保管人。为了避免人为损坏，应表明警世语句，样本参照图 4-2。

标签的粘贴位置应统一规定，如：台式电脑，统一粘贴在显示屏左侧右上角，液晶显示屏的统一粘贴在背面左上角。统一粘贴位置，一是为了形象统一，二是为了盘点时易于查看。

三、编码的变更

编码规则原则上不能变更，确实不能满足管理需要时可以变更，变更的编码规则需要认真论证，符合新的使用要求且具有超前性，避免编码规则的频繁变更，导致项目资产管理混乱。

各项资产本身的编码具有惟一性，除了编码规则的变更，不能变更。对于已经报废处理的项目资产，编号不再重复使用。

项目资产编码变更后，需要将原编码在备注栏记录，做到可追溯。

第四节　建筑施工项目资产的购置与保管

一、计划管理与流程

计划管理是项目资产管理的龙头，计划管理主要包括需求计划，采购计划，其流程主要是申报与审批。申报时可参考表 4-19 某公司的生产要素配备标准。

1. 项目部根据项目管理的需要，编制《项目资产需求计划书》，见表 4-3。项目部对

《项目资产需求计划书》（格式） **表 4-3**

<table>
<tr><td>

______集团______公司
项 目 资 产 需 求 计 划 书
编制时间： 年 月 日

工程项目名称：________________ 项目资产名称：________________
规格型号：________________ 质量要求：________________
品牌要求：________________ 时间要求：________________
本项目同类资产情况：

用途：

申请人： 项目经理：

</td></tr>
<tr><td>

公司资产管理部门意见：

负责人：
年 月 日

</td></tr>
<tr><td>

财务部门意见：

负责人：
年 月 日

</td></tr>
<tr><td>

公司领导意见：

签字：
年 月 日

</td></tr>
</table>

需求的项目资产的名称、规格型号、质量要求、品牌要求、时间要求、本单位目前同类项目资产的情况、购买用途一一说明。经申请人申请，项目经理审批后报公司实物资产管理部门。

2. 公司（或公司授权的事业部、区域公司）实物资产管理部门根据申请内容，首先审核该项目是否必要该项资产。

（1）确认需要的，按以下流程办理：

① 查询本单位是否有同类闲置项目资产，有又同类闲置资产的，且基本符合使用要求的，优先调剂使用。

② 没有闲置资产的，评估资产性能，适合自制的，安排自制；不适合自制的进行市场询价。

③ 在《项目资产需求计划书》上签署意见。意见包括，是否必要，配置形式，市场价值，以及资金支付条件等。

④ 将签署意见的《项目资产需求计划书》交财务部门。

（2）确认不需要的，签署意见退回项目部。

实物资产管理部门在调剂内部闲置项目资产时，要根据公司同类资产的库存情况，非同类资产，具有同类性能或可替代的资产，根据利用效率也可纳入调剂范畴。利用效率是指一项项目资产用于某项工作的所发挥的作用。

【例 1】 大厦项目部需求一台台式电脑，而公司此时没有台式电脑，只有一台笔记本电脑闲置，笔记本电脑可以满足台式电脑的使用功能，并且使用用途基本一致，利用效率基本相同。而且电脑属于技术折旧很快的项目资产。因此可以作为同类项目资产调剂使用。

【例 2】 大厦项目部需求一台能简单计算数据的计算器，如果公司此时没有计算器，只有台式电脑，台式电脑可以满足简单计算的作用，但却闲置了大量其他功能。利用效率过低，不可以作为同类调剂。

3. 财务部门根据《项目资产需求计划书》内容，及实物资产管理部门意见，审核是否属于预算范围，是否具备资金支付能力等内容并签署意见。

4. 公司领导根据以上意见审批，决定是否同意购置，如何购置等。

5. 将审批结果返回实物资产管理部门。

二、购置管理与流程

1. 资产管理部门根据批准采购的《项目资产需求计划书》，编制《项目资产采购计划书》（表 4-4）。

2. 直购的，实物资产管理部门直接采购。直购的适用于价值小、价格透明、销售渠道规范、非批量购买的项目资产。如电话机、空调、洗衣机、炊具等可以零星购买。如果是批量购买，不适宜直购，需要招标采购。

3. 招标采购的，需要根据《项目资产需求计划书》的内容编制招标文件，组织公司合约、法律、财务、工程、审计等部门集体招标。并决定中标结果。

招标采购应做好以下几方面工作：

（1）拟定招标文件。招标文件的基本内容应符合《项目资产采购计划书》的内容，招标文件应经过合约、法律、财务等部门审核（招标文件格式见表 4-5～表 4-13）。

项目资产采购计划书 表 4-4

______集团______公司

项 目 资 产 采 购 计 划 书

编制时间： 年 月 日

采购部门：________________

采购形式：________________（直购、招标）

付款条件：________________________________

____

（现款现货、按比例支付等）

采购时间：________________________________

项目资产清单

资产名称	规格型号	质量标准	供货时间	供货地点

物供招字第(____)号

招 标 文 件

招标单位:________集团______公司

日　　期:______年__月__日

续表

______集团____公司

招　标　文　件

一、招标范围

招标范围为下表中所列物资的采购与供应：

序号	物资名称	规格	单位	数量	品牌	生产厂家（或产地）	备　注

二、物资的质量要求

1. 技术标准：______

2. 质量等级：______

3. 证明证件：______

三、物资的供应要求

1. 供应时间：______

首批到货时间：______

后续供应：______

2. 卸货地点：______

3. 材料包装：______

4. 装、卸与运输：______

四、物资的验收要求

1. 验收地点与方式：______

2. 取样方式：______

3. 试验与化验及其费用：______

4. 附件查验：______

5. 数量验收：______

五、物资款的结算与支付要求

1. 结算：______

2. 支付：______

3. 其他：______

六、其他要求（针对招标标的物需明确的其他具体内容）

1. ______

2. ______

3. ______

续表

七、投标书

1. 投标书格式：

(1) 投标人必须采用招标人提供的格式，用黑色墨水、认真填写投标书。

(2) 投标人在投标书需要的位置加盖企业公章和授权委托人签字。

(3) 投标书作为投标文件由需方留存，供方无论中标与否，一律不予退还。

2. 投标书递交：

(1)时间：____年__月__日____时至____年__月__日____时。

(2)地点：____________________

(3)联系人：姓名________；电话：__________。

八、开标

1. 招标人采用公开开标并当众宣布各有效投标的投标书。投标人均须派代表参加开标会。

2. 开标时间：____年__月__日____时。

3. 开标地点：____________________。

九、评标

评标机构采用百分法对有效投标进行综合评定、打分，按得分高低排序。评分办法为：

1. 投标报价：(__分)

投标报价的基准分(亦即最高分)__分。最低报价，得__分；高于最低报价__%，减__分(插入法计算)；高于最低报价__%的投标书为废标。

2. 付款时间要求：(__分)

以货款结算批的结算日为准，要求一个月支付货款，得__分；每延长一个月加__分；延长至一年的，得满分__分。(或：较招标文件支付时间每延长一个月加2分；延长至一年的，得满分__分)。

3. 其他承诺：(__分)

根据各投标人的承诺，进行综合比较、打分。

十、定标与授予合同

1. 定标原则：招标人按投标人的得分顺序确定中标人，并签发《中标通知书》。

2. 中标人在收到《中标通知书》后的三日内与投标人洽谈、签订《材料供应合同》。

3. 招标人不向任何投标人解释中标与未中标的理由。

《投标书》(格式)　　表 4-6

投　标　书

________集团________公司：

1. 根据已收到你方物供招字第(____)号____________的招标文件，经认真阅读、研究并进行充分的现场考察后，我方结合自身的实际情况，愿以投标书附件所述，按招标文件要求承揽上述材料的供应。

2. 我方完全响应并自愿接受上述招标文件和附件《物资供应合同》已明确的要求和规定。我方若有幸中标，将在"中标通知书"签发后的三日内，前往与你方按此要求和规定签署《物资供应合同》。

3. 我方金额为人民币________元的投标保证金与投标书同时递交。

投　标　人：(盖章)

授权委托人：(签字)

年　月　日

投标书附件一《投标报价单》　　表 4-7

投标报价单

招 标 人：________集团________公司

投标范围：招标人“物供招字第(____)号”招标文件的招标范围。

投 标 报 价

序号	物资名称	规格	单位	单价(元)	品牌	生产厂家(或产地)	付款延长期	备 注

综合说明：

上述投标报价均已包含符合并满足招标文件及其附件《物资供应合同》规定和要求的产地、厂家、品牌及其质量，材料的供应，检验与验收，物资款支付以及其他要求等全部内容和因素的所有费用。

投标报价中的付款延长期是指在招标文件要求的付款比例和付款时间前提下的货款支付时间的再延长。

其他承诺：

我方若有幸中标，将在上述报价的基础上，再给你方额外提供如下所述的服务和优惠：

备注：

投标人：(盖章)　　授权委托人：(签字)

年　月　日

____集团______公司物资采购招标开标记录　　表 4-8

物供招字第(____)号		开标时间	
标的物		记录人	
质量等级		发标日期	
参加人员：			
总报价(总价由低到高排序)			
序号	投标单位	是否响应标书	总报价

____集团____公司物资集中采购评标记分表

表 4-9

<table>
<tr><td>招标人</td><td colspan="7">______集团________公司</td><td colspan="2">物供招字第(____)号</td></tr>
<tr><td>招标
范围</td><td colspan="9"></td></tr>
<tr><td rowspan="2">项目
报价
单位</td><td rowspan="2">物资名称</td><td colspan="3">投标报价
(　分)</td><td colspan="2">付款延长期
(　分)</td><td rowspan="2">其他承诺
(　分)</td><td rowspan="2">总分</td><td rowspan="2">名次</td></tr>
<tr><td>单价
(元)</td><td>差价比
例(%)</td><td>得分</td><td>时间</td><td>得分</td></tr>
<tr><td rowspan="3"></td><td></td><td></td><td></td><td></td><td></td><td></td><td></td><td></td><td></td></tr>
<tr><td></td><td></td><td></td><td></td><td></td><td></td><td></td><td></td><td></td></tr>
<tr><td></td><td></td><td></td><td></td><td></td><td></td><td></td><td></td><td></td></tr>
<tr><td rowspan="3"></td><td></td><td></td><td></td><td></td><td></td><td></td><td></td><td></td><td></td></tr>
<tr><td></td><td></td><td></td><td></td><td></td><td></td><td></td><td></td><td></td></tr>
<tr><td></td><td></td><td></td><td></td><td></td><td></td><td></td><td></td><td></td></tr>
<tr><td rowspan="3"></td><td></td><td></td><td></td><td></td><td></td><td></td><td></td><td></td><td></td></tr>
<tr><td></td><td></td><td></td><td></td><td></td><td></td><td></td><td></td><td></td></tr>
<tr><td></td><td></td><td></td><td></td><td></td><td></td><td></td><td></td><td></td></tr>
<tr><td colspan="10">评语:(如有)</td></tr>
<tr><td colspan="10">评委(签字):　　　　　　　　日期:　年　月　日</td></tr>
</table>

说明：此表在开标现场用图板或计算机投影公开填写，并当场计算、公布各投标人的得分。

《评标须知》(格式)　　表 4-10

评标须知

一、评标纪律:

1. 评标人应具有高度责任感,切实做到公平、公正。

2. 认真对各投标书进行审查、评价、比较,严格按照评分办法合理打分。

3. 评标人须在评分表上签字,对其评定结果负责。

4. 严守秘密,不得向任何投标人和与该过程无关的人员泄露评标过程的相关资料和信息。

二、评分办法:

1. 投标报价:(__分)

投标报价的基准分(亦即最高分____分)高于最低报价__%,减__分(插入法计算);报价高于最低报价__%的投标书为废标。

2. 付款时间要求:(__分)

以货款结算批的结算日为准,要求一个月支付货款,得__分;每延长一个月加__分;延长至一年的,得满分____分。(或:较招标文件支付时间每延长一个月加 2 分;延长至一年的,得满分__分)。

3. 其他承诺:(__分)

根据各投标人的承诺,进行综合比较、打分。

(附件:招标人可按照自身情况自行制定评分办法中的分数比例和权重。)

________集团__________公司

年____月____日

______集团______公司物资采购招标议标记录　　表 4-11

物供招字第(____)号		议标时间	
标的物			
议标单位			
参加人员:			
原报价			
是否响应标书			
除标书要求外承诺			
总报价			
第一轮议标价			
议标时间			
新的承诺			
总报价			
发标单位负责人签字:		投标单位负责人签字:	
第二轮议标价			
议标时间			
新的承诺			
总报价			
发标单位负责人签字:		投标单位负责人签字:	
第三轮议标价			
议标时间			
新的承诺			
总报价			
发标单位负责人签字:		投标单位负责人签字:	

______集团______公司物资集中采购定标会签单 表 4-12

物供招字第（____）号

中标单位	
中标物	
中标价格：	
公司(地区事业部)技术主管经理评审意见： 签字： 年 月 日	
公司(地区事业部)合约主管经理评审意见： 签字： 年 月 日	
公司(地区事业部)物资主管经理评审意见： 签字： 年 月 日	
公司(地区事业部)总经理评审意见： 签字： 年 月 日	

《中标通知书》(格式) 表 4-13

中 标 通 知 书

__________单位：

根据我方物供招字第(____)号____(物资名称)____的招标文件和你方于____年__月__日提交的投标文件。经评标小组对各供应商的投标价格情况进行了认真的审议，并综合评议了供应商的资信能力、产品性能价格及售后服务保障等情况，最终确定你单位为中标人，主要中标条件如下：

工程名称	
中标范围	

中 标 价 格

序号	物资名称	规格	单位	单价(元)	品牌	生产厂家(或产地)	付款延长期	备注
							个月	
							个月	
							个月	
							个月	
							个月	
							个月	

请在接到本中标通知书后 3 日内，到我单位与________同志（联系电话：____________）签订物资采购合同。

招标人：________集团________公司

年__月__日（盖章）

（2）寻找符合所需项目资产要求的供应商，供应商户数不能少于3户，参加投标的供应商可以广泛推荐。

（3）分发招标文件。

（4）组织开标，开标后可以采取多次议标的形式。

（5）前两名报公司领导决定。

（6）签订合同，组织供货。

（7）办理领用手续，并登记信息管理平台。

一般而言，开标后选用价格最低的供应商。但不能绝对以价格最低选用，同时还应考虑供应商的资信。

招标采购一般适用于批量的或价值较高的项目资产，如周转工具、固定资产、临时设施等。

登记台账是项目资产的主要管理手段之一，主要登记以下几方面内容：物品名称、保管部门、单价、数量、金额、调拨价、责任人、购买时间、领用时间、物品编号、品牌、型号、物品状态、领用历程、附件等。

项目资产名称主要是独立物体的名称，主要采用国家定型产品的名称，但也保留了习惯的通用名称。具体品牌、规格、型号，应根据实物标称登记。

三、保管管理与流程

项目资产保管流程如下：

①收货时填写收料单→②根据收料单和合同单价填写验收单→③按项目资产的种类、性质、功能，储存、码放→④对项目交回的不需用项目资产修理、维护→⑤对不能继续使用的项目资产定期组织处理。

1. 收料管理

实物资产管理部门（单位）收到供应商供货时，应当场按合同要求对品牌、规格、质量等进行验收，符合合同条件的填写收料单（表4-14）。

《收料单》（格式） **表4-14**

集团　　　公司

物资收料单

№：0011225

收料单位：＿＿＿＿＿＿　　　年　月　日

物资名称	规格型号	单位	数量	来源

负责人：　　　　　　收料人：

2. 填写验收单，验收单格式如表4-15。

3. 分类码放

验收入库的项目资产，需要及时分类码放。码放需要符合要求：

（1）按项目资产的性质、功能及码放要求选择码放地。

（2）不同类别分开码放，码放要求整齐统一。

《验收单》（格式） **表 4-15**

集团　　　公司

物资验收单　　　　№：0012451

工程项目：　　　　　　　　　　　　年　月　日

物资名称	规格型号	单位	数量	单价（元）	结算金额（元）	验收时间	验证状态	合格证编号	试验报告编号
合计结算金额（大写）：仟　佰　拾　万　仟　佰　拾　元　角　分									
供应商/厂家									
交验说明									

负责人：　　　　验收人：　　　　经办人：

（3）粘贴标签，挂置料卡。

4. 保管的要求

对办公用品、生活及交通工具等类别的项目资产一般应该室内保管，其他生产使用的项目资产可以根据不同要求采用搭棚、覆盖、室内等不同形式保管。保管的基本要求一是安全、二是方便使用。安全包括防火、防水（雨、潮）、防盗等方面。因此在项目资产保管码放的周围应该注意以下几点：

（1）做好防火工作的要求

① 严禁明火，挂置警示标牌。

② 易燃项目资产与其他物品之间设置隔离墙，隔离墙应具有防火功能。

③ 仓库按规定设置消火栓、消防器材和灭火工具，定期安排检测、调试、维护和更换，使之完好齐全。任何单位和个人都应当保护消防设施。

④ 工作电线应符合使用标准，不准在易燃项目资产库房大功率电器工作，不准生活起居。

⑤ 进入冬施阶段后，使用的电热器、须有工程技术部门提供的安全使用技术资料，并经现场防火负责人同意；保温材料不得采用可燃材料。要对施工现场的消防设备采取保温措施。

⑥ 项目资产存放、保管符合防火安全要求，易燃材料专库储存；对易燃、易爆、剧毒等用品要按《仓库防火安全管理规则》规定存放，并设专人负责管理，使用过程建立严格的领、用、退登记管理制度。使用后的废弃物料及时的在规定地点消除。

⑦ 现场支搭临时设施，须经项目消防领导小组审批，符合防火要求，禁止用易燃材料搭设。

（2）做好防水（雨、潮）工作的要求：

① 按项目资产的性质为其搭建防水（雨、潮）防护设施。

② 对适度敏感项目资产周围应该配备调节适度的设施。

③ 做好排水、排雨的沟渠管道，充分考虑雨水流量。

（3）防盗的工作要求

① 根据项目资产的性质安排合理的存放地，使其具备看管的必要条件。

② 落实管理责任，每项项目资产都有具体的防盗负责人。

③ 建立与公安部门联系制度，遇到盗窃事件紧急处理。

5. 项目资产日常维修与保养

仓储的项目资产应进行日常维修和保养。日常维修和保养是指为了保持项目资产正常使用功能，而对其形态和使用功能采取的定期或不定期检查、养护。目的是降低项目资产的自然损耗，维持项目资产的正常使用功能，保证随时能够使用。

制定统一的日常维修与保养规范，对不同种类的项目项目资产制定不同的定期检查时间、检查内容、标准。

电子仪器、电器设备、精密仪器、机器设备等应由厂家或专业检测机构定期维修与保养。临时设施、周转材料等可由本单位组织维修与保养。

项目资产实物管理部门收到项目经理部退回的电子仪器、电器设备、精密仪器、机器设备等，应及时组织维修与保养；对长期不用的电子仪器、电器设备、精密仪器、机器设备等，应定期维修与保养。

临时设施、周转工具、大型机械设备等的维修与保养要做好以下几点：

(1) 定期检查项目资产的使用状况，查找可能存在的隐患，并及时更新。对已经发现存在使用缺陷的，要及早处理，避免“千里之堤，毁于蚁穴”。

(2) 日常维修养工作贯彻“养修并重，预防为主”的方针，严格遵守《技术保养规程》和说明书要求，坚持日常保养和定期保养制度。

(3) 实行保修结合的预期修理制度，要坚持实行例保、定期检查和预防检修制，小型机械设备实行事后修理制度。

(4) 在修理过程中，对不能当时修复的旧配件要集中存放和管理，以备今后修复使用。

(5) 加强修理过程检验，做好大型机械设备的维修记录。

四、使用管理与流程

项目资产的使用管理是指项目资产为企业运用，并为企业创造价值的过程，是企业取得和拥有项目资产的目的，因此也是项目资产管理的核心环节。使用管理规范可参照本章第五节《建筑公司项目资产使用管理规范》。

1. 做好各项目资产使用规范，操作人员必须严格按使用规范使用。

2. 落实管理责任人，对大型机械设备实行机长负责制，中小型机械、周转材料等实行班组长负责制，组内指定专人负责。

3. 对有操作要求的项目资产操作人员必须持证上岗。

4. 操作人员有权拒绝执行违规指挥。

5. 对机械设备类项目资产操作人员在作业前要进行班前检查和是运转，方可作业。发现故障应立即停机、维修，严禁带病工作。

6. 对需要安全防护的项目资产，安全防护装置必须齐全有效。

五、调拨管理与流程

项目资产按照审批的项目需求计划进行调拨，资产化的项目资产以内部租赁的形式调拨给项目部，费用化的项目资产直接调拨给项目部。调拨是指从采购、自制、库存的项目资产中调拨给项目部使用。内部租赁是指项目资产实物管理部门将其拥有的项目资产租赁给项目部使用，项目部向其交纳租金，内部租赁是项目资产的重要管理形式。一般而言，项目部应该对租入的项目资产支付价款，承担因丢失等认为原因损耗的赔偿责任，但不承担维修、自然损耗等费用。费用化的项目资产是指小型工具用具、办公用具、安全用品等低值易耗品，一般由公司实物资产管理部门集中采购或自购后，调拨给项目部使用的项目资产。

项目资产的调拨不管是以内部租赁形式还是以费用化的形式，调拨流程是一致的，区别在于项目资产的实物管理部门不同，图 4-3 形象地表达了这一点。

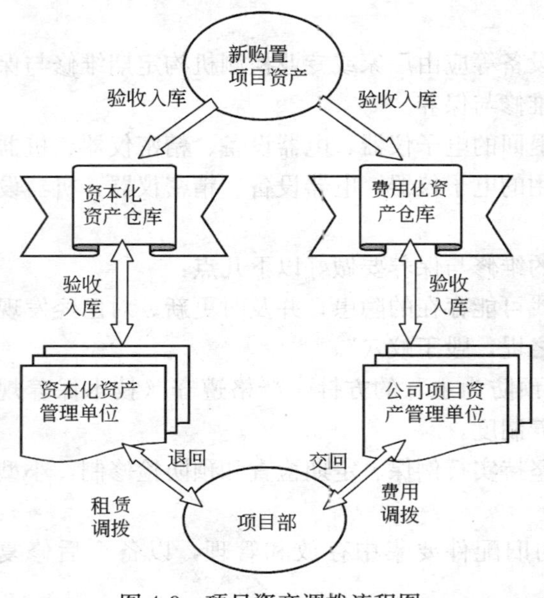

图 4-3　项目资产调拨流程图

实物资产管理部门根据领用单登记项目资产管理平台，对资产化的项目资产在项目部租赁调拨时，不作资产权属的变更，财务部门根据调拨数量及时间计算租赁费用。对费用化的项目资产在调拨后，项目资产管理部门将该项实物资产的权属记入调入单位，财务部门根据调拨单将该项目资产的全部购置成本记入调入单位。在调入单位退回时，财务部门根据有关标准冲减该单位的成本。

六、调拨的划价

为了方便企业内部核算，有效利用内部资源，项目资产在内部调拨时需要进行计量。项目资产的计量主要包括以下三种方式：（1）按公司的计价标准计量；（2）调拨项目资产的单位之间根据公司计价标准，协议价格；（3）公司仲裁，对双方不能达成一直意见的项目资产，公司仲裁确定调拨价格。

为此公司需要设立相应的仲裁委员会。仲裁委员会一般由总会计师或总经济师负责，公司物资、财务、合约等部门负责人组成。

公司的计价标准主要包括使用周期和折价标准，折价比例应遵循逐渐递减的原则。也就是第一年或第一个项目所占比例较大，以后所占比例逐渐减少。例如文件柜规定使用周期 5 个项目，第一次按原采购价的 40％摊销，第二次按 35％摊销，第三次按 25％摊销，以后不再摊销等。

为了保证内部成本的准确核算，如果项目资产不是直接由一个项目调到另一个项目，而是先交到实物资产管理部门，则要加收一定比例的管理费用。收取的管理费用由项目资产交出单位承担。资产交出单位应保持项目资产外观和使用功能的基本良好，公司实物资产管理部门对回收的资产负责维修、保管，保证在合理使用期限内正常使用。

对机关部门之间或项目部门或个人之间的调拨，一般指变更保管责任人或保管责任部门，不进行重新计价。

内部调拨项目资产的划价应本着公平公正和实事求是的原则，同时为了鼓励各单位主动使用已有的项目资产，一方面对使用旧的项目资产的单位要进行价格倾斜，另一方面要促使项目资产在用者愿意主动降低损耗，多次周转。在使首次使用项目资产的单位承担更多的费用比例的同时，要兼顾合理性。

由于每项项目资产的使用频率、维修保养程度不同，同样的项目资产使用同样的周期后，其状态并不能完全一样，因此在设定划价标准时，还可以适当考虑变动区间，作为项目之间划价的谈判基础。

七、报废管理与流程

项目资产到一定使用周期自然老化，或因技术落后，不能满足生产经营需要，或因管理使用不善造成项目资产无法使用的，需要报废处理。

对于不能继续使用的项目资产，使用责任人应及时办理报废申请手续，交回不能继续使用的资产。对于已过了正常使用周期而没有申请报废的项目资产，公司在每年至少进行一次的财产清查中要逐项落实，能够继续使用的，按有关计价方法计量。对于不能继续使用的，而实物存在的，责成责任人在规定时间内办理报废手续。对于实物已经不存在的，由责任人按一定价值赔偿。

项目资产到期需要报废，或者其他原因需要报废的项目资产应按以下流程办理：

1. 项目资产保管责任人填写《项目资产报废申请审批表》（表 4-16），项目保管责任人所在单位应该签署意见后报公司实物资产管理部门。

《项目资产报废申请审批表》 **表 4-16**

资产名称：______ 编码：______ 品牌：______ 型号：______ 规格：______ 购置时间：______ 规定使用周期：______ 已使用周期：______ 使用责任人：______ 所属单位：______
报废理由： 申请人： 年 月 日
实物资产管理部门： 申请人： 年 月 日
财务部门意见： 申请人： 年 月 日
公司分管领导意见： 申请人： 年 月 日
公司经理意见： 申请人： 年 月 日

2. 公司实物资产管理部门收到报废申请后，验收拟退回项目资产的使用状况，看是否具备继续使用的功能。

(1) 对不能继续使用的应同意回收报废。

同时登陆项目资产信息管理平台，查询项目资产的历史记录，看是否符合报废条件。

① 对已经达到正常使用期限，实物续存的，正常报废；

② 对未到达正常使用期限或有人为损坏迹象提前报废，但实物续存的，应将该项目资产的剩余价值全部由该项目部承担；

③ 对于达到正常使用期限且无人为损坏迹象的，但实物不存在的，应该按照一定标准由保管责任人赔偿；

④ 对于未达到正常使用期限或有人为损坏迹象提前报废，但实物资产不存在的，应该由责任人按照该资产的剩余价值加残值赔偿标准进行赔偿。

(2) 对能够继续使用的，应该责成继续使用。

验收交回项目资产时，主要是验收该项目资产的品种、型号、规格、编号是否与原资产一致，该项目资产的外观及主要构件或核心部件是否健全。同时区分是自然淘汰还是人为破坏。

① 对于自然淘汰且外观及主要构件或核心部件健全的，应视为可以正常使用；

② 对于非自然淘汰但外观或主要构建或核心部件严重缺失的，应责成使用责任人补齐，或者合理解释，不能补齐且无合理解释的视为人为损坏。

3. 实物资产管理部门签署意见后，交到财务部门审查，财务部门主要审查：

(1) 申请资产是否与台账相符；

(2) 是否符合规定使用周期，不到规定使用周期的原因是否成立；

(3) 报废项目资产是否交回，没有交回或所交回项目资产有残缺的，赔偿意见是否合理。

财务部门审查后签署意见报公司领导审批。对不同种类的项目资产，公司领导可以根据本单位领导分工情况确定审批权。一般而言对于固定资产类的项目资产需要法定代表人或授权代表审批，其他类项目资产则由公司分管领导负责审批。

实物资产管理部门依据领导审批同意的《项目资产报废申请审批表》，在台账上登记已报废，财务部门依据进行账务处理。该审批作为实物资产管理部门登记台账和处理报废项目资产的依据，也是财务部门检查项目资产管理情况和账务处理的依据。

实物资产管理部门定期或不定期的主持处理已报废的项目资产。一般来讲处理报废的项目资产采取招标的形式，尽可能通过市场的方式确定价格。招标小组可由公司分管领导、财务部门、合约部门、审计部门、实物资产管理部门共同组成。公司领导任组长，负责招标条件的确定和最后中标人的确定，但是公司领导原则上不参与招标过程。

固定资产的报废处理除了按照规定处理外，还需要执行国家有关固定资产处理的规定。

第五节　建筑施工项目资产购置、使用和保管的管理流程参考资料

一、建筑施工企业固定资产类项目资产明细

建筑施工企业固定资产类项目资产明细，见表4-17。

建筑施工企业固定资产类项目资产明细表　　表 4-17

序号	资 产 名 称	单位	建立台账要求	备注
1	履带式起重机	台	按资产名称、使用单位、责任人、金额、购买时间、规格、品牌、型号登记平台	
2	电动履带起重机	台	按资产名称、使用单位、责任人、金额、购买时间、规格、品牌、型号登记平台	
3	轮台式起重机	台	按资产名称、使用单位、责任人、金额、购买时间、规格、品牌、型号登记平台	
4	汽车式起重机	台	按资产名称、使用单位、责任人、金额、购买时间、规格、品牌、型号登记平台	
5	轨道式起重机	台	按资产名称、使用单位、责任人、金额、购买时间、规格、品牌、型号登记平台	
6	固定式起重机	台	按资产名称、使用单位、责任人、金额、购买时间、规格、品牌、型号登记平台	
7	履带塔式起重机	台	按资产名称、使用单位、责任人、金额、购买时间、规格、品牌、型号登记平台	
8	轮胎塔式起重机	台	按资产名称、使用单位、责任人、金额、购买时间、规格、品牌、型号登记平台	
9	汽车塔式起重机	台	按资产名称、使用单位、责任人、金额、购买时间、规格、品牌、型号登记平台	
10	轨道塔式起重机	台	按资产名称、使用单位、责任人、金额、购买时间、规格、品牌、型号登记平台	
11	固定塔式起重机	台	按资产名称、使用单位、责任人、金额、购买时间、规格、品牌、型号登记平台	
12	内爬塔式起重机	台	按资产名称、使用单位、责任人、金额、购买时间、规格、品牌、型号登记平台	
13	架桥机	台	按资产名称、使用单位、责任人、金额、购买时间、规格、品牌、型号登记平台	
14	桅杆式起重机	台	按资产名称、使用单位、责任人、金额、购买时间、规格、品牌、型号登记平台	
15	缆索式起重机	台	按资产名称、使用单位、责任人、金额、购买时间、规格、品牌、型号登记平台	
16	桥式起重机	台	按资产名称、使用单位、责任人、金额、购买时间、规格、品牌、型号登记平台	
17	门式起重机	台	按资产名称、使用单位、责任人、金额、购买时间、规格、品牌、型号登记平台	
18	叉式起重机	台	按资产名称、使用单位、责任人、金额、购买时间、规格、品牌、型号登记平台	
19	管道起重机	台	按资产名称、使用单位、责任人、金额、购买时间、规格、品牌、型号登记平台	
20	电动卷扬机	台	按资产名称、使用单位、责任人、金额、购买时间、规格、品牌、型号登记平台	
21	内燃卷扬机	台	按资产名称、使用单位、责任人、金额、购买时间、规格、品牌、型号登记平台	
22	手动卷扬机	台	按资产名称、使用单位、责任人、金额、购买时间、规格、品牌、型号登记平台	

续表

序号	资 产 名 称	单位	建立台账要求	备注
23	平台式起重机	台	按资产名称、使用单位、责任人、金额、购买时间、规格、品牌、型号登记平台	
24	简易式起重机	台	按资产名称、使用单位、责任人、金额、购买时间、规格、品牌、型号登记平台	
25	窗台吊	台	按资产名称、使用单位、责任人、金额、购买时间、规格、品牌、型号登记平台	
26	台灵架	台	按资产名称、使用单位、责任人、金额、购买时间、规格、品牌、型号登记平台	
27	铁把杆	台	按资产名称、使用单位、责任人、金额、购买时间、规格、品牌、型号登记平台	
28	施工升降机	台	按资产名称、使用单位、责任人、金额、购买时间、规格、品牌、型号登记平台	
29	井架提升机	台	按资产名称、使用单位、责任人、金额、购买时间、规格、品牌、型号登记平台	
30	平台升降机	台	按资产名称、使用单位、责任人、金额、购买时间、规格、品牌、型号登记平台	
31	电动葫芦	台	按资产名称、使用单位、责任人、金额、购买时间、规格、品牌、型号登记平台	
32	油压千斤顶	台	按资产名称、使用单位、责任人、金额、购买时间、规格、品牌、型号登记平台	
33	螺旋式千斤顶	台	按资产名称、使用单位、责任人、金额、购买时间、规格、品牌、型号登记平台	
34	齿轮式千斤顶	台	按资产名称、使用单位、责任人、金额、购买时间、规格、品牌、型号登记平台	
35	履带式挖掘机	台	按资产名称、使用单位、责任人、金额、购买时间、规格、品牌、型号登记平台	
36	步履式挖掘机	台	按资产名称、使用单位、责任人、金额、购买时间、规格、品牌、型号登记平台	
37	轮胎式挖掘机	台	按资产名称、使用单位、责任人、金额、购买时间、规格、品牌、型号登记平台	
38	汽车式挖掘机	台	按资产名称、使用单位、责任人、金额、购买时间、规格、品牌、型号登记平台	
39	蟹斗挖土机	台	按资产名称、使用单位、责任人、金额、购买时间、规格、品牌、型号登记平台	
40	链斗式挖掘机	台	按资产名称、使用单位、责任人、金额、购买时间、规格、品牌、型号登记平台	
41	轮斗式挖掘机	台	按资产名称、使用单位、责任人、金额、购买时间、规格、品牌、型号登记平台	
42	轮胎式挖掘装载机	台	按资产名称、使用单位、责任人、金额、购买时间、规格、品牌、型号登记平台	
43	隧洞挖掘机	台	按资产名称、使用单位、责任人、金额、购买时间、规格、品牌、型号登记平台	
44	盾构设备	套	按资产名称、使用单位、责任人、金额、购买时间、规格、品牌、型号登记平台	

续表

序号	资 产 名 称	单位	建立台账要求	备注
45	顶管设备	套	按资产名称、使用单位、责任人、金额、购买时间、规格、品牌、型号登记平台	
46	履带式挖沟机	台	按资产名称、使用单位、责任人、金额、购买时间、规格、品牌、型号登记平台	
47	轮胎式挖沟机	台	按资产名称、使用单位、责任人、金额、购买时间、规格、品牌、型号登记平台	
48	电缆敷设机	台	按资产名称、使用单位、责任人、金额、购买时间、规格、品牌、型号登记平台	
49	松土机	台	按资产名称、使用单位、责任人、金额、购买时间、规格、品牌、型号登记平台	
50	履带式推土机	台	按资产名称、使用单位、责任人、金额、购买时间、规格、品牌、型号登记平台	
51	轮胎式推土机	台	按资产名称、使用单位、责任人、金额、购买时间、规格、品牌、型号登记平台	
52	履带自行式铲运机	套	按资产名称、使用单位、责任人、金额、购买时间、规格、品牌、型号登记平台	
53	轮胎式自行铲运机	套	按资产名称、使用单位、责任人、金额、购买时间、规格、品牌、型号登记平台	
54	拖式铲运机	套	按资产名称、使用单位、责任人、金额、购买时间、规格、品牌、型号登记平台	
55	拖式产运斗	台	按资产名称、使用单位、责任人、金额、购买时间、规格、品牌、型号登记平台	
56	自行式平地机	台	按资产名称、使用单位、责任人、金额、购买时间、规格、品牌、型号登记平台	
57	拖式平地机	台	按资产名称、使用单位、责任人、金额、购买时间、规格、品牌、型号登记平台	
58	自行式犁扬机	台	按资产名称、使用单位、责任人、金额、购买时间、规格、品牌、型号登记平台	
59	履带式装载机	台	按资产名称、使用单位、责任人、金额、购买时间、规格、品牌、型号登记平台	
60	轮胎式装载机	台	按资产名称、使用单位、责任人、金额、购买时间、规格、品牌、型号登记平台	
61	隧道式装载机	台	按资产名称、使用单位、责任人、金额、购买时间、规格、品牌、型号登记平台	
62	履带式拖拉机	台	按资产名称、使用单位、责任人、金额、购买时间、规格、品牌、型号登记平台	
63	轮胎式拖拉机	台	按资产名称、使用单位、责任人、金额、购买时间、规格、品牌、型号登记平台	
64	手扶式拖拉机	台	按资产名称、使用单位、责任人、金额、购买时间、规格、品牌、型号登记平台	
65	风动凿岩机	台	按资产名称、使用单位、责任人、金额、购买时间、规格、品牌、型号登记平台	
66	内燃凿岩机	台	按资产名称、使用单位、责任人、金额、购买时间、规格、品牌、型号登记平台	

续表

序号	资　产　名　称	单位	建立台账要求	备注
67	电动凿岩机	台	按资产名称、使用单位、责任人、金额、购买时间、规格、品牌、型号登记平台	
68	液压凿岩机	台	按资产名称、使用单位、责任人、金额、购买时间、规格、品牌、型号登记平台	
69	凿岩台车	台	按资产名称、使用单位、责任人、金额、购买时间、规格、品牌、型号登记平台	
70	电动钻岩机	台	按资产名称、使用单位、责任人、金额、购买时间、规格、品牌、型号登记平台	
71	装岩机	台	按资产名称、使用单位、责任人、金额、购买时间、规格、品牌、型号登记平台	
72	履带柴油打桩机	套	按资产名称、使用单位、责任人、金额、购买时间、规格、品牌、型号登记平台	
73	轨道式柴油打桩机	套	按资产名称、使用单位、责任人、金额、购买时间、规格、品牌、型号登记平台	
74	导杆式柴油打桩机	套	按资产名称、使用单位、责任人、金额、购买时间、规格、品牌、型号登记平台	
75	振动打桩机	套	按资产名称、使用单位、责任人、金额、购买时间、规格、品牌、型号登记平台	
76	汽车打桩机	套	按资产名称、使用单位、责任人、金额、购买时间、规格、品牌、型号登记平台	
77	柴油桩锤	台	按资产名称、使用单位、责任人、金额、购买时间、规格、品牌、型号登记平台	
78	振动桩锤	台	按资产名称、使用单位、责任人、金额、购买时间、规格、品牌、型号登记平台	
79	液压桩锤	台	按资产名称、使用单位、责任人、金额、购买时间、规格、品牌、型号登记平台	
80	气桩锤	台	按资产名称、使用单位、责任人、金额、购买时间、规格、品牌、型号登记平台	
81	桩架	台	按资产名称、使用单位、责任人、金额、购买时间、规格、品牌、型号登记平台	
82	振冲器	台	按资产名称、使用单位、责任人、金额、购买时间、规格、品牌、型号登记平台	
83	机械式静作用压拔桩机	台	按资产名称、使用单位、责任人、金额、购买时间、规格、品牌、型号登记平台	
84	液压式静作用压拔装机	台	按资产名称、使用单位、责任人、金额、购买时间、规格、品牌、型号登记平台	
85	套管式灌注桩机	台	按资产名称、使用单位、责任人、金额、购买时间、规格、品牌、型号登记平台	
86	电动引拔机	台	按资产名称、使用单位、责任人、金额、购买时间、规格、品牌、型号登记平台	
87	其他装机	台	按资产名称、使用单位、责任人、金额、购买时间、规格、品牌、型号登记平台	
88	履带式钻机	台	按资产名称、使用单位、责任人、金额、购买时间、规格、品牌、型号登记平台	

续表

序号	资　产　名　称	单位	建立台账要求	备注
89	轮胎式钻机	台	按资产名称、使用单位、责任人、金额、购买时间、规格、品牌、型号登记平台	
90	汽车式钻机	台	按资产名称、使用单位、责任人、金额、购买时间、规格、品牌、型号登记平台	
91	固定式钻机	台	按资产名称、使用单位、责任人、金额、购买时间、规格、品牌、型号登记平台	
92	扩孔机	台	按资产名称、使用单位、责任人、金额、购买时间、规格、品牌、型号登记平台	
93	深孔钻机	台	按资产名称、使用单位、责任人、金额、购买时间、规格、品牌、型号登记平台	
94	水力沉桩设备	套	按资产名称、使用单位、责任人、金额、购买时间、规格、品牌、型号登记平台	
95	履带式夯实机	台	按资产名称、使用单位、责任人、金额、购买时间、规格、品牌、型号登记平台	
96	轮胎式夯实机	台	按资产名称、使用单位、责任人、金额、购买时间、规格、品牌、型号登记平台	
97	电动夯土机	台	按资产名称、使用单位、责任人、金额、购买时间、规格、品牌、型号登记平台	
98	内燃夯土机	台	按资产名称、使用单位、责任人、金额、购买时间、规格、品牌、型号登记平台	
99	强夯锤	台	按资产名称、使用单位、责任人、金额、购买时间、规格、品牌、型号登记平台	
100	强夯锤支撑架	台	按资产名称、使用单位、责任人、金额、购买时间、规格、品牌、型号登记平台	
101	振动压实机	台	按资产名称、使用单位、责任人、金额、购买时间、规格、品牌、型号登记平台	
102	锚杆机	台	按资产名称、使用单位、责任人、金额、购买时间、规格、品牌、型号登记平台	
103	钢筋冷拉机	台	按资产名称、使用单位、责任人、金额、购买时间、规格、品牌、型号登记平台	
104	钢筋冷拔机	台	按资产名称、使用单位、责任人、金额、购买时间、规格、品牌、型号登记平台	
105	钢筋调直机	台	按资产名称、使用单位、责任人、金额、购买时间、规格、品牌、型号登记平台	
106	钢筋切断机	台	按资产名称、使用单位、责任人、金额、购买时间、规格、品牌、型号登记平台	
107	钢筋弯曲机	台	按资产名称、使用单位、责任人、金额、购买时间、规格、品牌、型号登记平台	
108	钢筋弯环机	台	按资产名称、使用单位、责任人、金额、购买时间、规格、品牌、型号登记平台	
109	连续配筋机	台	按资产名称、使用单位、责任人、金额、购买时间、规格、品牌、型号登记平台	
110	钢筋预应力张拉车	台	按资产名称、使用单位、责任人、金额、购买时间、规格、品牌、型号登记平台	

续表

序号	资 产 名 称	单位	建立台账要求	备注
111	钢筋预应力拉伸车	台	按资产名称、使用单位、责任人、金额、购买时间、规格、品牌、型号登记平台	
112	钢筋镦头机	台	按资产名称、使用单位、责任人、金额、购买时间、规格、品牌、型号登记平台	
113	高压油泵	台	按资产名称、使用单位、责任人、金额、购买时间、规格、品牌、型号登记平台	
114	制管缠筋机	台	按资产名称、使用单位、责任人、金额、购买时间、规格、品牌、型号登记平台	
115	钢筋冷轧扭机	台	按资产名称、使用单位、责任人、金额、购买时间、规格、品牌、型号登记平台	
116	移动式混凝土搅拌机	座	按资产名称、使用单位、责任人、金额、购买时间、规格、品牌、型号登记平台	
117	固定式混凝土搅拌机	座	按资产名称、使用单位、责任人、金额、购买时间、规格、品牌、型号登记平台	
118	锥形式混凝土搅拌机	台	按资产名称、使用单位、责任人、金额、购买时间、规格、品牌、型号登记平台	
119	卧轴式混凝土搅拌机	台	按资产名称、使用单位、责任人、金额、购买时间、规格、品牌、型号登记平台	
120	鼓筒式混凝土搅拌机	台	按资产名称、使用单位、责任人、金额、购买时间、规格、品牌、型号登记平台	
121	连续式混凝土搅拌机	台	按资产名称、使用单位、责任人、金额、购买时间、规格、品牌、型号登记平台	
122	泡沫混凝土搅拌机	台	按资产名称、使用单位、责任人、金额、购买时间、规格、品牌、型号登记平台	
123	混凝土配料设备	套	按资产名称、使用单位、责任人、金额、购买时间、规格、品牌、型号登记平台	
124	混凝土后台上料设备	套	按资产名称、使用单位、责任人、金额、购买时间、规格、品牌、型号登记平台	
125	水泥拆包机	台	按资产名称、使用单位、责任人、金额、购买时间、规格、品牌、型号登记平台	
126	混凝土缓凝机	台	按资产名称、使用单位、责任人、金额、购买时间、规格、品牌、型号登记平台	
127	拖式混凝土输送泵	台	按资产名称、使用单位、责任人、金额、购买时间、规格、品牌、型号登记平台	
128	车载式混凝土输送泵	台	按资产名称、使用单位、责任人、金额、购买时间、规格、品牌、型号登记平台	
129	臂架式混凝土输送车	台	按资产名称、使用单位、责任人、金额、购买时间、规格、品牌、型号登记平台	
130	混凝土浇注机	台	按资产名称、使用单位、责任人、金额、购买时间、规格、品牌、型号登记平台	
131	混凝土喷射机	台	按资产名称、使用单位、责任人、金额、购买时间、规格、品牌、型号登记平台	
132	水泥喷枪	台	按资产名称、使用单位、责任人、金额、购买时间、规格、品牌、型号登记平台	

续表

序号	资产名称	单位	建立台账要求	备注
133	混凝土布料杆	台	按资产名称、使用单位、责任人、金额、购买时间、规格、品牌、型号登记平台	
134	灰浆搅拌机	台	按资产名称、使用单位、责任人、金额、购买时间、规格、品牌、型号登记平台	
135	隔膜式灰浆输送泵	台	按资产名称、使用单位、责任人、金额、购买时间、规格、品牌、型号登记平台	
136	柱塞式灰浆输送泵	台	按资产名称、使用单位、责任人、金额、购买时间、规格、品牌、型号登记平台	
137	喷涂拌灰机	套	按资产名称、使用单位、责任人、金额、购买时间、规格、品牌、型号登记平台	
138	抹灰机	台	按资产名称、使用单位、责任人、金额、购买时间、规格、品牌、型号登记平台	
139	喷浆机	台	按资产名称、使用单位、责任人、金额、购买时间、规格、品牌、型号登记平台	
140	灰浆积压泵	台	按资产名称、使用单位、责任人、金额、购买时间、规格、品牌、型号登记平台	
141	挖灰机	台	按资产名称、使用单位、责任人、金额、购买时间、规格、品牌、型号登记平台	
142	磨纸筋灰机	台	按资产名称、使用单位、责任人、金额、购买时间、规格、品牌、型号登记平台	
143	混凝土振动台	台	按资产名称、使用单位、责任人、金额、购买时间、规格、品牌、型号登记平台	
144	水泥磨光机	台	按资产名称、使用单位、责任人、金额、购买时间、规格、品牌、型号登记平台	
145	空心板抽芯机	台	按资产名称、使用单位、责任人、金额、购买时间、规格、品牌、型号登记平台	
146	混凝土积压成型机	台	按资产名称、使用单位、责任人、金额、购买时间、规格、品牌、型号登记平台	
147	混凝土推压成型机	台	按资产名称、使用单位、责任人、金额、购买时间、规格、品牌、型号登记平台	
148	洗石机	台	按资产名称、使用单位、责任人、金额、购买时间、规格、品牌、型号登记平台	
149	筛砂机	台	按资产名称、使用单位、责任人、金额、购买时间、规格、品牌、型号登记平台	
150	联合淋灰机	台	按资产名称、使用单位、责任人、金额、购买时间、规格、品牌、型号登记平台	
151	水泥管磨口机	台	按资产名称、使用单位、责任人、金额、购买时间、规格、品牌、型号登记平台	
152	水泥管橡胶套机	台	按资产名称、使用单位、责任人、金额、购买时间、规格、品牌、型号登记平台	
153	混凝土制管机	台	按资产名称、使用单位、责任人、金额、购买时间、规格、品牌、型号登记平台	
154	混凝土真空脱水机	台	按资产名称、使用单位、责任人、金额、购买时间、规格、品牌、型号登记平台	

续表

序号	资 产 名 称	单位	建立台账要求	备注
155	混凝土管切割机	台	按资产名称、使用单位、责任人、金额、购买时间、规格、品牌、型号登记平台	
156	混凝土开槽机	台	按资产名称、使用单位、责任人、金额、购买时间、规格、品牌、型号登记平台	
157	混凝土切割机	台	按资产名称、使用单位、责任人、金额、购买时间、规格、品牌、型号登记平台	
158	混凝土钻孔机	台	按资产名称、使用单位、责任人、金额、购买时间、规格、品牌、型号登记平台	
159	自行式静作用压路机	台	按资产名称、使用单位、责任人、金额、购买时间、规格、品牌、型号登记平台	
160	拖式静作用压路机	台	按资产名称、使用单位、责任人、金额、购买时间、规格、品牌、型号登记平台	
161	自行式振动压路机	台	按资产名称、使用单位、责任人、金额、购买时间、规格、品牌、型号登记平台	
162	拖式振动压路机	台	按资产名称、使用单位、责任人、金额、购买时间、规格、品牌、型号登记平台	
163	手扶式振动压路机	台	按资产名称、使用单位、责任人、金额、购买时间、规格、品牌、型号登记平台	
164	自行式轮胎压路机	台	按资产名称、使用单位、责任人、金额、购买时间、规格、品牌、型号登记平台	
165	拖式轮胎压路机	台	按资产名称、使用单位、责任人、金额、购买时间、规格、品牌、型号登记平台	
166	羊角辗	台	按资产名称、使用单位、责任人、金额、购买时间、规格、品牌、型号登记平台	
167	道路翻松机	台	按资产名称、使用单位、责任人、金额、购买时间、规格、品牌、型号登记平台	
168	土壤拌合机	台	按资产名称、使用单位、责任人、金额、购买时间、规格、品牌、型号登记平台	
169	碎石摊铺机	台	按资产名称、使用单位、责任人、金额、购买时间、规格、品牌、型号登记平台	
170	石屑撒布机	台	按资产名称、使用单位、责任人、金额、购买时间、规格、品牌、型号登记平台	
171	沥青熔化设备	套	按资产名称、使用单位、责任人、金额、购买时间、规格、品牌、型号登记平台	
172	沥青泵	台	按资产名称、使用单位、责任人、金额、购买时间、规格、品牌、型号登记平台	
173	沥青混凝土搅拌站	台	按资产名称、使用单位、责任人、金额、购买时间、规格、品牌、型号登记平台	
174	沥青喷洒机	台	按资产名称、使用单位、责任人、金额、购买时间、规格、品牌、型号登记平台	
175	沥青混凝土拌合机	台	按资产名称、使用单位、责任人、金额、购买时间、规格、品牌、型号登记平台	
176	沥青混凝土摊铺机	台	按资产名称、使用单位、责任人、金额、购买时间、规格、品牌、型号登记平台	

续表

序号	资 产 名 称	单位	建立台账要求	备注
177	路面联合铺路机	台	按资产名称、使用单位、责任人、金额、购买时间、规格、品牌、型号登记平台	
178	路面修整机	台	按资产名称、使用单位、责任人、金额、购买时间、规格、品牌、型号登记平台	
179	沥青路面切边机	台	按资产名称、使用单位、责任人、金额、购买时间、规格、品牌、型号登记平台	
180	混凝土路面摊铺机	台	按资产名称、使用单位、责任人、金额、购买时间、规格、品牌、型号登记平台	
181	混凝土路面光面机	台	按资产名称、使用单位、责任人、金额、购买时间、规格、品牌、型号登记平台	
182	钢筋混凝土联合铺筑机	台	按资产名称、使用单位、责任人、金额、购买时间、规格、品牌、型号登记平台	
183	混凝土路面切缝机	台	按资产名称、使用单位、责任人、金额、购买时间、规格、品牌、型号登记平台	
184	路边石铺筑机	台	按资产名称、使用单位、责任人、金额、购买时间、规格、品牌、型号登记平台	
185	撒砂机	台	按资产名称、使用单位、责任人、金额、购买时间、规格、品牌、型号登记平台	
186	路面铣刨机	台	按资产名称、使用单位、责任人、金额、购买时间、规格、品牌、型号登记平台	
187	路面碎石机	台	按资产名称、使用单位、责任人、金额、购买时间、规格、品牌、型号登记平台	
188	地面水磨石机	台	按资产名称、使用单位、责任人、金额、购买时间、规格、品牌、型号登记平台	
189	地板磨光机	台	按资产名称、使用单位、责任人、金额、购买时间、规格、品牌、型号登记平台	
190	地板刨平机	台	按资产名称、使用单位、责任人、金额、购买时间、规格、品牌、型号登记平台	
191	地面清除机	台	按资产名称、使用单位、责任人、金额、购买时间、规格、品牌、型号登记平台	
192	大理石磨光机	台	按资产名称、使用单位、责任人、金额、购买时间、规格、品牌、型号登记平台	
193	大理石抛光机	台	按资产名称、使用单位、责任人、金额、购买时间、规格、品牌、型号登记平台	
194	顶棚磨光机	台	按资产名称、使用单位、责任人、金额、购买时间、规格、品牌、型号登记平台	
195	打蜡机	台	按资产名称、使用单位、责任人、金额、购买时间、规格、品牌、型号登记平台	
196	铺毡机	台	按资产名称、使用单位、责任人、金额、购买时间、规格、品牌、型号登记平台	
197	装修作业用吊篮	台	按资产名称、使用单位、责任人、金额、购买时间、规格、品牌、型号登记平台	
198	嵌缝机	台	按资产名称、使用单位、责任人、金额、购买时间、规格、品牌、型号登记平台	

续表

序号	资产名称	单位	建立台账要求	备注
199	水磨石切割机	台	按资产名称、使用单位、责任人、金额、购买时间、规格、品牌、型号登记平台	
200	大理石切割机	台	按资产名称、使用单位、责任人、金额、购买时间、规格、品牌、型号登记平台	
201	瓷砖切割机	台	按资产名称、使用单位、责任人、金额、购买时间、规格、品牌、型号登记平台	
202	电动弹涂机	台	按资产名称、使用单位、责任人、金额、购买时间、规格、品牌、型号登记平台	
203	电动滚涂机	台	按资产名称、使用单位、责任人、金额、购买时间、规格、品牌、型号登记平台	
204	吸盘式玻璃安装机	台	按资产名称、使用单位、责任人、金额、购买时间、规格、品牌、型号登记平台	
205	单级离心清水泵	台	按资产名称、使用单位、责任人、金额、购买时间、规格、品牌、型号登记平台	
206	多级离心清水泵	台	按资产名称、使用单位、责任人、金额、购买时间、规格、品牌、型号登记平台	
207	污水泵	台	按资产名称、使用单位、责任人、金额、购买时间、规格、品牌、型号登记平台	
208	泥浆泵	台	按资产名称、使用单位、责任人、金额、购买时间、规格、品牌、型号登记平台	
209	砂泵	台	按资产名称、使用单位、责任人、金额、购买时间、规格、品牌、型号登记平台	
210	耐腐蚀泵	台	按资产名称、使用单位、责任人、金额、购买时间、规格、品牌、型号登记平台	
211	深井泵	台	按资产名称、使用单位、责任人、金额、购买时间、规格、品牌、型号登记平台	
212	立式混流泵	台	按资产名称、使用单位、责任人、金额、购买时间、规格、品牌、型号登记平台	
213	轴流泵	台	按资产名称、使用单位、责任人、金额、购买时间、规格、品牌、型号登记平台	
214	旋涡泵	台	按资产名称、使用单位、责任人、金额、购买时间、规格、品牌、型号登记平台	
215	往复式水泵	台	按资产名称、使用单位、责任人、金额、购买时间、规格、品牌、型号登记平台	
216	内燃机动水泵	台	按资产名称、使用单位、责任人、金额、购买时间、规格、品牌、型号登记平台	
217	潜水泵	台	按资产名称、使用单位、责任人、金额、购买时间、规格、品牌、型号登记平台	
218	管道试压泵	台	按资产名称、使用单位、责任人、金额、购买时间、规格、品牌、型号登记平台	
219	输油泵	台	按资产名称、使用单位、责任人、金额、购买时间、规格、品牌、型号登记平台	
220	井点降水设备	套	按资产名称、使用单位、责任人、金额、购买时间、规格、品牌、型号登记平台	

续表

序号	资 产 名 称	单位	建立台账要求	备注
221	移动式皮带输送机	台	按资产名称、使用单位、责任人、金额、购买时间、规格、品牌、型号登记平台	
222	固定式皮带输送机	台	按资产名称、使用单位、责任人、金额、购买时间、规格、品牌、型号登记平台	
223	刮板输送机	台	按资产名称、使用单位、责任人、金额、购买时间、规格、品牌、型号登记平台	
224	链板输送机	台	按资产名称、使用单位、责任人、金额、购买时间、规格、品牌、型号登记平台	
225	螺旋输送机	台	按资产名称、使用单位、责任人、金额、购买时间、规格、品牌、型号登记平台	
226	斗式提升机	台	按资产名称、使用单位、责任人、金额、购买时间、规格、品牌、型号登记平台	
227	滑模提升机	台	按资产名称、使用单位、责任人、金额、购买时间、规格、品牌、型号登记平台	
228	升板设备	套	按资产名称、使用单位、责任人、金额、购买时间、规格、品牌、型号登记平台	
229	挖泥船	台	按资产名称、使用单位、责任人、金额、购买时间、规格、品牌、型号登记平台	
230	打桩船	台	按资产名称、使用单位、责任人、金额、购买时间、规格、品牌、型号登记平台	
231	潜水工作船	台	按资产名称、使用单位、责任人、金额、购买时间、规格、品牌、型号登记平台	
232	采砂船	台	按资产名称、使用单位、责任人、金额、购买时间、规格、品牌、型号登记平台	
233	高空作业车	辆	按资产名称、使用单位、责任人、金额、购买时间、规格、品牌、型号登记平台	
234	高压电缆油压钳	台	按资产名称、使用单位、责任人、金额、购买时间、规格、品牌、型号登记平台	
235	分离式液压钳	台	按资产名称、使用单位、责任人、金额、购买时间、规格、品牌、型号登记平台	
236	固定钢模	套	按资产名称、使用单位、责任人、金额、购买时间、规格、品牌、型号登记平台	
237	载重汽车	辆	按资产名称、使用单位、责任人、金额、购买时间、规格、品牌、型号、吨位登记平台	
238	自卸式载重汽车	辆	按资产名称、使用单位、责任人、金额、购买时间、规格、品牌、型号、吨位登记平台	
239	自卸汽车	辆	按资产名称、使用单位、责任人、金额、购买时间、规格、品牌、型号、吨位登记平台	
240	拖挂汽车	辆	按资产名称、使用单位、责任人、金额、购买时间、规格、品牌、型号、吨位登记平台	
241	壁板车	辆	按资产名称、使用单位、责任人、金额、购买时间、规格、品牌、型号、吨位登记平台	
242	平板拖车车组	组	按资产名称、使用单位、责任人、金额、购买时间、规格、品牌、型号、吨位登记平台	

续表

序号	资　产　名　称	单位	建立台账要求	备注
243	平板拖车牵引头	辆	按资产名称、使用单位、责任人、金额、购买时间、规格、品牌、型号、牵引力登记平台	
244	平板拖车	辆	按资产名称、使用单位、责任人、金额、购买时间、规格、品牌、型号、吨位登记平台	
245	汽车拖斗	辆	按资产名称、使用单位、责任人、金额、购买时间、规格、品牌、型号、吨位登记平台	
246	汽车拖架	辆	按资产名称、使用单位、责任人、金额、购买时间、规格、品牌、型号、吨位登记平台	
247	混凝土搅拌运输车	辆	按资产名称、使用单位、责任人、金额、购买时间、规格、品牌、型号、吨位登记平台	
248	散装水泥罐车	辆	按资产名称、使用单位、责任人、金额、购买时间、规格、品牌、型号、吨位登记平台	
249	油罐车	辆	按资产名称、使用单位、责任人、金额、购买时间、规格、品牌、型号、吨位登记平台	
250	工程车	辆	按资产名称、使用单位、责任人、金额、购买时间、规格、品牌、型号、吨位登记平台	
251	沥青运输车	辆	按资产名称、使用单位、责任人、金额、购买时间、规格、品牌、型号、吨位登记平台	
252	下水道联合疏通车	辆	按资产名称、使用单位、责任人、金额、购买时间、规格、品牌、型号、吨位登记平台	
253	洒水车	辆	按资产名称、使用单位、责任人、金额、购买时间、规格、品牌、型号、吨位登记平台	
254	吸泥车	辆	按资产名称、使用单位、责任人、金额、购买时间、规格、品牌、型号、吨位登记平台	
255	高压冲洗车	辆	按资产名称、使用单位、责任人、金额、购买时间、规格、品牌、型号、吨位登记平台	
256	污泥罐车	辆	按资产名称、使用单位、责任人、金额、购买时间、规格、品牌、型号、吨位登记平台	
257	加油车	辆	按资产名称、使用单位、责任人、金额、购买时间、规格、品牌、型号、吨位登记平台	
258	垃圾运输车	辆	按资产名称、使用单位、责任人、金额、购买时间、规格、品牌、型号、吨位登记平台	
259	槽车	辆	按资产名称、使用单位、责任人、金额、购买时间、规格、品牌、型号、吨位登记平台	
260	架线车	辆	按资产名称、使用单位、责任人、金额、购买时间、规格、品牌、型号、吨位登记平台	
261	其他专用运输车	辆	按资产名称、使用单位、责任人、金额、购买时间、规格、品牌、型号、吨位登记平台	
262	轻型汽车	辆	按资产名称、使用单位、责任人、金额、购买时间、规格、品牌、型号、吨位登记平台	1.25t以下
263	机动翻斗车	辆	按资产名称、使用单位、责任人、金额、购买时间、规格、品牌、型号、吨位登记平台	
264	蓄电池搬运车	辆	按资产名称、使用单位、责任人、金额、购买时间、规格、品牌、型号、吨位登记平台	

续表

序号	资 产 名 称	单位	建立台账要求	备注
265	蓄电池搬运车拖车	辆	按资产名称、使用单位、责任人、金额、购买时间、规格、品牌、型号、吨位登记平台	
266	内燃小机车	辆	按资产名称、使用单位、责任人、金额、购买时间、规格、品牌、型号、牵引力登记平台	
267	电动小机车	辆	按资产名称、使用单位、责任人、金额、购买时间、规格、品牌、型号、牵引力登记平台	
268	矿车	辆	按资产名称、使用单位、责任人、金额、购买时间、规格、品牌、型号登记平台	
269	平车	辆	按资产名称、使用单位、责任人、金额、购买时间、规格、品牌、型号登记平台	
270	拖轮	艘	按资产名称、使用单位、责任人、金额、购买时间、规格、品牌、型号、拖拉吨位登记平台	
271	机动木船	艘	按资产名称、使用单位、责任人、金额、购买时间、规格、品牌、型号、拖拉吨位登记平台	
272	机动水泥船	艘	按资产名称、使用单位、责任人、金额、购买时间、规格、品牌、型号、吨位登记平台	
273	登陆艇	艘	按资产名称、使用单位、责任人、金额、购买时间、规格、品牌、型号、吨位登记平台	
274	水船	艘	按资产名称、使用单位、责任人、金额、购买时间、规格、品牌、型号、吨位登记平台	
275	驳船	艘	按资产名称、使用单位、责任人、金额、购买时间、规格、品牌、型号、吨位登记平台	
276	水泥船	艘	按资产名称、使用单位、责任人、金额、购买时间、规格、品牌、型号、吨位登记平台	
277	囤船	艘	按资产名称、使用单位、责任人、金额、购买时间、规格、品牌、型号、吨位登记平台	即“浮码头”
278	路基箱	块	按资产名称、使用单位、责任人、金额、购买时间、规格、品牌、型号、吨位登记平台	
279	集装箱	个	按资产名称、使用单位、责任人、金额、购买时间、规格、品牌、型号登记平台	
280	大型计算机	台	按资产名称、使用单位、责任人、金额、购买时间、规格、品牌、型号登记平台	
281	计算机附属设备	套	按资产名称、使用单位、责任人、金额、购买时间、规格、品牌、型号登记平台	
282	微型计算机	台	按资产名称、使用单位、责任人、金额、购买时间、规格、品牌、型号登记平台	

二、建筑施工企业非固定资产类项目资产明细

建筑施工企业非固定资产类项目资产明细，见表 4-18。

建筑施工企业非固定资产类项目资产明细表 **表 4-18**

序号	资 产 名 称	单位	建立台账要求	备注
一	办公用品			
1	规范、定额等工具书籍	本、套	按资产物品名称、保管部门、单价、数量、金额、调拨价、责任人、购买时间、领用时间、物品编号、品牌、型号、物品状态、领用历程、附件等内容	
2	绘图工具	套	按资产物品名称、保管部门、单价、数量、金额、调拨价、责任人、购买时间、领用时间、物品编号、品牌、型号、物品状态、领用历程、附件等内容	
3	计算器	台	按资产物品名称、保管部门、单价、数量、金额、调拨价、责任人、购买时间、领用时间、物品编号、品牌、型号、物品状态、领用历程、附件等内容	
4	电话机	台	按资产物品名称、保管部门、单价、数量、金额、调拨价、责任人、购买时间、领用时间、物品编号、品牌、型号、物品状态、领用历程、附件等内容	
5	传真机	台	按资产物品名称、保管部门、单价、数量、金额、调拨价、责任人、购买时间、领用时间、物品编号、品牌、型号、物品状态、领用历程、附件等内容	
6	移动硬盘	个	按资产物品名称、保管部门、单价、数量、金额、调拨价、责任人、购买时间、领用时间、物品编号、品牌、型号、物品状态、领用历程、附件等内容	
7	U盘	个	按资产物品名称、保管部门、单价、数量、金额、调拨价、责任人、购买时间、领用时间、物品编号、品牌、型号、物品状态、领用历程、附件等内容	
8	办公软件	套	按资产物品名称、保管部门、单价、数量、金额、调拨价、责任人、购买时间、领用时间、物品编号、品牌、型号、物品状态、领用历程、附件等内容	
二	办公设施			
1	项目办公桌	张	按资产物品名称、保管部门、单价、数量、金额、调拨价、责任人、购买时间、领用时间、物品编号、品牌、型号、物品状态、领用历程、附件等内容	
2	项目办公椅	把	按资产物品名称、保管部门、单价、数量、金额、调拨价、责任人、购买时间、领用时间、物品编号、品牌、型号、物品状态、领用历程、附件等内容	
3	机关办公桌	张	按资产物品名称、保管部门、单价、数量、金额、调拨价、责任人、购买时间、领用时间、物品编号、品牌、型号、物品状态、领用历程、附件等内容	
4	机关办公椅	把	按资产物品名称、保管部门、单价、数量、金额、调拨价、责任人、购买时间、领用时间、物品编号、品牌、型号、物品状态、领用历程、附件等内容	
5	文件柜	组	按资产物品名称、保管部门、单价、数量、金额、调拨价、责任人、购买时间、领用时间、物品编号、品牌、型号、物品状态、领用历程、附件等内容	
6	小型家具	台	按资产物品名称、保管部门、单价、数量、金额、调拨价、责任人、购买时间、领用时间、物品编号、品牌、型号、物品状态、领用历程、附件等内容	

续表

序号	资产名称	单位	建立台账要求	备注
7	保险柜	个	按资产物品名称、保管部门、单价、数量、金额、调拨价、责任人、购买时间、领用时间、物品编号、品牌、型号、物品状态、领用历程、附件等内容	
8	打印机	台	按资产物品名称、保管部门、单价、数量、金额、调拨价、责任人、购买时间、领用时间、物品编号、品牌、型号、物品状态、领用历程、附件等内容	
9	1000元以下简易空调	台	按资产物品名称、保管部门、单价、数量、金额、调拨价、责任人、购买时间、领用时间、物品编号、品牌、型号、物品状态、领用历程、附件等内容	
10	1000元以上空调	台	按资产物品名称、保管部门、单价、数量、金额、调拨价、责任人、购买时间、领用时间、物品编号、品牌、型号、物品状态、领用历程、附件等内容	
11	电风扇	台	按资产物品名称、保管部门、单价、数量、金额、调拨价、责任人、购买时间、领用时间、物品编号、品牌、型号、物品状态、领用历程、附件等内容	
三	宣传工具			
1	录音机	台	按资产物品名称、保管部门、单价、数量、金额、调拨价、责任人、购买时间、领用时间、物品编号、品牌、型号、物品状态、领用历程、附件等内容	
2	录音笔	台	按资产物品名称、保管部门、单价、数量、金额、调拨价、责任人、购买时间、领用时间、物品编号、品牌、型号、物品状态、领用历程、附件等内容	
3	收音机	台	按资产物品名称、保管部门、单价、数量、金额、调拨价、责任人、购买时间、领用时间、物品编号、品牌、型号、物品状态、领用历程、附件等内容	
4	扩音机	台	按资产物品名称、保管部门、单价、数量、金额、调拨价、责任人、购买时间、领用时间、物品编号、品牌、型号、物品状态、领用历程、附件等内容	
5	幻灯机	台	按资产物品名称、保管部门、单价、数量、金额、调拨价、责任人、购买时间、领用时间、物品编号、品牌、型号、物品状态、领用历程、附件等内容	
6	音像设备	台	按资产物品名称、保管部门、单价、数量、金额、调拨价、责任人、购买时间、领用时间、物品编号、品牌、型号、物品状态、领用历程、附件等内容	
7	摄像机	台	按资产物品名称、保管部门、单价、数量、金额、调拨价、责任人、购买时间、领用时间、物品编号、品牌、型号、物品状态、领用历程、附件等内容	
8	照相机	台	按资产物品名称、保管部门、单价、数量、金额、调拨价、责任人、购买时间、领用时间、物品编号、品牌、型号、物品状态、领用历程、附件等内容	包括三角架、闪光灯
9	变焦镜头	台	按资产物品名称、保管部门、单价、数量、金额、调拨价、责任人、购买时间、领用时间、物品编号、品牌、型号、物品状态、领用历程、附件等内容	

续表

序号	资 产 名 称	单位	建立台账要求	备注
10	录像机	台	按资产物品名称、保管部门、单价、数量、金额、调拨价、责任人、购买时间、领用时间、物品编号、品牌、型号、物品状态、领用历程、附件等内容	
11	投影仪	台	按资产物品名称、保管部门、单价、数量、金额、调拨价、责任人、购买时间、领用时间、物品编号、品牌、型号、物品状态、领用历程、附件等内容	
12	乐器	台、部	按资产物品名称、保管部门、单价、数量、金额、调拨价、责任人、购买时间、领用时间、物品编号、品牌、型号、物品状态、领用历程、附件等内容	
13	电影放映机	台	按资产物品名称、保管部门、单价、数量、金额、调拨价、责任人、购买时间、领用时间、物品编号、品牌、型号、物品状态、领用历程、附件等内容	
四	生活及炊事用具			
1	电锅	个	按资产物品名称、保管部门、单价、数量、金额、调拨价、责任人、购买时间、领用时间、物品编号、品牌、型号、物品状态、领用历程、附件等内容	
2	炒锅	个	按资产物品名称、保管部门、单价、数量、金额、调拨价、责任人、购买时间、领用时间、物品编号、品牌、型号、物品状态、领用历程、附件等内容	
3	煤气灶	台	按资产物品名称、保管部门、单价、数量、金额、调拨价、责任人、购买时间、领用时间、物品编号、品牌、型号、物品状态、领用历程、附件等内容	
4	煤气罐	个	按资产物品名称、保管部门、单价、数量、金额、调拨价、责任人、购买时间、领用时间、物品编号、品牌、型号、物品状态、领用历程、附件等内容	
5	家用冰箱	台	按资产物品名称、保管部门、单价、数量、金额、调拨价、责任人、购买时间、领用时间、物品编号、品牌、型号、物品状态、领用历程、附件等内容	
6	家用消毒柜	台	按资产物品名称、保管部门、单价、数量、金额、调拨价、责任人、购买时间、领用时间、物品编号、品牌、型号、物品状态、领用历程、附件等内容	
7	商用冰柜	台	按资产物品名称、保管部门、单价、数量、金额、调拨价、责任人、购买时间、领用时间、物品编号、品牌、型号、物品状态、领用历程、附件等内容	
8	商用消毒柜	台	按资产物品名称、保管部门、单价、数量、金额、调拨价、责任人、购买时间、领用时间、物品编号、品牌、型号、物品状态、领用历程、附件等内容	
9	饮水机	台	按资产物品名称、保管部门、单价、数量、金额、调拨价、责任人、购买时间、领用时间、物品编号、品牌、型号、物品状态、领用历程、附件等内容	
10	温度仪	台	按资产物品名称、保管部门、单价、数量、金额、调拨价、责任人、购买时间、领用时间、物品编号、品牌、型号、物品状态、领用历程、附件等内容	

续表

序号	资 产 名 称	单位	建立台账要求	备注
11	和面机	台	按资产物品名称、保管部门、单价、数量、金额、调拨价、责任人、购买时间、领用时间、物品编号、品牌、型号、物品状态、领用历程、附件等内容	
12	压面机	台	按资产物品名称、保管部门、单价、数量、金额、调拨价、责任人、购买时间、领用时间、物品编号、品牌、型号、物品状态、领用历程、附件等内容	
13	包饺子机	台	按资产物品名称、保管部门、单价、数量、金额、调拨价、责任人、购买时间、领用时间、物品编号、品牌、型号、物品状态、领用历程、附件等内容	
14	切肉丝、肉片机	台	按资产物品名称、保管部门、单价、数量、金额、调拨价、责任人、购买时间、领用时间、物品编号、品牌、型号、物品状态、领用历程、附件等内容	
15	切菜机	台	按资产物品名称、保管部门、单价、数量、金额、调拨价、责任人、购买时间、领用时间、物品编号、品牌、型号、物品状态、领用历程、附件等内容	
16	去皮机	台	按资产物品名称、保管部门、单价、数量、金额、调拨价、责任人、购买时间、领用时间、物品编号、品牌、型号、物品状态、领用历程、附件等内容	
17	绞肉机	台	按资产物品名称、保管部门、单价、数量、金额、调拨价、责任人、购买时间、领用时间、物品编号、品牌、型号、物品状态、领用历程、附件等内容	
18	多用食品加工器	台	按资产物品名称、保管部门、单价、数量、金额、调拨价、责任人、购买时间、领用时间、物品编号、品牌、型号、物品状态、领用历程、附件等内容	
19	烤箱	台	按资产物品名称、保管部门、单价、数量、金额、调拨价、责任人、购买时间、领用时间、物品编号、品牌、型号、物品状态、领用历程、附件等内容	
20	微波炉	台	按资产物品名称、保管部门、单价、数量、金额、调拨价、责任人、购买时间、领用时间、物品编号、品牌、型号、物品状态、领用历程、附件等内容	
21	洗碗机	台	按资产物品名称、保管部门、单价、数量、金额、调拨价、责任人、购买时间、领用时间、物品编号、品牌、型号、物品状态、领用历程、附件等内容	
22	碗筷储存柜	台	按资产物品名称、保管部门、单价、数量、金额、调拨价、责任人、购买时间、领用时间、物品编号、品牌、型号、物品状态、领用历程、附件等内容	
23	抽油烟机	台	按资产物品名称、保管部门、单价、数量、金额、调拨价、责任人、购买时间、领用时间、物品编号、品牌、型号、物品状态、领用历程、附件等内容	
24	电饭锅	台	按资产物品名称、保管部门、单价、数量、金额、调拨价、责任人、购买时间、领用时间、物品编号、品牌、型号、物品状态、领用历程、附件等内容	
25	餐桌	张	按资产物品名称、保管部门、单价、数量、金额、调拨价、责任人、购买时间、领用时间、物品编号、品牌、型号、物品状态、领用历程、附件等内容	

续表

序号	资 产 名 称	单位	建立台账要求	备注
26	电视机	台	按资产物品名称、保管部门、单价、数量、金额、调拨价、责任人、购买时间、领用时间、物品编号、品牌、型号、物品状态、领用历程、附件等内容	
27	床铺	张	按资产物品名称、保管部门、单价、数量、金额、调拨价、责任人、购买时间、领用时间、物品编号、品牌、型号、物品状态、领用历程、附件等内容	
28	被褥	套	按资产物品名称、保管部门、单价、数量、金额、调拨价、责任人、购买时间、领用时间、物品编号、品牌、型号、物品状态、领用历程、附件等内容	
29	洗衣机	台	按资产物品名称、保管部门、单价、数量、金额、调拨价、责任人、购买时间、领用时间、物品编号、品牌、型号、物品状态、领用历程、附件等内容	
30	甩干机	台	按资产物品名称、保管部门、单价、数量、金额、调拨价、责任人、购买时间、领用时间、物品编号、品牌、型号、物品状态、领用历程、附件等内容	
31	烘干机	台	按资产物品名称、保管部门、单价、数量、金额、调拨价、责任人、购买时间、领用时间、物品编号、品牌、型号、物品状态、领用历程、附件等内容	
32	煤气热水器	台	按资产物品名称、保管部门、单价、数量、金额、调拨价、责任人、购买时间、领用时间、物品编号、品牌、型号、物品状态、领用历程、附件等内容	
33	电热水器	台	按资产物品名称、保管部门、单价、数量、金额、调拨价、责任人、购买时间、领用时间、物品编号、品牌、型号、物品状态、领用历程、附件等内容	
34	吸尘器	台	按资产物品名称、保管部门、单价、数量、金额、调拨价、责任人、购买时间、领用时间、物品编号、品牌、型号、物品状态、领用历程、附件等内容	
35	医疗设施	台、部	按资产物品名称、保管部门、单价、数量、金额、调拨价、责任人、购买时间、领用时间、物品编号、品牌、型号、物品状态、领用历程、附件等内容	
五	交通工具			
1	3000元以下摩托车	辆	按资产物品名称、保管部门、单价、数量、金额、调拨价、责任人、购买时间、领用时间、物品编号、品牌、型号、物品状态、领用历程、附件等内容	
2	200元以下自行车	辆	按资产物品名称、保管部门、单价、数量、金额、调拨价、责任人、购买时间、领用时间、物品编号、品牌、型号、物品状态、领用历程、附件等内容	
3	3000元以上摩托车	辆	按资产物品名称、保管部门、单价、数量、金额、调拨价、责任人、购买时间、领用时间、物品编号、品牌、型号、物品状态、领用历程、附件等内容	
4	200元以上自行车	辆	按资产物品名称、保管部门、单价、数量、金额、调拨价、责任人、购买时间、领用时间、物品编号、品牌、型号、物品状态、领用历程、附件等内容	

续表

序号	资产名称	单位	建立台账要求	备注
5	交通艇	艘	按资产物品名称、保管部门、单价、数量、金额、调拨价、责任人、购买时间、领用时间、物品编号、品牌、型号、物品状态、领用历程、附件等内容	
六	生产工具			
1	木工圆锯机	台	按资产物品名称、保管部门、单价、数量、金额、调拨价、责任人、购买时间、领用时间、物品编号、品牌、型号、物品状态、领用历程、附件等内容	
2	双边锯边机	台	按资产物品名称、保管部门、单价、数量、金额、调拨价、责任人、购买时间、领用时间、物品编号、品牌、型号、物品状态、领用历程、附件等内容	
3	木工吊截锯	台	按资产物品名称、保管部门、单价、数量、金额、调拨价、责任人、购买时间、领用时间、物品编号、品牌、型号、物品状态、领用历程、附件等内容	
4	跑车带锯机	台	按资产物品名称、保管部门、单价、数量、金额、调拨价、责任人、购买时间、领用时间、物品编号、品牌、型号、物品状态、领用历程、附件等内容	
5	平台带锯机	台	按资产物品名称、保管部门、单价、数量、金额、调拨价、责任人、购买时间、领用时间、物品编号、品牌、型号、物品状态、领用历程、附件等内容	
6	油锯	台	按资产物品名称、保管部门、单价、数量、金额、调拨价、责任人、购买时间、领用时间、物品编号、品牌、型号、物品状态、领用历程、附件等内容	
7	木工车床	台	按资产物品名称、保管部门、单价、数量、金额、调拨价、责任人、购买时间、领用时间、物品编号、品牌、型号、物品状态、领用历程、附件等内容	
8	木工钻床	台	按资产物品名称、保管部门、单价、数量、金额、调拨价、责任人、购买时间、领用时间、物品编号、品牌、型号、物品状态、领用历程、附件等内容	
9	木工平刨床	台	按资产物品名称、保管部门、单价、数量、金额、调拨价、责任人、购买时间、领用时间、物品编号、品牌、型号、物品状态、领用历程、附件等内容	
10	刨地板机	台	按资产物品名称、保管部门、单价、数量、金额、调拨价、责任人、购买时间、领用时间、物品编号、品牌、型号、物品状态、领用历程、附件等内容	
11	木工磨床	台	按资产物品名称、保管部门、单价、数量、金额、调拨价、责任人、购买时间、领用时间、物品编号、品牌、型号、物品状态、领用历程、附件等内容	
12	木工封边机	台	按资产物品名称、保管部门、单价、数量、金额、调拨价、责任人、购买时间、领用时间、物品编号、品牌、型号、物品状态、领用历程、附件等内容	
13	磨地板机	台	按资产物品名称、保管部门、单价、数量、金额、调拨价、责任人、购买时间、领用时间、物品编号、品牌、型号、物品状态、领用历程、附件等内容	

续表

序号	资产名称	单位	建立台账要求	备注
14	木工铣床	台	按资产物品名称、保管部门、单价、数量、金额、调拨价、责任人、购买时间、领用时间、物品编号、品牌、型号、物品状态、领用历程、附件等内容	
15	纤维板开口机	台	按资产物品名称、保管部门、单价、数量、金额、调拨价、责任人、购买时间、领用时间、物品编号、品牌、型号、物品状态、领用历程、附件等内容	
16	木工开榫机	台	按资产物品名称、保管部门、单价、数量、金额、调拨价、责任人、购买时间、领用时间、物品编号、品牌、型号、物品状态、领用历程、附件等内容	
17	木工开槽机	台	按资产物品名称、保管部门、单价、数量、金额、调拨价、责任人、购买时间、领用时间、物品编号、品牌、型号、物品状态、领用历程、附件等内容	
18	木工裁口机	台	按资产物品名称、保管部门、单价、数量、金额、调拨价、责任人、购买时间、领用时间、物品编号、品牌、型号、物品状态、领用历程、附件等内容	
19	木工联合机床	台	按资产物品名称、保管部门、单价、数量、金额、调拨价、责任人、购买时间、领用时间、物品编号、品牌、型号、物品状态、领用历程、附件等内容	
20	磨圆锯机	台	按资产物品名称、保管部门、单价、数量、金额、调拨价、责任人、购买时间、领用时间、物品编号、品牌、型号、物品状态、领用历程、附件等内容	
21	磨带锯机	台	按资产物品名称、保管部门、单价、数量、金额、调拨价、责任人、购买时间、领用时间、物品编号、品牌、型号、物品状态、领用历程、附件等内容	
22	刃磨机	台	按资产物品名称、保管部门、单价、数量、金额、调拨价、责任人、购买时间、领用时间、物品编号、品牌、型号、物品状态、领用历程、附件等内容	
23	锯条焊接机	台	按资产物品名称、保管部门、单价、数量、金额、调拨价、责任人、购买时间、领用时间、物品编号、品牌、型号、物品状态、领用历程、附件等内容	
24	锯条辊压机	台	按资产物品名称、保管部门、单价、数量、金额、调拨价、责任人、购买时间、领用时间、物品编号、品牌、型号、物品状态、领用历程、附件等内容	
25	锯条开齿机	台	按资产物品名称、保管部门、单价、数量、金额、调拨价、责任人、购买时间、领用时间、物品编号、品牌、型号、物品状态、领用历程、附件等内容	
26	普通车床	台	按资产物品名称、保管部门、单价、数量、金额、调拨价、责任人、购买时间、领用时间、物品编号、品牌、型号、物品状态、领用历程、附件等内容	
27	立式车床	台	按资产物品名称、保管部门、单价、数量、金额、调拨价、责任人、购买时间、领用时间、物品编号、品牌、型号、物品状态、领用历程、附件等内容	
28	六角车床	台	按资产物品名称、保管部门、单价、数量、金额、调拨价、责任人、购买时间、领用时间、物品编号、品牌、型号、物品状态、领用历程、附件等内容	

续表

序号	资 产 名 称	单位	建立台账要求	备注
29	联合车床	台	按资产物品名称、保管部门、单价、数量、金额、调拨价、责任人、购买时间、领用时间、物品编号、品牌、型号、物品状态、领用历程、附件等内容	
30	精密车床	台	按资产物品名称、保管部门、单价、数量、金额、调拨价、责任人、购买时间、领用时间、物品编号、品牌、型号、物品状态、领用历程、附件等内容	
31	专用车床	台	按资产物品名称、保管部门、单价、数量、金额、调拨价、责任人、购买时间、领用时间、物品编号、品牌、型号、物品状态、领用历程、附件等内容	
32	半自动车床	台	按资产物品名称、保管部门、单价、数量、金额、调拨价、责任人、购买时间、领用时间、物品编号、品牌、型号、物品状态、领用历程、附件等内容	
33	自动车床	台	按资产物品名称、保管部门、单价、数量、金额、调拨价、责任人、购买时间、领用时间、物品编号、品牌、型号、物品状态、领用历程、附件等内容	
34	数控车床	台	按资产物品名称、保管部门、单价、数量、金额、调拨价、责任人、购买时间、领用时间、物品编号、品牌、型号、物品状态、领用历程、附件等内容	
35	立式铣床	台	按资产物品名称、保管部门、单价、数量、金额、调拨价、责任人、购买时间、领用时间、物品编号、品牌、型号、物品状态、领用历程、附件等内容	
36	卧式铣床	台	按资产物品名称、保管部门、单价、数量、金额、调拨价、责任人、购买时间、领用时间、物品编号、品牌、型号、物品状态、领用历程、附件等内容	
37	龙门铣床	台	按资产物品名称、保管部门、单价、数量、金额、调拨价、责任人、购买时间、领用时间、物品编号、品牌、型号、物品状态、领用历程、附件等内容	
38	平面铣床	台	按资产物品名称、保管部门、单价、数量、金额、调拨价、责任人、购买时间、领用时间、物品编号、品牌、型号、物品状态、领用历程、附件等内容	
39	键槽铣床	台	按资产物品名称、保管部门、单价、数量、金额、调拨价、责任人、购买时间、领用时间、物品编号、品牌、型号、物品状态、领用历程、附件等内容	
40	工具铣床	台	按资产物品名称、保管部门、单价、数量、金额、调拨价、责任人、购买时间、领用时间、物品编号、品牌、型号、物品状态、领用历程、附件等内容	
41	花键铣床	台	按资产物品名称、保管部门、单价、数量、金额、调拨价、责任人、购买时间、领用时间、物品编号、品牌、型号、物品状态、领用历程、附件等内容	
42	仿型铣床	台	按资产物品名称、保管部门、单价、数量、金额、调拨价、责任人、购买时间、领用时间、物品编号、品牌、型号、物品状态、领用历程、附件等内容	
43	万能铣床	台	按资产物品名称、保管部门、单价、数量、金额、调拨价、责任人、购买时间、领用时间、物品编号、品牌、型号、物品状态、领用历程、附件等内容	

续表

序号	资 产 名 称	单位	建立台账要求	备注
44	牛头刨床	台	按资产物品名称、保管部门、单价、数量、金额、调拨价、责任人、购买时间、领用时间、物品编号、品牌、型号、物品状态、领用历程、附件等内容	
45	龙门刨床	台	按资产物品名称、保管部门、单价、数量、金额、调拨价、责任人、购买时间、领用时间、物品编号、品牌、型号、物品状态、领用历程、附件等内容	
46	单臂刨床	台	按资产物品名称、保管部门、单价、数量、金额、调拨价、责任人、购买时间、领用时间、物品编号、品牌、型号、物品状态、领用历程、附件等内容	
47	边缘刨床	台	按资产物品名称、保管部门、单价、数量、金额、调拨价、责任人、购买时间、领用时间、物品编号、品牌、型号、物品状态、领用历程、附件等内容	
48	插床	台	按资产物品名称、保管部门、单价、数量、金额、调拨价、责任人、购买时间、领用时间、物品编号、品牌、型号、物品状态、领用历程、附件等内容	
49	立式拉床	台	按资产物品名称、保管部门、单价、数量、金额、调拨价、责任人、购买时间、领用时间、物品编号、品牌、型号、物品状态、领用历程、附件等内容	
50	卧式拉床	台	按资产物品名称、保管部门、单价、数量、金额、调拨价、责任人、购买时间、领用时间、物品编号、品牌、型号、物品状态、领用历程、附件等内容	
51	立式镗床	台	按资产物品名称、保管部门、单价、数量、金额、调拨价、责任人、购买时间、领用时间、物品编号、品牌、型号、物品状态、领用历程、附件等内容	
52	卧式镗床	台	按资产物品名称、保管部门、单价、数量、金额、调拨价、责任人、购买时间、领用时间、物品编号、品牌、型号、物品状态、领用历程、附件等内容	
53	坐标镗床	台	按资产物品名称、保管部门、单价、数量、金额、调拨价、责任人、购买时间、领用时间、物品编号、品牌、型号、物品状态、领用历程、附件等内容	
54	深孔镗床	台	按资产物品名称、保管部门、单价、数量、金额、调拨价、责任人、购买时间、领用时间、物品编号、品牌、型号、物品状态、领用历程、附件等内容	
55	精钢镗床	台	按资产物品名称、保管部门、单价、数量、金额、调拨价、责任人、购买时间、领用时间、物品编号、品牌、型号、物品状态、领用历程、附件等内容	
56	数控镗床	台	按资产物品名称、保管部门、单价、数量、金额、调拨价、责任人、购买时间、领用时间、物品编号、品牌、型号、物品状态、领用历程、附件等内容	
57	镗缸机	台	按资产物品名称、保管部门、单价、数量、金额、调拨价、责任人、购买时间、领用时间、物品编号、品牌、型号、物品状态、领用历程、附件等内容	
58	花键磨床	台	按资产物品名称、保管部门、单价、数量、金额、调拨价、责任人、购买时间、领用时间、物品编号、品牌、型号、物品状态、领用历程、附件等内容	

续表

序号	资 产 名 称	单位	建立台账要求	备注
59	无心磨床	台	按资产物品名称、保管部门、单价、数量、金额、调拨价、责任人、购买时间、领用时间、物品编号、品牌、型号、物品状态、领用历程、附件等内容	
60	内圆磨床	台	按资产物品名称、保管部门、单价、数量、金额、调拨价、责任人、购买时间、领用时间、物品编号、品牌、型号、物品状态、领用历程、附件等内容	
61	外圆磨床	台	按资产物品名称、保管部门、单价、数量、金额、调拨价、责任人、购买时间、领用时间、物品编号、品牌、型号、物品状态、领用历程、附件等内容	
62	内外圆磨床	台	按资产物品名称、保管部门、单价、数量、金额、调拨价、责任人、购买时间、领用时间、物品编号、品牌、型号、物品状态、领用历程、附件等内容	
63	平面磨床	台	按资产物品名称、保管部门、单价、数量、金额、调拨价、责任人、购买时间、领用时间、物品编号、品牌、型号、物品状态、领用历程、附件等内容	
64	导轨磨床	台	按资产物品名称、保管部门、单价、数量、金额、调拨价、责任人、购买时间、领用时间、物品编号、品牌、型号、物品状态、领用历程、附件等内容	
65	工具磨床	台	按资产物品名称、保管部门、单价、数量、金额、调拨价、责任人、购买时间、领用时间、物品编号、品牌、型号、物品状态、领用历程、附件等内容	
66	曲轴磨床	台	按资产物品名称、保管部门、单价、数量、金额、调拨价、责任人、购买时间、领用时间、物品编号、品牌、型号、物品状态、领用历程、附件等内容	
67	凸轮磨床	台	按资产物品名称、保管部门、单价、数量、金额、调拨价、责任人、购买时间、领用时间、物品编号、品牌、型号、物品状态、领用历程、附件等内容	
68	万能磨床	台	按资产物品名称、保管部门、单价、数量、金额、调拨价、责任人、购买时间、领用时间、物品编号、品牌、型号、物品状态、领用历程、附件等内容	
69	抛光机	台	按资产物品名称、保管部门、单价、数量、金额、调拨价、责任人、购买时间、领用时间、物品编号、品牌、型号、物品状态、领用历程、附件等内容	
70	落地式砂轮	台	按资产物品名称、保管部门、单价、数量、金额、调拨价、责任人、购买时间、领用时间、物品编号、品牌、型号、物品状态、领用历程、附件等内容	
71	摇臂钻床	台	按资产物品名称、保管部门、单价、数量、金额、调拨价、责任人、购买时间、领用时间、物品编号、品牌、型号、物品状态、领用历程、附件等内容	
72	台式钻床	台	按资产物品名称、保管部门、单价、数量、金额、调拨价、责任人、购买时间、领用时间、物品编号、品牌、型号、物品状态、领用历程、附件等内容	
73	立式钻床	台	按资产物品名称、保管部门、单价、数量、金额、调拨价、责任人、购买时间、领用时间、物品编号、品牌、型号、物品状态、领用历程、附件等内容	

续表

序号	资 产 名 称	单位	建立台账要求	备注
74	排式钻床	台	按资产物品名称、保管部门、单价、数量、金额、调拨价、责任人、购买时间、领用时间、物品编号、品牌、型号、物品状态、领用历程、附件等内容	
75	数控钻床	台	按资产物品名称、保管部门、单价、数量、金额、调拨价、责任人、购买时间、领用时间、物品编号、品牌、型号、物品状态、领用历程、附件等内容	
76	钻铣两用机床	台	按资产物品名称、保管部门、单价、数量、金额、调拨价、责任人、购买时间、领用时间、物品编号、品牌、型号、物品状态、领用历程、附件等内容	
77	磁座钻	台	按资产物品名称、保管部门、单价、数量、金额、调拨价、责任人、购买时间、领用时间、物品编号、品牌、型号、物品状态、领用历程、附件等内容	
78	弓锯床	台	按资产物品名称、保管部门、单价、数量、金额、调拨价、责任人、购买时间、领用时间、物品编号、品牌、型号、物品状态、领用历程、附件等内容	
79	圆锯床	台	按资产物品名称、保管部门、单价、数量、金额、调拨价、责任人、购买时间、领用时间、物品编号、品牌、型号、物品状态、领用历程、附件等内容	
80	立式带锯床	台	按资产物品名称、保管部门、单价、数量、金额、调拨价、责任人、购买时间、领用时间、物品编号、品牌、型号、物品状态、领用历程、附件等内容	
81	砂轮切断机	台	按资产物品名称、保管部门、单价、数量、金额、调拨价、责任人、购买时间、领用时间、物品编号、品牌、型号、物品状态、领用历程、附件等内容	
82	管子切断机床	台	按资产物品名称、保管部门、单价、数量、金额、调拨价、责任人、购买时间、领用时间、物品编号、品牌、型号、物品状态、领用历程、附件等内容	
83	攻丝机	台	按资产物品名称、保管部门、单价、数量、金额、调拨价、责任人、购买时间、领用时间、物品编号、品牌、型号、物品状态、领用历程、附件等内容	
84	套丝机	台	按资产物品名称、保管部门、单价、数量、金额、调拨价、责任人、购买时间、领用时间、物品编号、品牌、型号、物品状态、领用历程、附件等内容	
85	滚齿机	台	按资产物品名称、保管部门、单价、数量、金额、调拨价、责任人、购买时间、领用时间、物品编号、品牌、型号、物品状态、领用历程、附件等内容	
86	剃齿机	台	按资产物品名称、保管部门、单价、数量、金额、调拨价、责任人、购买时间、领用时间、物品编号、品牌、型号、物品状态、领用历程、附件等内容	
87	插齿机	台	按资产物品名称、保管部门、单价、数量、金额、调拨价、责任人、购买时间、领用时间、物品编号、品牌、型号、物品状态、领用历程、附件等内容	
88	磨齿机	台	按资产物品名称、保管部门、单价、数量、金额、调拨价、责任人、购买时间、领用时间、物品编号、品牌、型号、物品状态、领用历程、附件等内容	

续表

序号	资 产 名 称	单位	建立台账要求	备注
89	齿轮倒角机	台	按资产物品名称、保管部门、单价、数量、金额、调拨价、责任人、购买时间、领用时间、物品编号、品牌、型号、物品状态、领用历程、附件等内容	
90	万能刻模机	台	按资产物品名称、保管部门、单价、数量、金额、调拨价、责任人、购买时间、领用时间、物品编号、品牌、型号、物品状态、领用历程、附件等内容	
91	模具制作加工专用设备	台	按资产物品名称、保管部门、单价、数量、金额、调拨价、责任人、购买时间、领用时间、物品编号、品牌、型号、物品状态、领用历程、附件等内容	
92	电火花加工机床	台	按资产物品名称、保管部门、单价、数量、金额、调拨价、责任人、购买时间、领用时间、物品编号、品牌、型号、物品状态、领用历程、附件等内容	
93	电火花成型机床	台	按资产物品名称、保管部门、单价、数量、金额、调拨价、责任人、购买时间、领用时间、物品编号、品牌、型号、物品状态、领用历程、附件等内容	
94	液压压力机	台	按资产物品名称、保管部门、单价、数量、金额、调拨价、责任人、购买时间、领用时间、物品编号、品牌、型号、物品状态、领用历程、附件等内容	
95	空气锤	台	按资产物品名称、保管部门、单价、数量、金额、调拨价、责任人、购买时间、领用时间、物品编号、品牌、型号、物品状态、领用历程、附件等内容	
96	冷墩机	台	按资产物品名称、保管部门、单价、数量、金额、调拨价、责任人、购买时间、领用时间、物品编号、品牌、型号、物品状态、领用历程、附件等内容	
97	热墩机	台	按资产物品名称、保管部门、单价、数量、金额、调拨价、责任人、购买时间、领用时间、物品编号、品牌、型号、物品状态、领用历程、附件等内容	
98	切边机	台	按资产物品名称、保管部门、单价、数量、金额、调拨价、责任人、购买时间、领用时间、物品编号、品牌、型号、物品状态、领用历程、附件等内容	
99	搓丝机	台	按资产物品名称、保管部门、单价、数量、金额、调拨价、责任人、购买时间、领用时间、物品编号、品牌、型号、物品状态、领用历程、附件等内容	
100	滚丝机	台	按资产物品名称、保管部门、单价、数量、金额、调拨价、责任人、购买时间、领用时间、物品编号、品牌、型号、物品状态、领用历程、附件等内容	
101	辊锻机	台	按资产物品名称、保管部门、单价、数量、金额、调拨价、责任人、购买时间、领用时间、物品编号、品牌、型号、物品状态、领用历程、附件等内容	
102	锻管机	台	按资产物品名称、保管部门、单价、数量、金额、调拨价、责任人、购买时间、领用时间、物品编号、品牌、型号、物品状态、领用历程、附件等内容	
103	扩孔机	台	按资产物品名称、保管部门、单价、数量、金额、调拨价、责任人、购买时间、领用时间、物品编号、品牌、型号、物品状态、领用历程、附件等内容	

续表

序号	资 产 名 称	单位	建立台账要求	备注
104	剪板机	台	按资产物品名称、保管部门、单价、数量、金额、调拨价、责任人、购买时间、领用时间、物品编号、品牌、型号、物品状态、领用历程、附件等内容	
105	型钢切断机	台	按资产物品名称、保管部门、单价、数量、金额、调拨价、责任人、购买时间、领用时间、物品编号、品牌、型号、物品状态、领用历程、附件等内容	
106	联合冲剪机	台	按资产物品名称、保管部门、单价、数量、金额、调拨价、责任人、购买时间、领用时间、物品编号、品牌、型号、物品状态、领用历程、附件等内容	
107	卷板机	台	按资产物品名称、保管部门、单价、数量、金额、调拨价、责任人、购买时间、领用时间、物品编号、品牌、型号、物品状态、领用历程、附件等内容	
108	校正机	台	按资产物品名称、保管部门、单价、数量、金额、调拨价、责任人、购买时间、领用时间、物品编号、品牌、型号、物品状态、领用历程、附件等内容	
109	折边机	台	按资产物品名称、保管部门、单价、数量、金额、调拨价、责任人、购买时间、领用时间、物品编号、品牌、型号、物品状态、领用历程、附件等内容	
110	坡口机	台	按资产物品名称、保管部门、单价、数量、金额、调拨价、责任人、购买时间、领用时间、物品编号、品牌、型号、物品状态、领用历程、附件等内容	
111	锻钎机	台	按资产物品名称、保管部门、单价、数量、金额、调拨价、责任人、购买时间、领用时间、物品编号、品牌、型号、物品状态、领用历程、附件等内容	
112	磨钎机	台	按资产物品名称、保管部门、单价、数量、金额、调拨价、责任人、购买时间、领用时间、物品编号、品牌、型号、物品状态、领用历程、附件等内容	
113	交流电焊机	台	按资产物品名称、保管部门、单价、数量、金额、调拨价、责任人、购买时间、领用时间、物品编号、品牌、型号、物品状态、领用历程、附件等内容	
114	直流电焊机	台	按资产物品名称、保管部门、单价、数量、金额、调拨价、责任人、购买时间、领用时间、物品编号、品牌、型号、物品状态、领用历程、附件等内容	
115	电焊机	台	按资产物品名称、保管部门、单价、数量、金额、调拨价、责任人、购买时间、领用时间、物品编号、品牌、型号、物品状态、领用历程、附件等内容	
116	整流焊机	台	按资产物品名称、保管部门、单价、数量、金额、调拨价、责任人、购买时间、领用时间、物品编号、品牌、型号、物品状态、领用历程、附件等内容	
117	电渣焊机	台	按资产物品名称、保管部门、单价、数量、金额、调拨价、责任人、购买时间、领用时间、物品编号、品牌、型号、物品状态、领用历程、附件等内容	
118	氩弧焊机	台	按资产物品名称、保管部门、单价、数量、金额、调拨价、责任人、购买时间、领用时间、物品编号、品牌、型号、物品状态、领用历程、附件等内容	

续表

序号	资 产 名 称	单位	建立台账要求	备注
119	埋弧焊机	台	按资产物品名称、保管部门、单价、数量、金额、调拨价、责任人、购买时间、领用时间、物品编号、品牌、型号、物品状态、领用历程、附件等内容	
120	凸焊机	台	按资产物品名称、保管部门、单价、数量、金额、调拨价、责任人、购买时间、领用时间、物品编号、品牌、型号、物品状态、领用历程、附件等内容	
121	缝焊机	台	按资产物品名称、保管部门、单价、数量、金额、调拨价、责任人、购买时间、领用时间、物品编号、品牌、型号、物品状态、领用历程、附件等内容	
122	钎焊机	台	按资产物品名称、保管部门、单价、数量、金额、调拨价、责任人、购买时间、领用时间、物品编号、品牌、型号、物品状态、领用历程、附件等内容	
123	振动堆焊机	台	按资产物品名称、保管部门、单价、数量、金额、调拨价、责任人、购买时间、领用时间、物品编号、品牌、型号、物品状态、领用历程、附件等内容	
124	内燃电焊机组	台	按资产物品名称、保管部门、单价、数量、金额、调拨价、责任人、购买时间、领用时间、物品编号、品牌、型号、物品状态、领用历程、附件等内容	
125	CO_2 气体保护弧焊机	台	按资产物品名称、保管部门、单价、数量、金额、调拨价、责任人、购买时间、领用时间、物品编号、品牌、型号、物品状态、领用历程、附件等内容	
126	等离子体弧焊机	台	按资产物品名称、保管部门、单价、数量、金额、调拨价、责任人、购买时间、领用时间、物品编号、品牌、型号、物品状态、领用历程、附件等内容	
127	超声波焊机	台	按资产物品名称、保管部门、单价、数量、金额、调拨价、责任人、购买时间、领用时间、物品编号、品牌、型号、物品状态、领用历程、附件等内容	
128	光束焊机	台	按资产物品名称、保管部门、单价、数量、金额、调拨价、责任人、购买时间、领用时间、物品编号、品牌、型号、物品状态、领用历程、附件等内容	
129	电子束焊机	台	按资产物品名称、保管部门、单价、数量、金额、调拨价、责任人、购买时间、领用时间、物品编号、品牌、型号、物品状态、领用历程、附件等内容	
130	冷压焊机	台	按资产物品名称、保管部门、单价、数量、金额、调拨价、责任人、购买时间、领用时间、物品编号、品牌、型号、物品状态、领用历程、附件等内容	
131	摩擦焊机	台	按资产物品名称、保管部门、单价、数量、金额、调拨价、责任人、购买时间、领用时间、物品编号、品牌、型号、物品状态、领用历程、附件等内容	
132	高频焊机	台	按资产物品名称、保管部门、单价、数量、金额、调拨价、责任人、购买时间、领用时间、物品编号、品牌、型号、物品状态、领用历程、附件等内容	
133	高车电焊整形机	台	按资产物品名称、保管部门、单价、数量、金额、调拨价、责任人、购买时间、领用时间、物品编号、品牌、型号、物品状态、领用历程、附件等内容	

续表

序号	资产名称	单位	建立台账要求	备注
134	自动焊机	台	按资产物品名称、保管部门、单价、数量、金额、调拨价、责任人、购买时间、领用时间、物品编号、品牌、型号、物品状态、领用历程、附件等内容	
135	半自动切割机	台	按资产物品名称、保管部门、单价、数量、金额、调拨价、责任人、购买时间、领用时间、物品编号、品牌、型号、物品状态、领用历程、附件等内容	
136	自动切割机	台	按资产物品名称、保管部门、单价、数量、金额、调拨价、责任人、购买时间、领用时间、物品编号、品牌、型号、物品状态、领用历程、附件等内容	
137	仿型切割机	台	按资产物品名称、保管部门、单价、数量、金额、调拨价、责任人、购买时间、领用时间、物品编号、品牌、型号、物品状态、领用历程、附件等内容	
138	等离子切割机	台	按资产物品名称、保管部门、单价、数量、金额、调拨价、责任人、购买时间、领用时间、物品编号、品牌、型号、物品状态、领用历程、附件等内容	
139	混合气体配比器	台	按资产物品名称、保管部门、单价、数量、金额、调拨价、责任人、购买时间、领用时间、物品编号、品牌、型号、物品状态、领用历程、附件等内容	
140	碾砂机	台	按资产物品名称、保管部门、单价、数量、金额、调拨价、责任人、购买时间、领用时间、物品编号、品牌、型号、物品状态、领用历程、附件等内容	
141	涂料搅拌机	台	按资产物品名称、保管部门、单价、数量、金额、调拨价、责任人、购买时间、领用时间、物品编号、品牌、型号、物品状态、领用历程、附件等内容	
142	熔蜡机	台	按资产物品名称、保管部门、单价、数量、金额、调拨价、责任人、购买时间、领用时间、物品编号、品牌、型号、物品状态、领用历程、附件等内容	
143	撒砂机	台	按资产物品名称、保管部门、单价、数量、金额、调拨价、责任人、购买时间、领用时间、物品编号、品牌、型号、物品状态、领用历程、附件等内容	
144	生铁断裂机	台	按资产物品名称、保管部门、单价、数量、金额、调拨价、责任人、购买时间、领用时间、物品编号、品牌、型号、物品状态、领用历程、附件等内容	
145	电磁吸盘	台	按资产物品名称、保管部门、单价、数量、金额、调拨价、责任人、购买时间、领用时间、物品编号、品牌、型号、物品状态、领用历程、附件等内容	
146	混砂机	台	按资产物品名称、保管部门、单价、数量、金额、调拨价、责任人、购买时间、领用时间、物品编号、品牌、型号、物品状态、领用历程、附件等内容	
147	碾轮式联合砂处理机	台	按资产物品名称、保管部门、单价、数量、金额、调拨价、责任人、购买时间、领用时间、物品编号、品牌、型号、物品状态、领用历程、附件等内容	
148	筛砂机	台	按资产物品名称、保管部门、单价、数量、金额、调拨价、责任人、购买时间、领用时间、物品编号、品牌、型号、物品状态、领用历程、附件等内容	

续表

序号	资产名称	单位	建立台账要求	备注
149	松砂机电磁分离机	台	按资产物品名称、保管部门、单价、数量、金额、调拨价、责任人、购买时间、领用时间、物品编号、品牌、型号、物品状态、领用历程、附件等内容	
150	喷砂机	台	按资产物品名称、保管部门、单价、数量、金额、调拨价、责任人、购买时间、领用时间、物品编号、品牌、型号、物品状态、领用历程、附件等内容	
151	造型机	台	按资产物品名称、保管部门、单价、数量、金额、调拨价、责任人、购买时间、领用时间、物品编号、品牌、型号、物品状态、领用历程、附件等内容	
152	落砂设备	台	按资产物品名称、保管部门、单价、数量、金额、调拨价、责任人、购买时间、领用时间、物品编号、品牌、型号、物品状态、领用历程、附件等内容	
153	制芯设备	台	按资产物品名称、保管部门、单价、数量、金额、调拨价、责任人、购买时间、领用时间、物品编号、品牌、型号、物品状态、领用历程、附件等内容	
154	清理设备	台	按资产物品名称、保管部门、单价、数量、金额、调拨价、责任人、购买时间、领用时间、物品编号、品牌、型号、物品状态、领用历程、附件等内容	
155	化铁炉	台	按资产物品名称、保管部门、单价、数量、金额、调拨价、责任人、购买时间、领用时间、物品编号、品牌、型号、物品状态、领用历程、附件等内容	
156	冲天炉	台	按资产物品名称、保管部门、单价、数量、金额、调拨价、责任人、购买时间、领用时间、物品编号、品牌、型号、物品状态、领用历程、附件等内容	
157	感应电炉	台	按资产物品名称、保管部门、单价、数量、金额、调拨价、责任人、购买时间、领用时间、物品编号、品牌、型号、物品状态、领用历程、附件等内容	
158	压铸机	台	按资产物品名称、保管部门、单价、数量、金额、调拨价、责任人、购买时间、领用时间、物品编号、品牌、型号、物品状态、领用历程、附件等内容	
159	铸管机	台	按资产物品名称、保管部门、单价、数量、金额、调拨价、责任人、购买时间、领用时间、物品编号、品牌、型号、物品状态、领用历程、附件等内容	
160	离心浇注机	台	按资产物品名称、保管部门、单价、数量、金额、调拨价、责任人、购买时间、领用时间、物品编号、品牌、型号、物品状态、领用历程、附件等内容	
161	箱式电阻炉	台	按资产物品名称、保管部门、单价、数量、金额、调拨价、责任人、购买时间、领用时间、物品编号、品牌、型号、物品状态、领用历程、附件等内容	
162	井式电阻炉	台	按资产物品名称、保管部门、单价、数量、金额、调拨价、责任人、购买时间、领用时间、物品编号、品牌、型号、物品状态、领用历程、附件等内容	
163	台车式电阻炉	台	按资产物品名称、保管部门、单价、数量、金额、调拨价、责任人、购买时间、领用时间、物品编号、品牌、型号、物品状态、领用历程、附件等内容	

续表

序号	资产名称	单位	建立台账要求	备注
164	盐浴式电阻炉	台	按资产物品名称、保管部门、单价、数量、金额、调拨价、责任人、购买时间、领用时间、物品编号、品牌、型号、物品状态、领用历程、附件等内容	
165	加热电阻炉	台	按资产物品名称、保管部门、单价、数量、金额、调拨价、责任人、购买时间、领用时间、物品编号、品牌、型号、物品状态、领用历程、附件等内容	
166	回火炉	台	按资产物品名称、保管部门、单价、数量、金额、调拨价、责任人、购买时间、领用时间、物品编号、品牌、型号、物品状态、领用历程、附件等内容	
167	退火炉	台	按资产物品名称、保管部门、单价、数量、金额、调拨价、责任人、购买时间、领用时间、物品编号、品牌、型号、物品状态、领用历程、附件等内容	
168	高频渗碳设备	台	按资产物品名称、保管部门、单价、数量、金额、调拨价、责任人、购买时间、领用时间、物品编号、品牌、型号、物品状态、领用历程、附件等内容	
169	热处理温度控制箱	台	按资产物品名称、保管部门、单价、数量、金额、调拨价、责任人、购买时间、领用时间、物品编号、品牌、型号、物品状态、领用历程、附件等内容	
170	渗碳炉	台	按资产物品名称、保管部门、单价、数量、金额、调拨价、责任人、购买时间、领用时间、物品编号、品牌、型号、物品状态、领用历程、附件等内容	
171	发电机组	台	按资产物品名称、保管部门、单价、数量、金额、调拨价、责任人、购买时间、领用时间、物品编号、品牌、型号、物品状态、领用历程、附件等内容	
172	电力变压器	台	按资产物品名称、保管部门、单价、数量、金额、调拨价、责任人、购买时间、领用时间、物品编号、品牌、型号、物品状态、领用历程、附件等内容	
173	特种变压器	台	按资产物品名称、保管部门、单价、数量、金额、调拨价、责任人、购买时间、领用时间、物品编号、品牌、型号、物品状态、领用历程、附件等内容	
174	电力稳压器	台	按资产物品名称、保管部门、单价、数量、金额、调拨价、责任人、购买时间、领用时间、物品编号、品牌、型号、物品状态、领用历程、附件等内容	
175	电力稳压器	台	按资产物品名称、保管部门、单价、数量、金额、调拨价、责任人、购买时间、领用时间、物品编号、品牌、型号、物品状态、领用历程、附件等内容	
176	配电设备	台	按资产物品名称、保管部门、单价、数量、金额、调拨价、责任人、购买时间、领用时间、物品编号、品牌、型号、物品状态、领用历程、附件等内容	
177	工业锅炉	台	按资产物品名称、保管部门、单价、数量、金额、调拨价、责任人、购买时间、领用时间、物品编号、品牌、型号、物品状态、领用历程、附件等内容	
178	锅炉燃料供给设备	台	按资产物品名称、保管部门、单价、数量、金额、调拨价、责任人、购买时间、领用时间、物品编号、品牌、型号、物品状态、领用历程、附件等内容	

续表

序号	资 产 名 称	单位	建立台账要求	备注
179	空气压缩机	台	按资产物品名称、保管部门、单价、数量、金额、调拨价、责任人、购买时间、领用时间、物品编号、品牌、型号、物品状态、领用历程、附件等内容	
180	小型空气压缩机	台	按资产物品名称、保管部门、单价、数量、金额、调拨价、责任人、购买时间、领用时间、物品编号、品牌、型号、物品状态、领用历程、附件等内容	
181	固定式乙炔发生器	台	按资产物品名称、保管部门、单价、数量、金额、调拨价、责任人、购买时间、领用时间、物品编号、品牌、型号、物品状态、领用历程、附件等内容	
182	制氧机组	台	按资产物品名称、保管部门、单价、数量、金额、调拨价、责任人、购买时间、领用时间、物品编号、品牌、型号、物品状态、领用历程、附件等内容	
183	煤气发生器	台	按资产物品名称、保管部门、单价、数量、金额、调拨价、责任人、购买时间、领用时间、物品编号、品牌、型号、物品状态、领用历程、附件等内容	
184	制氢机组	台	按资产物品名称、保管部门、单价、数量、金额、调拨价、责任人、购买时间、领用时间、物品编号、品牌、型号、物品状态、领用历程、附件等内容	
185	磨气门机	台	按资产物品名称、保管部门、单价、数量、金额、调拨价、责任人、购买时间、领用时间、物品编号、品牌、型号、物品状态、领用历程、附件等内容	
186	磨气门座机	台	按资产物品名称、保管部门、单价、数量、金额、调拨价、责任人、购买时间、领用时间、物品编号、品牌、型号、物品状态、领用历程、附件等内容	
187	涂镀设备	台	按资产物品名称、保管部门、单价、数量、金额、调拨价、责任人、购买时间、领用时间、物品编号、品牌、型号、物品状态、领用历程、附件等内容	
188	磨缸机	台	按资产物品名称、保管部门、单价、数量、金额、调拨价、责任人、购买时间、领用时间、物品编号、品牌、型号、物品状态、领用历程、附件等内容	
189	曲轴修磨机	台	按资产物品名称、保管部门、单价、数量、金额、调拨价、责任人、购买时间、领用时间、物品编号、品牌、型号、物品状态、领用历程、附件等内容	
190	高压水清洗机	台	按资产物品名称、保管部门、单价、数量、金额、调拨价、责任人、购买时间、领用时间、物品编号、品牌、型号、物品状态、领用历程、附件等内容	
191	自动洗车台	台	按资产物品名称、保管部门、单价、数量、金额、调拨价、责任人、购买时间、领用时间、物品编号、品牌、型号、物品状态、领用历程、附件等内容	
192	铆制动片机	台	按资产物品名称、保管部门、单价、数量、金额、调拨价、责任人、购买时间、领用时间、物品编号、品牌、型号、物品状态、领用历程、附件等内容	
193	珩磨机	台	按资产物品名称、保管部门、单价、数量、金额、调拨价、责任人、购买时间、领用时间、物品编号、品牌、型号、物品状态、领用历程、附件等内容	

续表

序号	资 产 名 称	单位	建立台账要求	备注
194	油泵试验台	台	按资产物品名称、保管部门、单价、数量、金额、调拨价、责任人、购买时间、领用时间、物品编号、品牌、型号、物品状态、领用历程、附件等内容	
195	功率测试台	台	按资产物品名称、保管部门、单价、数量、金额、调拨价、责任人、购买时间、领用时间、物品编号、品牌、型号、物品状态、领用历程、附件等内容	
196	电器试验台	台	按资产物品名称、保管部门、单价、数量、金额、调拨价、责任人、购买时间、领用时间、物品编号、品牌、型号、物品状态、领用历程、附件等内容	
197	点火系统检验台	台	按资产物品名称、保管部门、单价、数量、金额、调拨价、责任人、购买时间、领用时间、物品编号、品牌、型号、物品状态、领用历程、附件等内容	
198	发动机综合试验台	台	按资产物品名称、保管部门、单价、数量、金额、调拨价、责任人、购买时间、领用时间、物品编号、品牌、型号、物品状态、领用历程、附件等内容	
199	汽车制动性能试验台	台	按资产物品名称、保管部门、单价、数量、金额、调拨价、责任人、购买时间、领用时间、物品编号、品牌、型号、物品状态、领用历程、附件等内容	
200	内燃机检测设备及仪器	台	按资产物品名称、保管部门、单价、数量、金额、调拨价、责任人、购买时间、领用时间、物品编号、品牌、型号、物品状态、领用历程、附件等内容	
201	液压系统检测设备及仪器	台	按资产物品名称、保管部门、单价、数量、金额、调拨价、责任人、购买时间、领用时间、物品编号、品牌、型号、物品状态、领用历程、附件等内容	
202	专用喷油嘴试验台	台	按资产物品名称、保管部门、单价、数量、金额、调拨价、责任人、购买时间、领用时间、物品编号、品牌、型号、物品状态、领用历程、附件等内容	
203	充电设备	台	按资产物品名称、保管部门、单价、数量、金额、调拨价、责任人、购买时间、领用时间、物品编号、品牌、型号、物品状态、领用历程、附件等内容	
204	滤油机	台	按资产物品名称、保管部门、单价、数量、金额、调拨价、责任人、购买时间、领用时间、物品编号、品牌、型号、物品状态、领用历程、附件等内容	
205	加油机	台	按资产物品名称、保管部门、单价、数量、金额、调拨价、责任人、购买时间、领用时间、物品编号、品牌、型号、物品状态、领用历程、附件等内容	
206	金属工作平台	台	按资产物品名称、保管部门、单价、数量、金额、调拨价、责任人、购买时间、领用时间、物品编号、品牌、型号、物品状态、领用历程、附件等内容	
207	金属平台	台	按资产物品名称、保管部门、单价、数量、金额、调拨价、责任人、购买时间、领用时间、物品编号、品牌、型号、物品状态、领用历程、附件等内容	
208	弯管机	台	按资产物品名称、保管部门、单价、数量、金额、调拨价、责任人、购买时间、领用时间、物品编号、品牌、型号、物品状态、领用历程、附件等内容	

续表

序号	资 产 名 称	单位	建立台账要求	备注
209	套管机	台	按资产物品名称、保管部门、单价、数量、金额、调拨价、责任人、购买时间、领用时间、物品编号、品牌、型号、物品状态、领用历程、附件等内容	
210	胀管机	台	按资产物品名称、保管部门、单价、数量、金额、调拨价、责任人、购买时间、领用时间、物品编号、品牌、型号、物品状态、领用历程、附件等内容	
211	管子坡口机	台	按资产物品名称、保管部门、单价、数量、金额、调拨价、责任人、购买时间、领用时间、物品编号、品牌、型号、物品状态、领用历程、附件等内容	
212	管子咬口机	台	按资产物品名称、保管部门、单价、数量、金额、调拨价、责任人、购买时间、领用时间、物品编号、品牌、型号、物品状态、领用历程、附件等内容	
213	管子除锈机	台	按资产物品名称、保管部门、单价、数量、金额、调拨价、责任人、购买时间、领用时间、物品编号、品牌、型号、物品状态、领用历程、附件等内容	
214	平板咬口机	台	按资产物品名称、保管部门、单价、数量、金额、调拨价、责任人、购买时间、领用时间、物品编号、品牌、型号、物品状态、领用历程、附件等内容	
215	压筋机	台	按资产物品名称、保管部门、单价、数量、金额、调拨价、责任人、购买时间、领用时间、物品编号、品牌、型号、物品状态、领用历程、附件等内容	
216	折方机	台	按资产物品名称、保管部门、单价、数量、金额、调拨价、责任人、购买时间、领用时间、物品编号、品牌、型号、物品状态、领用历程、附件等内容	
217	角铁卷圆机	台	按资产物品名称、保管部门、单价、数量、金额、调拨价、责任人、购买时间、领用时间、物品编号、品牌、型号、物品状态、领用历程、附件等内容	
218	通风管联合加工设备	台	按资产物品名称、保管部门、单价、数量、金额、调拨价、责任人、购买时间、领用时间、物品编号、品牌、型号、物品状态、领用历程、附件等内容	
219	通风管法兰加工机械	台	按资产物品名称、保管部门、单价、数量、金额、调拨价、责任人、购买时间、领用时间、物品编号、品牌、型号、物品状态、领用历程、附件等内容	
220	其他通风加工设备	台	按资产物品名称、保管部门、单价、数量、金额、调拨价、责任人、购买时间、领用时间、物品编号、品牌、型号、物品状态、领用历程、附件等内容	
221	鄂式破碎机	台	按资产物品名称、保管部门、单价、数量、金额、调拨价、责任人、购买时间、领用时间、物品编号、品牌、型号、物品状态、领用历程、附件等内容	
222	辊式破碎机	台	按资产物品名称、保管部门、单价、数量、金额、调拨价、责任人、购买时间、领用时间、物品编号、品牌、型号、物品状态、领用历程、附件等内容	
223	锤式破碎机	台	按资产物品名称、保管部门、单价、数量、金额、调拨价、责任人、购买时间、领用时间、物品编号、品牌、型号、物品状态、领用历程、附件等内容	

续表

序号	资 产 名 称	单位	建立台账要求	备注
224	电动筛	台	按资产物品名称、保管部门、单价、数量、金额、调拨价、责任人、购买时间、领用时间、物品编号、品牌、型号、物品状态、领用历程、附件等内容	
225	机械振动筛	台	按资产物品名称、保管部门、单价、数量、金额、调拨价、责任人、购买时间、领用时间、物品编号、品牌、型号、物品状态、领用历程、附件等内容	
226	筛分机	台	按资产物品名称、保管部门、单价、数量、金额、调拨价、责任人、购买时间、领用时间、物品编号、品牌、型号、物品状态、领用历程、附件等内容	
227	石料切割机	台	按资产物品名称、保管部门、单价、数量、金额、调拨价、责任人、购买时间、领用时间、物品编号、品牌、型号、物品状态、领用历程、附件等内容	
228	石料联合加工设备	台	按资产物品名称、保管部门、单价、数量、金额、调拨价、责任人、购买时间、领用时间、物品编号、品牌、型号、物品状态、领用历程、附件等内容	
229	水磨石加工设备	台	按资产物品名称、保管部门、单价、数量、金额、调拨价、责任人、购买时间、领用时间、物品编号、品牌、型号、物品状态、领用历程、附件等内容	
230	元丁加工机械	台	按资产物品名称、保管部门、单价、数量、金额、调拨价、责任人、购买时间、领用时间、物品编号、品牌、型号、物品状态、领用历程、附件等内容	
231	工程塑料加工设备	台	按资产物品名称、保管部门、单价、数量、金额、调拨价、责任人、购买时间、领用时间、物品编号、品牌、型号、物品状态、领用历程、附件等内容	
232	喷漆设备	台	按资产物品名称、保管部门、单价、数量、金额、调拨价、责任人、购买时间、领用时间、物品编号、品牌、型号、物品状态、领用历程、附件等内容	
233	喷塑设备	台	按资产物品名称、保管部门、单价、数量、金额、调拨价、责任人、购买时间、领用时间、物品编号、品牌、型号、物品状态、领用历程、附件等内容	
234	塑胶制品加工设备	台	按资产物品名称、保管部门、单价、数量、金额、调拨价、责任人、购买时间、领用时间、物品编号、品牌、型号、物品状态、领用历程、附件等内容	
235	高压软管总成制作设备	台	按资产物品名称、保管部门、单价、数量、金额、调拨价、责任人、购买时间、领用时间、物品编号、品牌、型号、物品状态、领用历程、附件等内容	
236	保温制品制作设备	台	按资产物品名称、保管部门、单价、数量、金额、调拨价、责任人、购买时间、领用时间、物品编号、品牌、型号、物品状态、领用历程、附件等内容	
237	轻质板材制作设备	台	按资产物品名称、保管部门、单价、数量、金额、调拨价、责任人、购买时间、领用时间、物品编号、品牌、型号、物品状态、领用历程、附件等内容	
238	铝合金制品制作设备	台	按资产物品名称、保管部门、单价、数量、金额、调拨价、责任人、购买时间、领用时间、物品编号、品牌、型号、物品状态、领用历程、附件等内容	

续表

序号	资 产 名 称	单位	建立台账要求	备注
239	钢模板制作维修专用设备	台	按资产物品名称、保管部门、单价、数量、金额、调拨价、责任人、购买时间、领用时间、物品编号、品牌、型号、物品状态、领用历程、附件等内容	
240	钢脚手扣件维修设备	台	按资产物品名称、保管部门、单价、数量、金额、调拨价、责任人、购买时间、领用时间、物品编号、品牌、型号、物品状态、领用历程、附件等内容	
241	胶合板制作设备	台	按资产物品名称、保管部门、单价、数量、金额、调拨价、责任人、购买时间、领用时间、物品编号、品牌、型号、物品状态、领用历程、附件等内容	
242	木屑板制作设备	台	按资产物品名称、保管部门、单价、数量、金额、调拨价、责任人、购买时间、领用时间、物品编号、品牌、型号、物品状态、领用历程、附件等内容	
243	木丝板制作设备	台	按资产物品名称、保管部门、单价、数量、金额、调拨价、责任人、购买时间、领用时间、物品编号、品牌、型号、物品状态、领用历程、附件等内容	
244	纤维板制作设备	台	按资产物品名称、保管部门、单价、数量、金额、调拨价、责任人、购买时间、领用时间、物品编号、品牌、型号、物品状态、领用历程、附件等内容	
245	竹制品制作设备	台	按资产物品名称、保管部门、单价、数量、金额、调拨价、责任人、购买时间、领用时间、物品编号、品牌、型号、物品状态、领用历程、附件等内容	
246	钠离子交换器	台	按资产物品名称、保管部门、单价、数量、金额、调拨价、责任人、购买时间、领用时间、物品编号、品牌、型号、物品状态、领用历程、附件等内容	
247	水处理设备	台	按资产物品名称、保管部门、单价、数量、金额、调拨价、责任人、购买时间、领用时间、物品编号、品牌、型号、物品状态、领用历程、附件等内容	
248	压力试验机	台	按资产物品名称、保管部门、单价、数量、金额、调拨价、责任人、购买时间、领用时间、物品编号、品牌、型号、物品状态、领用历程、附件等内容	
249	抗拉抗折试验机	台	按资产物品名称、保管部门、单价、数量、金额、调拨价、责任人、购买时间、领用时间、物品编号、品牌、型号、物品状态、领用历程、附件等内容	
250	试验用混凝土搅拌机	台	按资产物品名称、保管部门、单价、数量、金额、调拨价、责任人、购买时间、领用时间、物品编号、品牌、型号、物品状态、领用历程、附件等内容	
251	试验用混凝土振动机	台	按资产物品名称、保管部门、单价、数量、金额、调拨价、责任人、购买时间、领用时间、物品编号、品牌、型号、物品状态、领用历程、附件等内容	
252	实验用球磨机	台	按资产物品名称、保管部门、单价、数量、金额、调拨价、责任人、购买时间、领用时间、物品编号、品牌、型号、物品状态、领用历程、附件等内容	
253	实验用破碎机	台	按资产物品名称、保管部门、单价、数量、金额、调拨价、责任人、购买时间、领用时间、物品编号、品牌、型号、物品状态、领用历程、附件等内容	

续表

序号	资 产 名 称	单位	建立台账要求	备注
254	混凝土收缩膨胀仪	台	按资产物品名称、保管部门、单价、数量、金额、调拨价、责任人、购买时间、领用时间、物品编号、品牌、型号、物品状态、领用历程、附件等内容	
255	水泥物理试验仪	台	按资产物品名称、保管部门、单价、数量、金额、调拨价、责任人、购买时间、领用时间、物品编号、品牌、型号、物品状态、领用历程、附件等内容	
256	粘结力试验机	台	按资产物品名称、保管部门、单价、数量、金额、调拨价、责任人、购买时间、领用时间、物品编号、品牌、型号、物品状态、领用历程、附件等内容	
257	引申仪	台	按资产物品名称、保管部门、单价、数量、金额、调拨价、责任人、购买时间、领用时间、物品编号、品牌、型号、物品状态、领用历程、附件等内容	
258	沥青延伸、闪点、软化测定仪	台	按资产物品名称、保管部门、单价、数量、金额、调拨价、责任人、购买时间、领用时间、物品编号、品牌、型号、物品状态、领用历程、附件等内容	
259	胶砂混合机	台	按资产物品名称、保管部门、单价、数量、金额、调拨价、责任人、购买时间、领用时间、物品编号、品牌、型号、物品状态、领用历程、附件等内容	
260	木材万能试验机	台	按资产物品名称、保管部门、单价、数量、金额、调拨价、责任人、购买时间、领用时间、物品编号、品牌、型号、物品状态、领用历程、附件等内容	
261	砂含水量测定仪	台	按资产物品名称、保管部门、单价、数量、金额、调拨价、责任人、购买时间、领用时间、物品编号、品牌、型号、物品状态、领用历程、附件等内容	
262	水泥软练设备	台	按资产物品名称、保管部门、单价、数量、金额、调拨价、责任人、购买时间、领用时间、物品编号、品牌、型号、物品状态、领用历程、附件等内容	
263	试验用石料切割机	台	按资产物品名称、保管部门、单价、数量、金额、调拨价、责任人、购买时间、领用时间、物品编号、品牌、型号、物品状态、领用历程、附件等内容	
264	实验用抛光机	台	按资产物品名称、保管部门、单价、数量、金额、调拨价、责任人、购买时间、领用时间、物品编号、品牌、型号、物品状态、领用历程、附件等内容	
265	沥青模块压测仪	台	按资产物品名称、保管部门、单价、数量、金额、调拨价、责任人、购买时间、领用时间、物品编号、品牌、型号、物品状态、领用历程、附件等内容	
266	试验用振动筛	台	按资产物品名称、保管部门、单价、数量、金额、调拨价、责任人、购买时间、领用时间、物品编号、品牌、型号、物品状态、领用历程、附件等内容	
267	混凝土空气含量测定仪	台	按资产物品名称、保管部门、单价、数量、金额、调拨价、责任人、购买时间、领用时间、物品编号、品牌、型号、物品状态、领用历程、附件等内容	
268	电动脱模器	台	按资产物品名称、保管部门、单价、数量、金额、调拨价、责任人、购买时间、领用时间、物品编号、品牌、型号、物品状态、领用历程、附件等内容	

续表

序号	资产名称	单位	建立台账要求	备注
269	油漆、涂料试验机	台	按资产物品名称、保管部门、单价、数量、金额、调拨价、责任人、购买时间、领用时间、物品编号、品牌、型号、物品状态、领用历程、附件等内容	
270	橡胶塑料试验机	台	按资产物品名称、保管部门、单价、数量、金额、调拨价、责任人、购买时间、领用时间、物品编号、品牌、型号、物品状态、领用历程、附件等内容	
271	蠕变仪	台	按资产物品名称、保管部门、单价、数量、金额、调拨价、责任人、购买时间、领用时间、物品编号、品牌、型号、物品状态、领用历程、附件等内容	
272	拉力试验机	台	按资产物品名称、保管部门、单价、数量、金额、调拨价、责任人、购买时间、领用时间、物品编号、品牌、型号、物品状态、领用历程、附件等内容	
273	压力试验机	台	按资产物品名称、保管部门、单价、数量、金额、调拨价、责任人、购买时间、领用时间、物品编号、品牌、型号、物品状态、领用历程、附件等内容	
274	扭力试验机	台	按资产物品名称、保管部门、单价、数量、金额、调拨价、责任人、购买时间、领用时间、物品编号、品牌、型号、物品状态、领用历程、附件等内容	
275	冲力试验机	台	按资产物品名称、保管部门、单价、数量、金额、调拨价、责任人、购买时间、领用时间、物品编号、品牌、型号、物品状态、领用历程、附件等内容	
276	疲劳试验机	台	按资产物品名称、保管部门、单价、数量、金额、调拨价、责任人、购买时间、领用时间、物品编号、品牌、型号、物品状态、领用历程、附件等内容	
277	万能材料试验机	台	按资产物品名称、保管部门、单价、数量、金额、调拨价、责任人、购买时间、领用时间、物品编号、品牌、型号、物品状态、领用历程、附件等内容	
278	蠕变试验机	台	按资产物品名称、保管部门、单价、数量、金额、调拨价、责任人、购买时间、领用时间、物品编号、品牌、型号、物品状态、领用历程、附件等内容	
279	弹簧试验机	台	按资产物品名称、保管部门、单价、数量、金额、调拨价、责任人、购买时间、领用时间、物品编号、品牌、型号、物品状态、领用历程、附件等内容	
280	硬度试验机	台	按资产物品名称、保管部门、单价、数量、金额、调拨价、责任人、购买时间、领用时间、物品编号、品牌、型号、物品状态、领用历程、附件等内容	
281	磨损试验机	台	按资产物品名称、保管部门、单价、数量、金额、调拨价、责任人、购买时间、领用时间、物品编号、品牌、型号、物品状态、领用历程、附件等内容	
282	钢铁定硫定碳仪	台	按资产物品名称、保管部门、单价、数量、金额、调拨价、责任人、购买时间、领用时间、物品编号、品牌、型号、物品状态、领用历程、附件等内容	
283	验钢镜	台	按资产物品名称、保管部门、单价、数量、金额、调拨价、责任人、购买时间、领用时间、物品编号、品牌、型号、物品状态、领用历程、附件等内容	

续表

序号	资产名称	单位	建立台账要求	备注
284	钢号分析仪	台	按资产物品名称、保管部门、单价、数量、金额、调拨价、责任人、购买时间、领用时间、物品编号、品牌、型号、物品状态、领用历程、附件等内容	
285	三联固结仪	台	按资产物品名称、保管部门、单价、数量、金额、调拨价、责任人、购买时间、领用时间、物品编号、品牌、型号、物品状态、领用历程、附件等内容	
286	灌入阻力仪	台	按资产物品名称、保管部门、单价、数量、金额、调拨价、责任人、购买时间、领用时间、物品编号、品牌、型号、物品状态、领用历程、附件等内容	
287	渗透仪	台	按资产物品名称、保管部门、单价、数量、金额、调拨价、责任人、购买时间、领用时间、物品编号、品牌、型号、物品状态、领用历程、附件等内容	
288	剪力仪	台	按资产物品名称、保管部门、单价、数量、金额、调拨价、责任人、购买时间、领用时间、物品编号、品牌、型号、物品状态、领用历程、附件等内容	
289	湿度密度测定仪	台	按资产物品名称、保管部门、单价、数量、金额、调拨价、责任人、购买时间、领用时间、物品编号、品牌、型号、物品状态、领用历程、附件等内容	
290	允许膨胀压缩仪	台	按资产物品名称、保管部门、单价、数量、金额、调拨价、责任人、购买时间、领用时间、物品编号、品牌、型号、物品状态、领用历程、附件等内容	
291	滤水度测定仪	台	按资产物品名称、保管部门、单价、数量、金额、调拨价、责任人、购买时间、领用时间、物品编号、品牌、型号、物品状态、领用历程、附件等内容	
292	流性限度仪	台	按资产物品名称、保管部门、单价、数量、金额、调拨价、责任人、购买时间、领用时间、物品编号、品牌、型号、物品状态、领用历程、附件等内容	
293	击实器(仪)	台	按资产物品名称、保管部门、单价、数量、金额、调拨价、责任人、购买时间、领用时间、物品编号、品牌、型号、物品状态、领用历程、附件等内容	
294	水分速测仪	台	按资产物品名称、保管部门、单价、数量、金额、调拨价、责任人、购买时间、领用时间、物品编号、品牌、型号、物品状态、领用历程、附件等内容	
295	相对密度仪	台	按资产物品名称、保管部门、单价、数量、金额、调拨价、责任人、购买时间、领用时间、物品编号、品牌、型号、物品状态、领用历程、附件等内容	
296	土壤分析筛	台	按资产物品名称、保管部门、单价、数量、金额、调拨价、责任人、购买时间、领用时间、物品编号、品牌、型号、物品状态、领用历程、附件等内容	
297	温度测定仪	台	按资产物品名称、保管部门、单价、数量、金额、调拨价、责任人、购买时间、领用时间、物品编号、品牌、型号、物品状态、领用历程、附件等内容	
298	温湿度试验器	台	按资产物品名称、保管部门、单价、数量、金额、调拨价、责任人、购买时间、领用时间、物品编号、品牌、型号、物品状态、领用历程、附件等内容	

续表

序号	资 产 名 称	单位	建立台账要求	备注
299	调温调湿箱	台	按资产物品名称、保管部门、单价、数量、金额、调拨价、责任人、购买时间、领用时间、物品编号、品牌、型号、物品状态、领用历程、附件等内容	
300	恒温恒湿箱	台	按资产物品名称、保管部门、单价、数量、金额、调拨价、责任人、购买时间、领用时间、物品编号、品牌、型号、物品状态、领用历程、附件等内容	
301	恒温器	台	按资产物品名称、保管部门、单价、数量、金额、调拨价、责任人、购买时间、领用时间、物品编号、品牌、型号、物品状态、领用历程、附件等内容	
302	高低温箱	台	按资产物品名称、保管部门、单价、数量、金额、调拨价、责任人、购买时间、领用时间、物品编号、品牌、型号、物品状态、领用历程、附件等内容	
303	电热鼓风干燥箱	台	按资产物品名称、保管部门、单价、数量、金额、调拨价、责任人、购买时间、领用时间、物品编号、品牌、型号、物品状态、领用历程、附件等内容	
304	恒温干燥箱	台	按资产物品名称、保管部门、单价、数量、金额、调拨价、责任人、购买时间、领用时间、物品编号、品牌、型号、物品状态、领用历程、附件等内容	
305	高温干燥箱	台	按资产物品名称、保管部门、单价、数量、金额、调拨价、责任人、购买时间、领用时间、物品编号、品牌、型号、物品状态、领用历程、附件等内容	
306	真空干燥箱	台	按资产物品名称、保管部门、单价、数量、金额、调拨价、责任人、购买时间、领用时间、物品编号、品牌、型号、物品状态、领用历程、附件等内容	
307	红外线干燥箱	台	按资产物品名称、保管部门、单价、数量、金额、调拨价、责任人、购买时间、领用时间、物品编号、品牌、型号、物品状态、领用历程、附件等内容	
308	摄谱仪	台	按资产物品名称、保管部门、单价、数量、金额、调拨价、责任人、购买时间、领用时间、物品编号、品牌、型号、物品状态、领用历程、附件等内容	
309	极谱仪	台	按资产物品名称、保管部门、单价、数量、金额、调拨价、责任人、购买时间、领用时间、物品编号、品牌、型号、物品状态、领用历程、附件等内容	
310	色谱仪	台	按资产物品名称、保管部门、单价、数量、金额、调拨价、责任人、购买时间、领用时间、物品编号、品牌、型号、物品状态、领用历程、附件等内容	
311	光谱仪	台	按资产物品名称、保管部门、单价、数量、金额、调拨价、责任人、购买时间、领用时间、物品编号、品牌、型号、物品状态、领用历程、附件等内容	
312	光学分度仪	台	按资产物品名称、保管部门、单价、数量、金额、调拨价、责任人、购买时间、领用时间、物品编号、品牌、型号、物品状态、领用历程、附件等内容	
313	光学仪	台	按资产物品名称、保管部门、单价、数量、金额、调拨价、责任人、购买时间、领用时间、物品编号、品牌、型号、物品状态、领用历程、附件等内容	

续表

序号	资 产 名 称	单位	建立台账要求	备注
314	光度仪	台	按资产物品名称、保管部门、单价、数量、金额、调拨价、责任人、购买时间、领用时间、物品编号、品牌、型号、物品状态、领用历程、附件等内容	
315	光学高温仪	台	按资产物品名称、保管部门、单价、数量、金额、调拨价、责任人、购买时间、领用时间、物品编号、品牌、型号、物品状态、领用历程、附件等内容	
316	示波器	台	按资产物品名称、保管部门、单价、数量、金额、调拨价、责任人、购买时间、领用时间、物品编号、品牌、型号、物品状态、领用历程、附件等内容	
317	光色对比测定仪	台	按资产物品名称、保管部门、单价、数量、金额、调拨价、责任人、购买时间、领用时间、物品编号、品牌、型号、物品状态、领用历程、附件等内容	
318	金相显微镜	台	按资产物品名称、保管部门、单价、数量、金额、调拨价、责任人、购买时间、领用时间、物品编号、品牌、型号、物品状态、领用历程、附件等内容	
319	生物显微镜	台	按资产物品名称、保管部门、单价、数量、金额、调拨价、责任人、购买时间、领用时间、物品编号、品牌、型号、物品状态、领用历程、附件等内容	
320	偏光显微镜	台	按资产物品名称、保管部门、单价、数量、金额、调拨价、责任人、购买时间、领用时间、物品编号、品牌、型号、物品状态、领用历程、附件等内容	
321	高位显微镜	台	按资产物品名称、保管部门、单价、数量、金额、调拨价、责任人、购买时间、领用时间、物品编号、品牌、型号、物品状态、领用历程、附件等内容	
322	立体显微镜	台	按资产物品名称、保管部门、单价、数量、金额、调拨价、责任人、购买时间、领用时间、物品编号、品牌、型号、物品状态、领用历程、附件等内容	
323	双目比较显微镜	台	按资产物品名称、保管部门、单价、数量、金额、调拨价、责任人、购买时间、领用时间、物品编号、品牌、型号、物品状态、领用历程、附件等内容	
324	电子显微镜	台	按资产物品名称、保管部门、单价、数量、金额、调拨价、责任人、购买时间、领用时间、物品编号、品牌、型号、物品状态、领用历程、附件等内容	
325	测光显微镜	台	按资产物品名称、保管部门、单价、数量、金额、调拨价、责任人、购买时间、领用时间、物品编号、品牌、型号、物品状态、领用历程、附件等内容	
326	电荷放大器显微镜	台	按资产物品名称、保管部门、单价、数量、金额、调拨价、责任人、购买时间、领用时间、物品编号、品牌、型号、物品状态、领用历程、附件等内容	
327	体现显微镜	台	按资产物品名称、保管部门、单价、数量、金额、调拨价、责任人、购买时间、领用时间、物品编号、品牌、型号、物品状态、领用历程、附件等内容	
328	静态电阻应变仪	台	按资产物品名称、保管部门、单价、数量、金额、调拨价、责任人、购买时间、领用时间、物品编号、品牌、型号、物品状态、领用历程、附件等内容	

续表

序号	资产名称	单位	建立台账要求	备注
329	动态电阻应变仪	台	按资产物品名称、保管部门、单价、数量、金额、调拨价、责任人、购买时间、领用时间、物品编号、品牌、型号、物品状态、领用历程、附件等内容	
330	静动态电阻应变仪	台	按资产物品名称、保管部门、单价、数量、金额、调拨价、责任人、购买时间、领用时间、物品编号、品牌、型号、物品状态、领用历程、附件等内容	
331	数字电阻应变仪	台	按资产物品名称、保管部门、单价、数量、金额、调拨价、责任人、购买时间、领用时间、物品编号、品牌、型号、物品状态、领用历程、附件等内容	
332	电阻测定仪	台	按资产物品名称、保管部门、单价、数量、金额、调拨价、责任人、购买时间、领用时间、物品编号、品牌、型号、物品状态、领用历程、附件等内容	
333	电桥	台	按资产物品名称、保管部门、单价、数量、金额、调拨价、责任人、购买时间、领用时间、物品编号、品牌、型号、物品状态、领用历程、附件等内容	
334	电解分析仪	台	按资产物品名称、保管部门、单价、数量、金额、调拨价、责任人、购买时间、领用时间、物品编号、品牌、型号、物品状态、领用历程、附件等内容	
335	电位差计	台	按资产物品名称、保管部门、单价、数量、金额、调拨价、责任人、购买时间、领用时间、物品编号、品牌、型号、物品状态、领用历程、附件等内容	
336	标准分流器	台	按资产物品名称、保管部门、单价、数量、金额、调拨价、责任人、购买时间、领用时间、物品编号、品牌、型号、物品状态、领用历程、附件等内容	
337	图示仪	台	按资产物品名称、保管部门、单价、数量、金额、调拨价、责任人、购买时间、领用时间、物品编号、品牌、型号、物品状态、领用历程、附件等内容	
338	讯号发生器	台	按资产物品名称、保管部门、单价、数量、金额、调拨价、责任人、购买时间、领用时间、物品编号、品牌、型号、物品状态、领用历程、附件等内容	
339	晶体管参数仪	台	按资产物品名称、保管部门、单价、数量、金额、调拨价、责任人、购买时间、领用时间、物品编号、品牌、型号、物品状态、领用历程、附件等内容	
340	数字显示电压表	台	按资产物品名称、保管部门、单价、数量、金额、调拨价、责任人、购买时间、领用时间、物品编号、品牌、型号、物品状态、领用历程、附件等内容	
341	应力应变测绘仪	台	按资产物品名称、保管部门、单价、数量、金额、调拨价、责任人、购买时间、领用时间、物品编号、品牌、型号、物品状态、领用历程、附件等内容	
342	可控硅高压发生器	台	按资产物品名称、保管部门、单价、数量、金额、调拨价、责任人、购买时间、领用时间、物品编号、品牌、型号、物品状态、领用历程、附件等内容	
343	静电电压表	台	按资产物品名称、保管部门、单价、数量、金额、调拨价、责任人、购买时间、领用时间、物品编号、品牌、型号、物品状态、领用历程、附件等内容	

续表

序号	资产名称	单位	建立台账要求	备注
344	互感器校验器	台	按资产物品名称、保管部门、单价、数量、金额、调拨价、责任人、购买时间、领用时间、物品编号、品牌、型号、物品状态、领用历程、附件等内容	
345	万能表校验器	台	按资产物品名称、保管部门、单价、数量、金额、调拨价、责任人、购买时间、领用时间、物品编号、品牌、型号、物品状态、领用历程、附件等内容	
346	图像讯号发生器	台	按资产物品名称、保管部门、单价、数量、金额、调拨价、责任人、购买时间、领用时间、物品编号、品牌、型号、物品状态、领用历程、附件等内容	
347	照度计	台	按资产物品名称、保管部门、单价、数量、金额、调拨价、责任人、购买时间、领用时间、物品编号、品牌、型号、物品状态、领用历程、附件等内容	
348	亮度计	台	按资产物品名称、保管部门、单价、数量、金额、调拨价、责任人、购买时间、领用时间、物品编号、品牌、型号、物品状态、领用历程、附件等内容	
349	场强计	台	按资产物品名称、保管部门、单价、数量、金额、调拨价、责任人、购买时间、领用时间、物品编号、品牌、型号、物品状态、领用历程、附件等内容	
350	调压计	台	按资产物品名称、保管部门、单价、数量、金额、调拨价、责任人、购买时间、领用时间、物品编号、品牌、型号、物品状态、领用历程、附件等内容	
351	普通天平	台	按资产物品名称、保管部门、单价、数量、金额、调拨价、责任人、购买时间、领用时间、物品编号、品牌、型号、物品状态、领用历程、附件等内容	
352	精密天平	台	按资产物品名称、保管部门、单价、数量、金额、调拨价、责任人、购买时间、领用时间、物品编号、品牌、型号、物品状态、领用历程、附件等内容	
353	微量天平	台	按资产物品名称、保管部门、单价、数量、金额、调拨价、责任人、购买时间、领用时间、物品编号、品牌、型号、物品状态、领用历程、附件等内容	
354	分析天平	台	按资产物品名称、保管部门、单价、数量、金额、调拨价、责任人、购买时间、领用时间、物品编号、品牌、型号、物品状态、领用历程、附件等内容	
355	电子称	台	按资产物品名称、保管部门、单价、数量、金额、调拨价、责任人、购买时间、领用时间、物品编号、品牌、型号、物品状态、领用历程、附件等内容	
356	专用天平	台	按资产物品名称、保管部门、单价、数量、金额、调拨价、责任人、购买时间、领用时间、物品编号、品牌、型号、物品状态、领用历程、附件等内容	
357	数字欧姆表	台	按资产物品名称、保管部门、单价、数量、金额、调拨价、责任人、购买时间、领用时间、物品编号、品牌、型号、物品状态、领用历程、附件等内容	
358	数字记录器	台	按资产物品名称、保管部门、单价、数量、金额、调拨价、责任人、购买时间、领用时间、物品编号、品牌、型号、物品状态、领用历程、附件等内容	

续表

序号	资产名称	单位	建立台账要求	备注
359	频率计数器	台	按资产物品名称、保管部门、单价、数量、金额、调拨价、责任人、购买时间、领用时间、物品编号、品牌、型号、物品状态、领用历程、附件等内容	
360	转速数字显示仪	台	按资产物品名称、保管部门、单价、数量、金额、调拨价、责任人、购买时间、领用时间、物品编号、品牌、型号、物品状态、领用历程、附件等内容	
361	函数记录仪	台	按资产物品名称、保管部门、单价、数量、金额、调拨价、责任人、购买时间、领用时间、物品编号、品牌、型号、物品状态、领用历程、附件等内容	
362	蒸汽流量计	台	按资产物品名称、保管部门、单价、数量、金额、调拨价、责任人、购买时间、领用时间、物品编号、品牌、型号、物品状态、领用历程、附件等内容	
363	经纬仪	台	按资产物品名称、保管部门、单价、数量、金额、调拨价、责任人、购买时间、领用时间、物品编号、品牌、型号、物品状态、领用历程、附件等内容	
364	水准仪	台	按资产物品名称、保管部门、单价、数量、金额、调拨价、责任人、购买时间、领用时间、物品编号、品牌、型号、物品状态、领用历程、附件等内容	
365	大平板仪	台	按资产物品名称、保管部门、单价、数量、金额、调拨价、责任人、购买时间、领用时间、物品编号、品牌、型号、物品状态、领用历程、附件等内容	
366	定向仪	台	按资产物品名称、保管部门、单价、数量、金额、调拨价、责任人、购买时间、领用时间、物品编号、品牌、型号、物品状态、领用历程、附件等内容	
367	测角仪	台	按资产物品名称、保管部门、单价、数量、金额、调拨价、责任人、购买时间、领用时间、物品编号、品牌、型号、物品状态、领用历程、附件等内容	
368	测高仪	台	按资产物品名称、保管部门、单价、数量、金额、调拨价、责任人、购买时间、领用时间、物品编号、品牌、型号、物品状态、领用历程、附件等内容	
369	投影仪	台	按资产物品名称、保管部门、单价、数量、金额、调拨价、责任人、购买时间、领用时间、物品编号、品牌、型号、物品状态、领用历程、附件等内容	
370	准直仪	台	按资产物品名称、保管部门、单价、数量、金额、调拨价、责任人、购买时间、领用时间、物品编号、品牌、型号、物品状态、领用历程、附件等内容	
371	激光地形测绘仪	台	按资产物品名称、保管部门、单价、数量、金额、调拨价、责任人、购买时间、领用时间、物品编号、品牌、型号、物品状态、领用历程、附件等内容	
372	光学对点器	台	按资产物品名称、保管部门、单价、数量、金额、调拨价、责任人、购买时间、领用时间、物品编号、品牌、型号、物品状态、领用历程、附件等内容	
373	基线测量仪	台	按资产物品名称、保管部门、单价、数量、金额、调拨价、责任人、购买时间、领用时间、物品编号、品牌、型号、物品状态、领用历程、附件等内容	

续表

序号	资产名称	单位	建立台账要求	备注
374	速绘仪	台	按资产物品名称、保管部门、单价、数量、金额、调拨价、责任人、购买时间、领用时间、物品编号、品牌、型号、物品状态、领用历程、附件等内容	
375	测距仪	台	按资产物品名称、保管部门、单价、数量、金额、调拨价、责任人、购买时间、领用时间、物品编号、品牌、型号、物品状态、领用历程、附件等内容	
376	工业X射线探伤机	台	按资产物品名称、保管部门、单价、数量、金额、调拨价、责任人、购买时间、领用时间、物品编号、品牌、型号、物品状态、领用历程、附件等内容	
377	荧光探伤机	台	按资产物品名称、保管部门、单价、数量、金额、调拨价、责任人、购买时间、领用时间、物品编号、品牌、型号、物品状态、领用历程、附件等内容	
378	磁力探伤机	台	按资产物品名称、保管部门、单价、数量、金额、调拨价、责任人、购买时间、领用时间、物品编号、品牌、型号、物品状态、领用历程、附件等内容	
379	裂痕测探仪	台	按资产物品名称、保管部门、单价、数量、金额、调拨价、责任人、购买时间、领用时间、物品编号、品牌、型号、物品状态、领用历程、附件等内容	
380	超声波探伤机	台	按资产物品名称、保管部门、单价、数量、金额、调拨价、责任人、购买时间、领用时间、物品编号、品牌、型号、物品状态、领用历程、附件等内容	
381	钢丝绳探伤机	台	按资产物品名称、保管部门、单价、数量、金额、调拨价、责任人、购买时间、领用时间、物品编号、品牌、型号、物品状态、领用历程、附件等内容	
382	裂痕检查器	台	按资产物品名称、保管部门、单价、数量、金额、调拨价、责任人、购买时间、领用时间、物品编号、品牌、型号、物品状态、领用历程、附件等内容	
383	激光探伤机	台	按资产物品名称、保管部门、单价、数量、金额、调拨价、责任人、购买时间、领用时间、物品编号、品牌、型号、物品状态、领用历程、附件等内容	
384	内窥镜	台	按资产物品名称、保管部门、单价、数量、金额、调拨价、责任人、购买时间、领用时间、物品编号、品牌、型号、物品状态、领用历程、附件等内容	
385	电缆故障探测器	台	按资产物品名称、保管部门、单价、数量、金额、调拨价、责任人、购买时间、领用时间、物品编号、品牌、型号、物品状态、领用历程、附件等内容	
386	同位素探伤机	台	按资产物品名称、保管部门、单价、数量、金额、调拨价、责任人、购买时间、领用时间、物品编号、品牌、型号、物品状态、领用历程、附件等内容	
387	其他无损探伤机	台	按资产物品名称、保管部门、单价、数量、金额、调拨价、责任人、购买时间、领用时间、物品编号、品牌、型号、物品状态、领用历程、附件等内容	
388	生度计	台	按资产物品名称、保管部门、单价、数量、金额、调拨价、责任人、购买时间、领用时间、物品编号、品牌、型号、物品状态、领用历程、附件等内容	

续表

序号	资产名称	单位	建立台账要求	备注
389	尾气检测仪	台	按资产物品名称、保管部门、单价、数量、金额、调拨价、责任人、购买时间、领用时间、物品编号、品牌、型号、物品状态、领用历程、附件等内容	
390	排气色度检测仪	台	按资产物品名称、保管部门、单价、数量、金额、调拨价、责任人、购买时间、领用时间、物品编号、品牌、型号、物品状态、领用历程、附件等内容	
391	测尘仪	台	按资产物品名称、保管部门、单价、数量、金额、调拨价、责任人、购买时间、领用时间、物品编号、品牌、型号、物品状态、领用历程、附件等内容	
392	白金坩锅	台	按资产物品名称、保管部门、单价、数量、金额、调拨价、责任人、购买时间、领用时间、物品编号、品牌、型号、物品状态、领用历程、附件等内容	
393	白金蒸发器	台	按资产物品名称、保管部门、单价、数量、金额、调拨价、责任人、购买时间、领用时间、物品编号、品牌、型号、物品状态、领用历程、附件等内容	
394	高压釜	台	按资产物品名称、保管部门、单价、数量、金额、调拨价、责任人、购买时间、领用时间、物品编号、品牌、型号、物品状态、领用历程、附件等内容	
395	反应釜	台	按资产物品名称、保管部门、单价、数量、金额、调拨价、责任人、购买时间、领用时间、物品编号、品牌、型号、物品状态、领用历程、附件等内容	
396	老化试验机	台	按资产物品名称、保管部门、单价、数量、金额、调拨价、责任人、购买时间、领用时间、物品编号、品牌、型号、物品状态、领用历程、附件等内容	
397	腐蚀试验箱	台	按资产物品名称、保管部门、单价、数量、金额、调拨价、责任人、购买时间、领用时间、物品编号、品牌、型号、物品状态、领用历程、附件等内容	
398	试验用真空泵	台	按资产物品名称、保管部门、单价、数量、金额、调拨价、责任人、购买时间、领用时间、物品编号、品牌、型号、物品状态、领用历程、附件等内容	
399	试验用离心泵	台	按资产物品名称、保管部门、单价、数量、金额、调拨价、责任人、购买时间、领用时间、物品编号、品牌、型号、物品状态、领用历程、附件等内容	
400	压力校正泵	台	按资产物品名称、保管部门、单价、数量、金额、调拨价、责任人、购买时间、领用时间、物品编号、品牌、型号、物品状态、领用历程、附件等内容	
401	计量泵	台	按资产物品名称、保管部门、单价、数量、金额、调拨价、责任人、购买时间、领用时间、物品编号、品牌、型号、物品状态、领用历程、附件等内容	
402	标准测力机	台	按资产物品名称、保管部门、单价、数量、金额、调拨价、责任人、购买时间、领用时间、物品编号、品牌、型号、物品状态、领用历程、附件等内容	
403	应力测定仪	台	按资产物品名称、保管部门、单价、数量、金额、调拨价、责任人、购买时间、领用时间、物品编号、品牌、型号、物品状态、领用历程、附件等内容	

续表

序号	资　产　名　称	单位	建立台账要求	备注
404	万能测震仪	台	按资产物品名称、保管部门、单价、数量、金额、调拨价、责任人、购买时间、领用时间、物品编号、品牌、型号、物品状态、领用历程、附件等内容	
405	测厚仪	台	按资产物品名称、保管部门、单价、数量、金额、调拨价、责任人、购买时间、领用时间、物品编号、品牌、型号、物品状态、领用历程、附件等内容	
406	测长仪	台	按资产物品名称、保管部门、单价、数量、金额、调拨价、责任人、购买时间、领用时间、物品编号、品牌、型号、物品状态、领用历程、附件等内容	
407	滴定仪	台	按资产物品名称、保管部门、单价、数量、金额、调拨价、责任人、购买时间、领用时间、物品编号、品牌、型号、物品状态、领用历程、附件等内容	
408	比色计	台	按资产物品名称、保管部门、单价、数量、金额、调拨价、责任人、购买时间、领用时间、物品编号、品牌、型号、物品状态、领用历程、附件等内容	
409	酸碱度计	台	按资产物品名称、保管部门、单价、数量、金额、调拨价、责任人、购买时间、领用时间、物品编号、品牌、型号、物品状态、领用历程、附件等内容	
410	黏度计	台	按资产物品名称、保管部门、单价、数量、金额、调拨价、责任人、购买时间、领用时间、物品编号、品牌、型号、物品状态、领用历程、附件等内容	
411	导热仪	台	按资产物品名称、保管部门、单价、数量、金额、调拨价、责任人、购买时间、领用时间、物品编号、品牌、型号、物品状态、领用历程、附件等内容	
412	白度仪	台	按资产物品名称、保管部门、单价、数量、金额、调拨价、责任人、购买时间、领用时间、物品编号、品牌、型号、物品状态、领用历程、附件等内容	
413	高速分散机	台	按资产物品名称、保管部门、单价、数量、金额、调拨价、责任人、购买时间、领用时间、物品编号、品牌、型号、物品状态、领用历程、附件等内容	
414	砂磨机	台	按资产物品名称、保管部门、单价、数量、金额、调拨价、责任人、购买时间、领用时间、物品编号、品牌、型号、物品状态、领用历程、附件等内容	
415	胶体磨	台	按资产物品名称、保管部门、单价、数量、金额、调拨价、责任人、购买时间、领用时间、物品编号、品牌、型号、物品状态、领用历程、附件等内容	
416	阿贝折射仪	台	按资产物品名称、保管部门、单价、数量、金额、调拨价、责任人、购买时间、领用时间、物品编号、品牌、型号、物品状态、领用历程、附件等内容	
417	弯沿仪	台	按资产物品名称、保管部门、单价、数量、金额、调拨价、责任人、购买时间、领用时间、物品编号、品牌、型号、物品状态、领用历程、附件等内容	
418	钢索周期仪	台	按资产物品名称、保管部门、单价、数量、金额、调拨价、责任人、购买时间、领用时间、物品编号、品牌、型号、物品状态、领用历程、附件等内容	

续表

序号	资产名称	单位	建立台账要求	备注
七	安全用品			
1	安全网	m^2	按资产物品名称、保管部门、单价、数量、金额、调拨价、责任人、购买时间、领用时间、物品编号、品牌、型号、物品状态、领用历程、附件等内容	
2	安全带	条	按资产物品名称、保管部门、单价、数量、金额、调拨价、责任人、购买时间、领用时间、物品编号、品牌、型号、物品状态、领用历程、附件等内容	
3	安全帽	个	按资产物品名称、保管部门、单价、数量、金额、调拨价、责任人、购买时间、领用时间、物品编号、品牌、型号、物品状态、领用历程、附件等内容	
4	消防设施		按资产物品名称、保管部门、单价、数量、金额、调拨价、责任人、购买时间、领用时间、物品编号、品牌、型号、物品状态、领用历程、附件等内容	
5	消防器材		按资产物品名称、保管部门、单价、数量、金额、调拨价、责任人、购买时间、领用时间、物品编号、品牌、型号、物品状态、领用历程、附件等内容	
八	劳保用品			
1	雨衣	件	按资产物品名称、保管部门、单价、数量、金额、调拨价、责任人、购买时间、领用时间、物品编号、品牌、型号、物品状态、领用历程、附件等内容	
2	雨靴	件	按资产物品名称、保管部门、单价、数量、金额、调拨价、责任人、购买时间、领用时间、物品编号、品牌、型号、物品状态、领用历程、附件等内容	
3	劳动服	件	按资产物品名称、保管部门、单价、数量、金额、调拨价、责任人、购买时间、领用时间、物品编号、品牌、型号、物品状态、领用历程、附件等内容	
4	工作手套	件	按资产物品名称、保管部门、单价、数量、金额、调拨价、责任人、购买时间、领用时间、物品编号、品牌、型号、物品状态、领用历程、附件等内容	
九	临时设施			
1	彩钢板房(保暖)	m^2	按资产名称、使用单位、责任人、金额、购买时间、品牌型号登记平台	
2	彩钢板房(非保暖)	m^2	按资产名称、使用单位、责任人、金额、购买时间、品牌型号登记平台	
3	钢骨架水泥活动板房	m^2	按资产名称、使用单位、责任人、金额、购买时间、品牌型号登记平台	
4	集装箱	m^2	按资产名称、使用单位、责任人、金额、购买时间、品牌型号登记平台	
5	彩钢板围墙	m	按资产名称、使用单位、责任人、金额、购买时间、品牌型号登记平台	
6	彩钢板围栏	m	按资产名称、使用单位、责任人、金额、购买时间、品牌型号登记平台	
7	电动伸缩大门	个	按资产名称、使用单位、责任人、金额、购买时间、品牌型号登记平台	
8	工具式卫生洁具	个	按资产名称、使用单位、责任人、金额、购买时间、品牌型号登记平台	
十	周转材料			
1	钢管	t	按资产物品名称、保管部门、单价、数量、金额、调拨价、责任人、购买时间、领用时间、物品编号、品牌、型号、物品状态、领用历程、附件等内容	

续表

序号	资 产 名 称	单位	建立台账要求	备注
2	扣件	个	按资产物品名称、保管部门、单价、数量、金额、调拨价、责任人、购买时间、领用时间、物品编号、品牌、型号、物品状态、领用历程、附件等内容	
3	回型卡	个	按资产物品名称、保管部门、单价、数量、金额、调拨价、责任人、购买时间、领用时间、物品编号、品牌、型号、物品状态、领用历程、附件等内容	
4	钢模板	m^2	按资产物品名称、保管部门、单价、数量、金额、调拨价、责任人、购买时间、领用时间、物品编号、品牌、型号、物品状态、领用历程、附件等内容	
5	大钢模板	m^2	按资产物品名称、保管部门、单价、数量、金额、调拨价、责任人、购买时间、领用时间、物品编号、品牌、型号、物品状态、领用历程、附件等内容	
6	异型模板	m^2	按资产物品名称、保管部门、单价、数量、金额、调拨价、责任人、购买时间、领用时间、物品编号、品牌、型号、物品状态、领用历程、附件等内容	
7	异型支撑	m^2	按资产物品名称、保管部门、单价、数量、金额、调拨价、责任人、购买时间、领用时间、物品编号、品牌、型号、物品状态、领用历程、附件等内容	
8	玻璃模板	m^2	按资产物品名称、保管部门、单价、数量、金额、调拨价、责任人、购买时间、领用时间、物品编号、品牌、型号、物品状态、领用历程、附件等内容	
9	木材	m^3	按资产物品名称、保管部门、单价、数量、金额、调拨价、责任人、购买时间、领用时间、物品编号、品牌、型号、物品状态、领用历程、附件等内容	
10	电缆	m	按资产物品名称、保管部门、单价、数量、金额、调拨价、责任人、购买时间、领用时间、物品编号、品牌、型号、物品状态、领用历程、附件等内容	
11	配电箱	座	按资产物品名称、保管部门、单价、数量、金额、调拨价、责任人、购买时间、领用时间、物品编号、品牌、型号、物品状态、领用历程、附件等内容	
12	竹胶板	m^2	按资产物品名称、保管部门、单价、数量、金额、调拨价、责任人、购买时间、领用时间、物品编号、品牌、型号、物品状态、领用历程、附件等内容	
13	木胶板	m^2	按资产物品名称、保管部门、单价、数量、金额、调拨价、责任人、购买时间、领用时间、物品编号、品牌、型号、物品状态、领用历程、附件等内容	
14	竹跳板	m^2	按资产物品名称、保管部门、单价、数量、金额、调拨价、责任人、购买时间、领用时间、物品编号、品牌、型号、物品状态、领用历程、附件等内容	
15	竹笆	块	按资产物品名称、保管部门、单价、数量、金额、调拨价、责任人、购买时间、领用时间、物品编号、品牌、型号、物品状态、领用历程、附件等内容	
16	杉杆	根	按资产物品名称、保管部门、单价、数量、金额、调拨价、责任人、购买时间、领用时间、物品编号、品牌、型号、物品状态、领用历程、附件等内容	
17	毛竹	根	按资产物品名称、保管部门、单价、数量、金额、调拨价、责任人、购买时间、领用时间、物品编号、品牌、型号、物品状态、领用历程、附件等内容	

三、项目现场经费及管理用生产要素配备标准

项目现场经费及管理用生产要素配备标准，见表4-19。

建筑公司文件

司财字［2006］51号

★

关于下发《项目现场经费及管理用生产要素配备标准》的通知

各单位、各事业部、各项目经理部：

为了加强项目现场经费管理，界定项目现场经费管理责任，衡量项目现场经费管理水平，有效控制现场经费支出。经充分征求意见，现颁布《项目现场经费及管理用生产要素配备标准》。

本标准适用于公司范围内的所有项目，是项目投标时成本测算及标价分离现场经费核定的依据。在项目标价分离过程中，凡是本标准已包含的费用种类一律按本标准执行，不得变相在其他费用中另列。本定额不作为费用报销的依据，具体报销标准按公司有关费用核销文件规定执行。

本标准的费用种类分为项目责任成本和项目非责任成本两大类。责任成本既是项目标价分离的依据，也是投标成本测算的标准，非责任成本主要是投标成本测算的依据。

自2006年1月1日起实施，凡此后签订管理责任书的项目一律以此为准。本办法由财务资金部负责解释，执行中发现不足之处请及时联系。

附：《项目现场经费及管理用生产要素配备标准》

××建筑公司

2006年1月1日

主题词：项目现场经费　管理用生产要素　标准

抄送：公司领导、各单位、各事业部、各项目经理部

项目现场经费及管理用生产要素配备标准　　表 4-19

序号	定额标准 / 费用种类	费用定额标准
一、	项目责任成本	
1	通讯费	手机：六级项目经理 300 元/月，项目每增加一级增加 30 元/月；项目副经理、项目总工 150 元/月，每增加一级增加 10 元/月；一级项目部门经理四人，每人每月 150 元；项目其他管理人员总额包干，定额人数×50 元/月，由项目经理分配使用。座机：六级项目按 300 元/月，项目每增加一级增加 50 元/月。异地项目上浮 15%，由于工期不足一年，未安装座机的，手机费上浮 15%
2	市内交通费	北京按 500 元·人/月，武汉、重庆等省会城市按 300 元·人/月，设区市按 150 元·人/月，县及以下按 100 元·人/月计算，人数按本项目等级的定额人数上限计算，四级以下的项目定额人数按四级计算。批准使用管理用车的项目按标准的 20%计算，项目包干使用
3	长途交通费	公司所在地以外的项目：六级项目按 0.05%；五级项目按 0.04%，但不低于 1 万元；四级项目按 0.035%，但不低于 2.4 万元；三级项目按 0.03%，但不低于 2.8 万元；二级项目按 0.028%，但不低于 4.5 万元；一级项目按 0.028%，但不低于 5.6 万元。本地项目按标准的 50%执行
4	办公费	邮寄费、复印纸、传真纸、笔、本、档案文具、专业书籍及办公耗材等，按 150 元/人·月，时间按工期计算。项目包干使用
5	业务招待费	工程造价 1000 万以下 0.5%；1000 万(含)～3000 万元按 0.4%，以 5 万元为下限；3000 万(含)～5000 万元按 0.3%，以 12 万元为下限；5000 万(含)～10000 万元按 0.2%，以 15 万元为下限；1 亿(含)～3 亿元按 0.18%，以 20 万元为下限；超过 3 亿元的按 0.15%，以 54 万元为下限。包括除市场营销外，该项目发生的所有招待费用，具体指：该项目对接地方政府部门、业主、供应商、分包商、社会团体等发生的费用，包括现场管理、工程结算、清收款项、法律诉讼、社会纠纷等方面发生的招待费用。造价按主承建部分计算
6	职工工资	按工资标准×(工期+2 个月)×公司批准使用人数
7	办公用品购置费	
	1)电脑、打印机、配件及维修	一级项目按 10 台电脑，2 台激光打印机，1 台针式打印机，1 台复印机配置；二级项目按 8 台电脑，2 台激光打印机，1 台针式打印机，1 台复印机配置；三级项目按 6 台电脑，2 台激光打印机，1 台针式打印机，1 台复印机配置；四级项目按 5 台电脑，2 台激光打印机配置；五级项目按 4 台电脑，1 台激光打印机配置；六级项目按 3 台电脑，1 台激光打印机配置。电脑按 5000 元/每台，激光打印机按 1400 元/台，针式打印机按 3500 元/台，复印机按 10000 元/台。配件及维修费执行如下标准：电脑，1 年为 0，1～2 年的，每年按采购价的 8%；2～3 年的每年按采购价的 10%；3～5 年的，每年按采购价的 14%。打印机，1 年为 0；1～2 年的，每年按采购价的 10%；2～3 年的，每年按采购价的 20%；3～5 年的，每年按采购价的 25%；复印机 1～2 年的，每年按采购价 5%；2～3 年的，每年按采购价 10%；3～5 年的，每年按采购价的 15%，5 年以上的，每年按采购价的 20%。使用费按公司资产管理办法折算
	2)办公桌椅、柜子等	办公桌椅按 300 元×定额人数，会议桌椅按不超过 1500 元标准。文件柜六级项目按 5 组，项目每增加一级增加一组，每组按 430 元计算。使用费按公司资产管理办法折算
	3)定额\图集	六级项目按 2000 元，每增加一级增加 200 元
	4)入网费	每个项目每年 1500 元
8	小车修理费	批准使用管理用车按国产车确定基本标准如下：5 座 1～2 年(含)按购车价的 1%/年计，3～4 年按购车价的 7.5%/年计，5 年以上按购车价的 15%/年计；9、11 座 1～2 年(含)按购车价的 0.5%/年计，3～4 年按购车价的 6%/年计，5 年以上按购车价的 11%/年计；17 座 1～2 年(含)按购车价的 0.4%/年计，3～4 年按购车价的 3%/年计，5 年以上按购车价的 6%/年计。进口车按基本标准上调 10%
9	差旅费	

续表

序号	定额标准 费用种类	费用定额标准
	1)探亲路费	按规定标准×公司批准使用人数
	2)小车油燃料费	批准使用管理用车按国产车确定基本标准如下:5座年耗油量18000元,9、11、17座年耗油量30000元。进口车按基本标准上调10%
	3)养路牌照费	按国家规定标准
	4)过桥过路费	批准使用管理用车标准如下:5座200元/月,9、11、17座年250元/月。包括过桥过路、洗车、停车等费用
10	财产保险费	按自有资产与保险公司合同执行或市场一般行情
11	劳动保护费	每人每月150元,按定额人数计算,包括防暑降温费、工作服、雨衣、雨鞋、手套等劳保用品
12	诉讼案件处理费	按工程造价为基数确定标准如下:1000万元以下按0.4%,1000万(含)～3000万元按0.2%但不小于4万,3000万(含)～5000万元按0.15%但不小于6万元,5000万(含)～10000万元按0.1%但不小于7.5万元,1亿～3亿元按0.08%但不小于10万元.3亿以上按0.06%但不小于24万元。按标准测算,公司控制开支,列项目成本(见备注说明)
13	食堂费用	按六级项目1200元,每增加一级增加300元,包括炊具用具、煤气等。用于工具用具的摊销和购置
14	工作餐费	按编制人数×就餐标准
15	宣传费、CI费	宣传费30000m²(含)以下2000元,以上5000元;CI费达标项目14000元,创优项目32000元
16	检验实验费	六级项目工程造价的0.06%,项目每增加一级减少0.003个百分点
二、	项目非责任成本	
17	税金(印花税)	按总承包合同的万分之三
18	奖金	按承包合同约定计提奖金
19	工资附加费	
	1)职工福利费	按公司上年人均工资×14%×定额人数
	2)工会经费	按公司上年人均工资×2%×定额人数
	3)职工教育经费	按公司上年人均工资×1.5%×定额人数
20	住房公积金	按公司上年人均工资×7%×定额人数
21	规费	有公司主管部门负责交纳,暂按造价的万分之三测算(见备注说明)
	财务费用预算	
22	利息支出(贴现息)	合同收款比例不足月进度工作量80%的部分×3%(月息)。按标准测算,公司控制开支,列项目成本

备注:对费用内容的说明:

1. 本地项目是指公司本部、地区事业部本部所在城市的项目,除此以外为异地项目。
2. 工期指合同工期加变更工期。
3. 项目等级按公司标准确定,公司有特殊规定的以人事部文件确认为准。
4. 项目定额人数按公司批准的人数计算。
5. 诉讼案件处理费包括案件的诉讼费,为此发生的差旅费、律师费、业务招待费等。
6. 表中第12项"诉讼案件处理费",列入项目成本,但费用由公司视情况开支。
7. 表中第21项"规费"中有如下五项费用(1)工程排污费;(2)工程定额测定费;(3)劳动保险统筹基金;(4)职工待业保险费;(5)职工医疗保险费,由公司主管部门交纳,不列入项目责任成本,其他向政府等部门交纳的费用均列入项目责任成本。

四、建筑公司项目资产使用管理规范

建筑公司项目资产使用管理规范

第一部分 固定资产

第一章 生产设备

第一节 木工加工机械

一、平刨机

第1条 刨机必须有安全防护装置，否则禁止使用。

第2条 刨料应保持身体稳定，双手操作。刨大面时，手要按在料上面；刨小面时，手指不低于料高的一半，并不得少于3cm。禁止手在料后推送。

第3条 刨削量每次一般不得超过1.5mm。进料速度保持均匀，经过刨口时用力要轻，禁止在刨刃上方回料。

第4条 刨厚度小于1.5cm、长度小于30cm的木料，必须压板或推棍，禁止用手推进。

第5条 遇节疤、戗槎要减慢推料速度，禁止手按节疤上推料，刨旧料必须将铁钉、泥砂清除干净。

第6条 换刀片应拉闸断电或摘掉皮带。

第7条 头和有裂缝的刀具不准使用。紧固刀片的螺钉，应嵌入槽内，并离刀背不少于10mm。

二、压刨机

（包括三面刨、四面刨）

第8条 机床只准采用单向开关，不准采用倒顺双向开关。三、四面刨，要按顺序开动。

第9条 送料和接料不准戴手套，并应站在机器的一侧。刨削量每次不得超过5mm。

第10条 进料必须平直，发现材料走横或卡住，应停机降低台面拨正。遇硬节减慢送料速度，送料时手指必须离开滚筒20cm以外，接料必须待料走出台面。

第11条 刨短料长度不得短于前后压滚距离；厚度小于1cm的木料，必须垫托板。

三、裁口机

（包括立槽刨、线角刨、铲口刨）

第12条 按材料规格调整盖板。一手按压，一手推进。刨或锯到头时，将手移到刨刀或锯片的前面。

第13条 送料缓慢均匀，不得猛拉猛推，遇有硬节应慢推。接料需待过刨口15cm。

第14条 裁硬木口，一次不得超过深1.5cm，高5cm。禁止在中间插刀。

第15条 裁刨圆形木料，必须用圆形靠山，用手压牢，慢速进料。

第16条 机器运转时，禁止在防护罩和台上面放置任何物品。

四、开榫机

（包括双头、燕尾开榫机）

第17条　要侧身操作，不要面对刀具。进料速度要均匀，不得猛推。

第18条　短料开榫，必须加垫板夹牢，禁止用手握料。1.5m以上的木料，必须两人操作。

第19条　发现刨渣或木片堵塞，要用木棍推出，禁用手掏。

五、打眼机

第20条　打眼必须使用夹料器，不得直接用手扶料。1.5m以上长料必须使用托架，调头时，双手持料，注意周围人和物。

第21条　操作中如遇凿芯被木渣挤塞，应即抬起手把。深度超过凿渣出口，要勤拔钻头。

第22条　清理凿渣要用刷子或吹风器，禁止手掏。

六、圆盘锯

（包括吊截锯）

第23条　操作前应进行检查，锯片不得有裂口，螺丝应上紧。

第24条　操作要戴防护眼镜，站在锯片一侧，禁止站在与锯片同一直线上，手臂不得跨越锯片。

第25条　进料必须紧贴靠山，不得用力过猛，遇硬节慢推。接料要待料出锯片15cm，不得用手硬拉。

第26条　短窄料应用推棍，接料使用刨钩。超过锯片半径的木料，禁止上锯。

七、刮边机

（包括直边机）

第27条　材料应按压在推车上，后端必面顶牢。推进速度要慢，手不准送料到刨口。

第28条　刀部要设置坚固严密的防护罩。每次进刀量不得超过4mm。

第29条　禁止使用开口螺丝槽的刨刃，装刀要拧紧螺丝。

第二节　制材机械

一、带锯机

第30条　锯条应调整适宜，先试运转，声音正常无串条危险时，方可开锯。锯条齿侧裂纹超过锯条宽度的1/6、接头处裂纹1/8、连续缺齿两个和接头超过三处，都不准使用。有裂纹的地方应钻孔截缝。

第31条　圆木上跑车前应调好大小头。锯旧料时应详细检查，清除铁钉等物。

第32条　圆木必须紧靠车桩车盘，钩未挂好不准松动撬杠。操作时手脚不准伸出距车边缘，以防碰撞。

第33条　非操作人员不得上车，跑车未停稳禁止下木料。

第34条　进锯前应准确摇尺，进锯后不得更动尺码。进锯速度不宜过猛，运转中严禁调整锯卡子和清理碎料、树皮等。

第35条　倒车不宜过快，并注意检查排除戗槎、木节等障碍，木料的尾端越过锯条50cm，再行倒车，以防顶断锯条。

第36条　跑车进退时，禁止任何人在车道上停留和抢行。

第 37 条　操作小带锯，上下手要相互配合，不要猛推猛拉。送料时手不应进入台面，接料时手不应超过锯口。锯短料时，应用推棍送料。

二、锉锯机

第 38 条　拆成捆锯条，应踏紧锯条端头，控制松放，以防锯条回卷伤人。

第 39 条　锉锯要戴防护镜，砂轮应有防护罩，操作时应站在砂轮侧面。

第 40 条　接锯条，必须接合严密，平滑均匀，厚薄一致。

第三节　钢筋机械

一、切断机

第 41 条　机械运转正常，方准断料。断料时，手与刀口距离不得少于 15cm。活动刀片前进时禁止送料。

第 42 条　切断钢筋禁止超过机械的负载能力。切断低合金钢等特种钢筋，应用高硬度刀片。

第 43 条　切长钢筋应有专人扶住，操作时动作要一致，不得任意拖拉。切短钢筋须用套管或钳子夹料，不得用手直接送料。

第 44 条　切断机旁应设放料台，机械运转中严禁用手直接清除刀口附近的短头发和杂物。在钢筋摆动范围和刀口附近，非操作人员不得停留。

二、除锈机

第 45 条　操作时，应戴口罩和手套。带钩的钢筋严禁上机除锈。

第 46 条　除锈应在基本调直后进行。操作时要放平握紧，站在钢丝刷侧面。

三、调直机

第 47 条　机械上不准堆放物件，以防机械震动落入机体。

第 48 条　钢筋装入压滚，手与滚筒应保持一定距离。机器运转中不得调整滚筒。严禁戴手套操作。

第 49 条　钢筋调直到末端时，人员必须躲开，以防甩动伤人。

第 50 条　短于 2m 或直径大于 9mm 的钢筋调直，应低速加工。

四、弯曲机

第 51 条　钢筋要贴紧挡板，注意放入插头的位置和回转方向，不得开错。

第 52 条　弯曲长钢筋，应有专人扶住，并站在钢筋弯曲方向的外面，互相配合，不得拖拉。

第 53 条　调头弯曲，防止碰撞人和物，更换插头、加油和清理，必须停机后进行。

五、冷拔丝机

第 54 条　先用压头机将钢筋头部压小，站在滚筒的一侧操作，与工作台应保持 50cm。禁止用手直接接触钢筋和滚筒。

第 55 条　钢筋的末端将通过冷拔的模子时，应立即踩脚闸分开离合器，同时用工具压住钢筋端头防止回弹。

第 56 条　冷拔过程中，注意放线架、压辘架和滚筒三者之间的运行情况，发现故障应即停机修理。

六、点焊、对焊机

（包括墩头机）

第 57 条　焊机应设在干燥的地方，平稳牢固，要有可靠的接地装置，导线绝缘良好。

第 58 条　焊接前，应根据钢筋截面调整电压，发现焊头漏电，应即更换，禁止使用。

第 59 条　操作时应戴防护眼镜和手套，并站在橡胶板或木板上。工作棚要用防火材料搭设。棚内严禁推放易燃、易爆物品，并备有灭火器材。

第 60 条　对焊机断路器的接触点、电极（铜头），要定期检查修理。冷却水管保持畅通，不得漏水和超过规定温度。

第四节　机　　床

一、一般要求

第 61 条　工作环境应干燥整洁，废油、废棉纱不准随地乱丢。原材料、半成品、成品必须堆放整齐，严禁堵塞通道。

第 62 条　操作机床时要站在木踏板上，不准脚踩或靠机床。拆装工件要切断机床电源。

第 63 条　所用工夹量具必须完好适用，放在专门地方，不准放在机床导轨及工作台上。禁止在运转的机床上面递送工夹具及其他物件。

第 64 条　机床运转中，不准用手清除铁屑。不准用手检查运动中的工具和工作。

第 65 条　机床运转中如遇停电，应切断电源，退出刀架。

二、车床

第 66 条　装卸卡盘，应在主轴孔内穿进铁棍或坚实木棍作保护。

第 67 条　加工偏心工件，应加配重铁平衡，并低速切削。

第 68 条　细长工件应装中心架，工件长度超过床头箱外一米时，必须搭设支架。

第 69 条　高速切削大型工件时，不准紧急制动和突然变换旋转方向。如需换向，要先停车。

第 70 条　打磨或抛光工件时，刀架要退到安全位置，防止衣袖触及工件或胳膊碰到卡盘。

第 71 条　在立车上装卸工件时，应先将刀架放在安全位置，人不能站在转盘上。车削薄壁工件时，应注意卡紧，并严格控制切削量和切削速度，随时紧固刀架螺丝，车刀不宜伸出过长。

第 72 条　车床运转中，不准找正和卡紧工件。

三、钻床

第 73 条　钻头和工件必须卡紧固定，不准用手拿工件钻孔。钻薄工件时，工件下面应垫好平整木板。

第 74 条　钻孔排屑困难时，进钻和退钻应反复交替进行。

第 75 条　操作人员的头部不得靠近旋转部分，禁止戴手套和用管子套在手柄上加力钻孔。

第 76 条　摇臂旋转范围内，不准堆放物件及站立闲人。

四、铣床

第 77 条　加工工件时，应先开动铣轴，后进刀。

第 78 条　铣床自动进刀时，进给应在刀具未与工件接触以前进行。刀具必须装夹牢固。

第 79 条　高速切削时应注意工件的进给方向与铣刀的旋转方向，避免铁屑飞出伤人。

五、刨床

第 80 条　工件必须卡紧，刨削前应先将刨刀升高，方准开车。

第 81 条　刨削前要调整好刨刀位置，避免吃刀过大。

第 82 条　牛头刨的操作人员必须站在工作台两侧，其最大行程内不准站人，严禁头或手伸进刀具行程内检查工件。

第 83 条　龙门刨的床面上严禁站人或堆放物件，床面伸出部分和单臂龙门刨的侧面应装置防护栏杆。

第 84 条　刀架螺丝要随时紧固，以防刀具突然脱落，刨刀不宜伸出过长。

第 85 条　切削过程中发现工件松动或位移时，必须停车找正紧固。

六、磨床

第 86 条　磨床启动前应检查，砂轮的防护罩必须牢固，砂轮不准有裂纹或其他缺陷，用手扳动砂轮时，不得有阻滞或晃动现象。确认无误后，方可启动并空转几分钟。

第 87 条　快速进给时，砂轮与工件应平稳接触，工作台移动时，应先与砂轮脱开。

第 88 条　湿磨砂轮在停车前，应先关闭冷却液，继续转数分钟，待砂轮所吸存的水分甩尽为止。

第 89 条　修整砂轮必须用专用刀具，禁用凿子或其他钳工工具。手工整修，刀具架的底面必须能抵在磨床导板或垫架上；机动修整进给量要平稳，人要站在侧面。

第 90 条　砂轮中心与磨床主轴中心必须同心，装配时严禁用硬东西使劲敲打。

七、锻压设备

第 91 条　车间内气温低于 0℃时，锻压前应先将锻锤、砧子、模具和工夹具预热至 100℃左右。

第 92 条　汽锤在工作前，必须排除气缸内的冷凝水，并检查汽管和阀门是否漏气。

第 93 条　开锤必须听从掌钳的指挥。装卸工件，应先将锤固定好。锤击开始时落距要小。

第 94 条　夹钳必须与工件大小形状相适应。工件必须夹紧，掌钳者手指不准放在钳柄之间，钳柄应放在身体侧面，不要正对腹部、胸前。

第 95 条　锻造时应清除附着在锻件表面上的氧化皮。锻完的工件投掷时，必须注意周围是否有人或有障碍物。

第 96 条　断料时，切口正面不准有人。

八、冲床

第 97 条　工作前，离合器应放在空位上。

第 98 条　送（取）工件时，脚要离开踏板，严禁用手伸到胎具内调整或送（取）工件。

第 99 条　脚踏板周围应保持清洁，工作台上不准堆放工具及其他物件。

第二章　施工机械

第一节　起重机械

一、一般要求

第 100 条　各种起重机应装设标明机械性能指示器，并根据需要安设卷扬限制器、载荷控制器、连锁开关等装置。轨道式起重机应安置行走限位器及夹轨钳。使用前应检查试吊。

第101条　钢丝绳在卷筒上必须排列整齐，尾部卡牢，工作中最少保留三圈以上。

第102条　两机或多机抬吊时，必须有统一指挥，动作配合协调，吊重应分配合理，不得超过单机允许起重量的80%。

第103条　操作中可听从指挥人员的信号。信号不明或可能引起事故时，应暂停操作。

第104条　起吊时起重臂下不得有人停留和行走；起重臂、物件必须与架空电线保持安全距离。

第105条　起吊物件应拉溜绳，速度要均匀，禁止突然制动和变换方向，平移应高出障碍的0.5m以上，下落应低速轻放，防止倾倒。

第106条　物件起吊时，禁止在物件上站人或进行加工；必须加工时，应放下垫好并将吊臂、吊钩及回转的制动器刹住，司机及指挥人员不得离开岗位。

第107条　起吊在满负荷或接近满负荷时，严禁降落臂杆或同时进行两个动作。

第108条　起吊重物严禁自由下落，重物下落应用手刹或脚刹控制缓慢下降。

第109条　严禁斜吊和吊拔埋在地下或凝结在地面、设备上的物件。

第110条　起重机停止作业时，应将起吊物件放下，刹住制动器，操纵杆放在空档，并关门上锁。

二、履带式起重机

第111条　发动机启动前应分开离合器，并将各操纵杆放在空档位置上。同机操作人员互相联系好后方可启动。

第112条　吊物行走时，臂杆应在履带正前方，离地高度不得超过50cm，回转、臂杆、吊钩的制动器必须刹住。接近满负荷时，严禁臂杆与履带垂直。起重机不得作远距离运输使用。

第113条　行走拐弯时不得过快过急。接近满负荷时，严禁转弯，下坡时严禁空档滑行。

第114条　用变换档位起落臂杆操纵的起重机，严禁在起重臂未停稳时，变换档位，以防滑杆。

第115条　拖运起重机，履带要对准跳板，爬坡不应大于15°，严禁在跳板上调位，转向及无故停车，臂杆要放到零位，各部制动器应刹住。

三、轮胎工、汽车式起重机

第116条　轮胎式、汽车式起重机禁止吊物行驶。工作完毕起腿、回转臂杆不得同时进行。

第117条　汽车式起重机行驶时，应将臂杆放在支架上，吊钩挂在保险杠的挂钩上，并将钢丝绳拉紧。

第118条　汽车式全液压起重机还必须遵守下列规定：

1. 作业前应将地面处理平坦放好支腿，调平机架。支腿未完全伸出时，禁止作业。

2. 有负荷时，严禁伸缩臂杆。接近满负荷时，应检查臂杆的挠度。回转不得急速和紧急制动，起落臂杆应缓慢。

3. 操作时，应锁住离合器操纵杆，防止离合器突然松开。

四、塔式起重机

第 119 条　作业前，应将轨钳提起，清除轨道上障碍物，拧好夹板螺丝。

第 120 条　作业时，应将驾驶室窗子打开，注意指挥信号。冬季驾驶室内取暖，应有防火、防触电措施。

第 121 条　多机作业，应注意保持各机操作距离。各机吊钩上所悬挂重物的距离不得小于 3m。

第 122 条　起重机行走到接近轨道限位开关时，应提前减速停车。没有限位开关的吊钩，其上止点距离臂杆顶端必须大于 1m。

第 123 条　作业完毕后，塔吊应停放在轨道中部，臂杆不应过高，应顺向风源，卡紧轨钳，切断电源。

第 124 条　自升塔式起重机还应遵守下列规定：

1. 吊运物件时，平衡重必须移动至规定位置。

2. 专用电梯每次限乘 3 人，当臂杆回转或起重作业时，严禁开动电梯。

3. 在顶升中，必须有专人指挥、看管电源、操纵液压系统和紧固螺栓。顶升时必须放松电缆，放松长度应略大于总的顶升高度，并固定好电缆卷筒。

4. 顶升时，应把起重小车和平衡重移近塔帽，并将旋转部分刹住，严禁塔帽旋转。

第 125 条　履带塔式起重机应遵守下列规定：

1. 地面必须平坦、坚实，操作前左右履带板应全部伸出。

2. 竖立塔身应缓慢，履带前面要加铁楔垫实。当塔身竖到 90°时，防后倾装置应松动，塔身不得与防后倾装置相碰。

3. 严禁有负荷时行走，空车行走时塔身应稍向前倾，行驶中不得转弯及旋转上体。

4. 作业结束后，应将塔身放下，并将放心转机构锁住。

五、门式、桥式起重机

第 126 条　桥式起重机大梁的两边，应设 1m 高的防护栏杆或挡板。操作人员应从专用梯上下，不准走轨道。

第 127 条　两机同时作业，相邻间距应保持 3～5m。

第 128 条　起重机驶近限位端时，应减速停车。

第 129 条　作业中若遇突然停电，各控制器应放于零位，切断电源开关，吊物下面禁止人员接近。

第 130 条　工作完毕，应将吊钩提升到电葫芦（跑车）与地面中间。

第二节　土石方机械

一、一般要求

第 131 条　启动前应将离合器分离或将变速杆放在空档位置。确认机械周围无人和障碍物时，方可作业。

第 132 条　行驶中人员不得上下机械和传递物件；禁止在陡坡上转弯、倒车和停车；下坡不准空档滑行。

第 133 条　停车以及在坡道上熄火时，必须将车刹住，马片、铲斗落地。

第 134 条　钢丝绳禁止打结使用，如有扭曲、变形、断丝、锈蚀等应及时更换。

二、挖掘机

第 135 条　操作中，进铲不应过深，提斗不应过猛。一次挖土高度一般不能高于 4m。

第 136 条　向汽车上卸土应待车子停稳后进行，禁止铲斗从汽车驾驶室上越过。

第 137 条　铲斗回转半径内遇有推土机工作时，应停止作业。

第 138 条　行驶时，臂杆应与履带平行，要制动住回转机构，铲斗离地 1m 左右。上下坡时，坡度不应超过 20°。

第 139 条　装运挖掘机时，严禁在跳板上转向和无故停车。上车后应刹住各制动器，放好臂杆和铲斗。

第 140 条　联接电动挖掘机电源电缆时，必须取出开关箱上的保险丝。

三、液压挖掘装载机

第 141 条　操纵手柄应平顺。臂杆下降时，中途不得突然停顿。

第 142 条　行驶时，须将铲斗和斗柄的油缸活塞杆完全伸出，使铲斗、斗柄和动臂靠紧。

四、推土机

第 143 条　用手摇启动时，必须五指并拢。用拉绳启动时不得将绳缠在手上。

第 144 条　推土机使用钢丝绳牵引重物起步时，附近不得有人。

第 145 条　向边坡推土，刀片不得超过坡边，并在换好倒档后才能提升刀片倒车。

第 146 条　推土机上下坡不得超过 35°，横坡行驶不得超过 10°。

五、铲运机

第 147 条　在新填的土堤上作业时，铲斗离坡边不得小于 1m。

第 148 条　行驶时，驾驶室外不得载人。

第 149 条　拖式铲运机上下坡不得超过 25°，横坡不得超过 6°。

第 150 条　多台拖式铲运机同时作业时，前后距离不得小于 10m。多台自行式铲运机两机间距不得小于 20m。

第 151 条　东方红拖拉机和铲斗间，必须加装保险钢丝绳。

六、平地机

第 152 条　自行式平地机，调头和转弯应减速。

第 153 条　行驶时，必须将刮刀和齿耙升到最高处，刮刀两端不得超出后轮胎外侧。

七、压路机

第 154 条　两台以上压路机碾压时，其间距应保持 3m 以上。

第 155 条　压路机禁止在坡道上停车，必须停车时应将制动器制动住，并楔紧滚轮。

八、万能装卸机

第 156 条　升降机向前倾斜时禁止提升物件，升降机尚未完全向后倾斜时不准开车。提升物件必须刹车后进行。

第 157 条　行驶时，铲斗和叉子上不得有人。

九、轨道翻斗车

第 158 条　人力推车，前后间距不得小于 10m，下坡时不得小于 20m。

第 159 条　因雾天和粉尘造成路轨视线不清时，应停止作业。

第三节　打桩机械

一、履带式柴油打桩机

第 160 条　自行拼装时，导杆仰角不得大于 78°。

第 161 条　桩锤的抱瓦与导管之间的间隙大于 7mm 时应予更换。

第 162 条　不准与履带成 90°侧向吊桩；吊桩钢丝绳与导杆的夹角不得大于 30°。

二、DJ2 轨道多能打桩机

第 163 条　轨道必须接地良好，接地电阻不得大于 10Ω。

第 164 条　使用板立桩架当板起 10～20cm 时，应停机检查，各部位正常后方可继续上升。

第 165 条　桩架回转时，小平车应开至外止点，不准向一个方向回转两周以上。

第 166 条　吊桩时需夹紧夹轨钳。正面吊桩时桩与导杆中心距离不得大于 4m。

第 167 条　桩架前倾不得超过 5°，后仰不得超过 18°。

第 168 条　桩锤起动打桩前应拉开机械锁，使吊锤齿爪缩回，起动钩伸出后方可起动，防止将锤体吊离桩顶发生倒桩事故。

第 169 条　用调整供油量控制落锤高度，见到上活塞第二道活塞环时，必须停止锤击。

第 170 条　工作停止时，应将桩锤落下，拉下电闸，夹紧夹轨器。

三、杆式柴油打桩机

第 171 条　悬锤时，禁止移动和检修打桩架。

第 172 条　吊锤、吊桩必须使用卷扬机的棘轮保险。

第 173 条　插桩后应将吊锤的钢丝绳稍许放松，以防锤头打下时，猛拉钢丝绳，吊锤钩头应锁住。

第 174 条　打桩作业结束时，汽缸应放在活塞座上。桩锤应用方木垫实或用销子锁住。

四、振动沉桩机

第 175 条　振动沉桩时，禁止任何人停留在机架下部。

第 176 条　调整好偏心块后，应清除箱内余物，方可试车。

第 177 条　振动拔桩时，应垂直向上，边振边拔。

五、蒸汽打桩机

第 178 条　蒸汽皮管的连接处应用双层卡子卡紧，再用铁丝保险锁牢。

第 179 条　桩架上的蒸汽管道要用草绳等包扎好，以防烫伤人。

第 180 条　锅炉部分应遵守蒸汽锅炉操作规程。卷扬部分应遵守卷扬机安全操作规程。

第四节　中 小 机 械

一、混凝土、砂浆搅拌机

第 181 条　搅拌机必须安置在坚实的地方，用支架或支脚筒架稳，不准以轮胎代替支撑。

第 182 条　开动搅拌机前床检查，离合器、制动器、钢丝绳等应良好，滚筒内不得有异物。

第 183 条　进料斗升起时，严禁任何人在料斗下通过或停留。工作完毕后应将料斗固定好。

第 184 条　运转时，严禁将工具伸进滚筒内。

第 185 条　现场检修时，应固定好料斗，切断电源。进入滚筒时，外面应有人监护。

二、卷扬机

第186条　卷扬机应安装在平整坚实、视野良好的地点，机身和地锚必须牢固。卷扬筒与导向滑轮中心线应垂直对正；卷扬机距离滑轮一般应不小于15m。

第187条　作业前，应检查钢丝绳、离合器、制动器、保险棘轮、传动滑轮等，确认安全可靠，方准操作。

第188条　钢丝绳在卷筒上必须排列整齐，作业中最少需保留三圈。

第189条　作业时，不准有人跨越卷扬机的钢丝绳。

第190条　吊运重物需在空中停留时，除使用制动器外，并应用棘轮保险卡牢。

第191条　操作时，严禁擅自离开岗位。

第192条　工作中要听从指挥人员的信号，信号不明或可能引起事故时，应暂停操作，待弄清情况后方可继续作业。

第193条　作业中突然停电，应立即拉开闸刀，并将运送物件放下。

三、外用电梯

第194条　现场外用电梯基座5m范围内，不得挖掘沟槽。电梯底笼2.5m范围内，要搭设坚固的防护罩棚。

第195条　暴风雷雨后，外用电梯的基座、电源、接地、过桥、暂设支撑等，要进行安全检查。

第196条　使用电梯，严禁超载。运输物料不得超出护网。

四、少先式起重机

第197条　停机地点必须平整坚实，在楼板或屋面安装时，底脚轮必须加垫。轮子走向与起重臂杆方向应平行，距离沟坑和建筑物的边缘不得小于1m。

第198条　起重伸臂夹角，一般不小于45°；固定伸臂时，应使用卡环。

第199条　严禁任意增减或移动配重铁。

第200条　吊物时，应有人指挥。手扶机要稳，不得左右摆动。

第201条　提升重物到适当高度，应立即停止上升，不得依靠臂杆上的自动保险开关代替制动，也不准朝一个方向连续旋转。

五、蛙式打夯机

第202条　蛙式打夯机手把上应装按钮开关，并包绝缘材料。操作时应戴绝缘手套。打夯机电源电缆必须完好无损。作业时，严禁夯击电源线。

第203条　在坡地或松软土层打夯，严禁背着牵引。

六、砂轮机

第204条　砂轮机不准装倒顺开关，旋转方向禁止对着主要通道。

第205条　工件托架必须安装牢固，托架平面要平整。

第206条　操作时，应站在砂轮侧面。不准两人同时使用一个砂轮。

第207条　砂轮不圆、有裂纹和磨损剩余部分不足25mm的不准使用。

第208条　手提电动砂轮的电源线，不得有破皮漏电。使用时要戴绝缘手套，先启动，后接触工件。

七、手电钻

第209条　手电钻的电源线不得有破皮漏电，使用时应戴绝缘手套。

第 210 条　操作时，应先启动后接触工件。钻薄工件要垫平垫实，钻斜孔要防止滑钻。

第 211 条　操作时应用杠杆加压，不准用身体直接压在上面。

八、捯链

第 212 条　捯链的链轮盘、捯卡、链条，如有变形和扭曲，严禁使用。

第 213 条　操作时，不准站在倒链正下方。

第 214 条　重物需要在空间停留时间较长时，要将小链拴在大链上。

九、千斤顶

第 215 条　操作时，千斤顶应放在平整坚实的地方，并用垫木垫平。

第 216 条　丝杆、螺母如有裂纹，禁止使用。

第 217 条　使用油压千斤顶，禁止站在保险塞对面，并不准超载。

第 218 条　千斤顶提升最大工作行程，不应超过丝杆或齿条全长的 75%。

第三章　运输机械

第一节　一般要求

第 219 条　严格遵守交通规则和有关规定，驾驶车辆必须证、照齐全，不准驾驶与证件不符的车辆，严禁酒后开车。

第 220 条　发动前应将变速杆放到空档位置，并拉紧手刹车。

第 221 条　发动后应检查各种仪表、方向机构、制动器、灯光等是否灵敏可靠，并确认周围无障碍物后，方可鸣号起步。

第 222 条　汽车涉水和通过漫水桥时应事先查明行车路线，并需有人引车；如水深超过排气管时，不得强行通过；严禁熄火。

第 223 条　在坡道上被迫熄火停车，应拉紧手制动器，下坡挂倒档，上坡挂前进档，并将前后轮楔牢。

第 224 条　车辆通过泥泞路面时，应保持低速行驶，不得急刹车。

第 225 条　在冰雪路面上行驶时，应装防滑链条，下坡时不得滑行，并用低速档控制速度，禁止急刹车。

第 226 条　车辆陷入坑内，如用车牵引，应有专人指挥，互相配合。

第二节　载重汽车

第 227 条　气制动的汽车，严禁气压低于 $2.5kg/cm^2$ 时起步，若停放在坡道上，气压低于 $4kg/cm^2$ 时，不得滑行发动。

第 228 条　货车载人，应按车辆监理部门规定执行，任何人不得强令驾驶员违章带人。载人车辆的安全装置必须良好。

第 229 条　装载构件和其他货物时，宽度左右各不得超出车箱 10cm，高度从地面算起不得超过 4m，长度前后共不得超过车身 2m，超出部分不得触地，并应摆放平稳，捆扎牢固，如装运异形特殊物件，应备专用搁架。

第 230 条　运输超宽、超高和超长的设备和构件，除严格遵守交通部门的有关规定外，还必须事先研究妥善的运输方法，订出安全措施。

第 231 条　装运易燃、易爆或其他危险品时，应遵守有关安全行车规定。

第三节　自卸汽车

第 232 条　发动后，应检试倾卸液压机构。

第 233 条　配合挖土机装料时，自卸汽车就位后，拉紧手刹车。如挖斗必须超过驾驶室顶时，驾驶室内不得有人。

第 234 条　卸料时，应选好地形，并检视上空和周围有无电线，障碍物以及行人。卸料后，车斗应及时复原，不得边走边落。

第 235 条　向坑洼地卸料时，必须和坑边保持适当安全距离，防止边坡坍塌。

第 236 条　检修倾卸装置时，应撑牢车箱，以防车箱突然下落伤人。

第 237 条　自卸汽车的车箱内严禁载人。

第四节　油　罐　车

第 238 条　油罐车应备专用灭火器材，并装拖地金属链条，以防静电产生火花。

第 239 条　发动机的化油器和排气管发生回火、放炮现象，要及时排除。

第 240 条　油罐漏油需焊补时，首先要除油放气，确认无油无气并打开加油口后，方可施焊。

第 241 条　油罐装有油时，严禁接近明火。停放时，必须远离火源，雷雨时不准停放在大树下。

第 242 条　夜间修理车的照明，要用安全行灯、电线应绝缘良好。

第五节　平 板 拖 车

第 243 条　出车前要将刹车气管接头、电线插头插接好。钢板支架、拖挂装置、安全防护网要符合要求。

第 244 条　装卸大型物件时，要先察看路线，制定运输方案。

第 245 条　装卸车时要停放在坚实平坦、周围无障碍物的地方，拖车应制车，车轮应楔紧。

第 246 条　搭设跳板与地面的夹角一般应不大于 15°。

第 247 条　重车下坡和转弯应减速慢行。下坡应提前换档，不得中途换档。

第 248 条　用后绞盘装卸物件，车子必须制动住，并楔紧车轮。

第六节　机动翻斗车

第 249 条　向坑槽或混凝土集料斗内卸料时，应保持适当安全距离和设置档墩，以防翻车。

第 250 条　车上严禁带人。转弯时应减速，注意来往行人。

第四章　动 力 机 械

第一节　内　燃　机

第 251 条　内燃机房与燃油贮存地点的安全距离应大于 20m。

第 252 条　摇车启动时，应五指并拢握紧摇柄，从下向上提动，禁止从上向下硬压，或连续摇转。有的拉绳启动时，不准将绳绕在手上。

第 253 条　温度过高而需要打开水箱盖时，防止蒸汽或水喷出烫伤。

第二节　发　电　机

第 254 条　发电机室应设置砂箱和四氯化碳灭火器等防火设备。

第 255 条　发电机到配电盘和一切用电设备上的导线，必须绝缘良好，接头牢固。并架设在绝缘支柱上，不准拖在地面上。

第 256 条　发电机运转时，严禁人体接触带电部分。必须带电作业时，严有绝缘防护措施。

第三节　空气压缩机

第 257 条　输气管应避免急弯，打开送风阀前，必须事先通知工作地点的有关人员。

第 258 条　空气压缩机出气口处不准有人工作。储气罐放置地点应通风，严禁日光曝晒和高温烘烤。

第 259 条　压力表、安全阀和调节器等定期进行校验，保持灵敏有效。

第 260 条　发现气压表、机油压力表、温度表、电流表的指示值突然超过规定或指示不正常，发生漏水、漏气、漏电、漏油或冷却液突然中断，发生安全阀不停放气或空气压缩机声响不正常等情况，而且不能调整时，应立即停车检修。

第 261 条　严禁用汽油或煤油洗刷曲轴箱、滤清器或其他空气通路的零件。

第 262 条　停车时应先降低气压。

第四节　低压蒸汽锅炉

第 263 条　生火前，应检查各阀门水管、汽管、压力表、安全阀、水位表、排污阀等是否处在完好状态。

第 264 条　锅炉用水要经软化处理，并保持清洁，不准含有油脂。

第 265 条　水位表的玻璃管外应装置坚固的防护罩，外部应保持清洁。每班应冲洗一次，察看水位表里的水面是否能迅速上升或下降。如在运行时看见水位表内的水面呆滞不跳动，应立即查明原因，防止形成假水位。

第 266 条　锅炉上的安全阀，不得任意调节。当压力表到达许可工作压力 80%以上时，应使安全阀排汽一次。严禁将阀杆缚住或嵌住。

第 267 条　锅炉升压后，应检查汽阀是否灵敏。并应经常注意水位，使其保持在水位表 2/3 的位置。

第 268 条　发现锅炉有下列情况之一时，应紧急停炉：

1. 气压迅速上升超过许可工作压力，虽安全阀已开足，但气压仍在继续上升；
2. 水位表内已看不见水位或水位表内的水位下降很快，虽然加水仍继续下降；
3. 压力表、水位表、安全阀、排污阀及给水器其中有一件全部失灵者；
4. 炉胆或其他管道烧红变形，以及严重漏水漏气等。

第 269 条　紧急停炉时，首先应停止燃烧，关闭风门，打开炉门和放汽阀。如因缺水事故，严禁向炉内立即加水。

第五章　机械维修

第一节　机械修理

第 270 条　工作环境应干燥整洁，不得堵塞通道。

第 271 条　多人操作的工作台，中间应设防护网，对面方向操作时应错开。

第 272 条　清洗用油、润滑油脂及废油脂，必须指定地点存放。废油、废棉纱不准随地乱丢。

第 273 条　扁铲、冲子等尾部不准淬火，出现卷边裂纹时应及时处理，剔铲工件时应防止铁屑飞溅伤人；活动扳手不准反向使用；打大锤时不准戴手套，在大锤甩转主向上不准有人。

第 274 条　用台钳夹工件，应夹紧夹牢，所夹工件不得超过钳口最大行程的三分之二。

第 275 条　机械解体，要用支架，架稳垫实，有回转机构者要卡死。

第 276 条　修理机械，应选择平坦结实地点停放，支撑牢固和楔紧；使用千斤顶时，必须用支架垫稳。

第 277 条　不准在发动着的车辆下面操作。

第 278 条　架空试车，不准在车辆下面工作或检查，不准在车辆前方站立。

第 279 条　检修有毒、易燃、易爆物的容器或设备时，应先严格清洗，经检查合格，并打开空气通道，方可操作。在容器内操作，必须通风良好外面应有人监护。

第 280 条　检修中的机械，应有“正在修理，禁止开动”的标志示警，非检修人员，一律不准发动或转动。检修中，不准将手伸进齿轮箱或用手指找正对孔。

第 281 条　试车时应随时注意各种仪表、声响等，发现不正常情况，应立即停车。

第二节　化学热处理

第 282 条　使用盐熔炉必须遵守下列规定：

1. 工具、夹具、工件等入炉必须预热焙干，严禁有水分的物质进入炉内，炉口要加盖。

2. 加盐时必须预热焙干，少量逐步加入。

3. 盐炉内溶盐不得超过容积的 3/4，体积较大的工件入炉时应切断电源，防止工件与电极相碰。

4. 翻修或长期停用的盐炉，必须烘干后，才能使用。

5. 盐炉要经常保持通风装置良好，不准把头伸进排气罩内。

6. 溶解硝盐（KNO_3，$NaNO_3$）加热温度不准超过 550℃，以免引起爆炸和燃烧。硝盐着火必须用干砂覆盖，禁止用水或泡沫灭火器灭火。

7. 硝盐不准与有机物及其他盐类混装。

8. 严禁人体直接接触氰化物和氰化处理过的零件，凡氰化处理所用工夹具及零件等须用硫酸亚铁进行除毒。

第 283 条　操作电炉时，开关炉门和装卸工件必须切断电源，发现漏电应停止使用。禁止将湿工件送入炉内加热，炉内的氧化铁要经常清理，以防护丝短路。

第 284 条　油炉必须有密封盖，当油炉着火时应立即紧闭炉盖。

第 285 条　淬火油槽应放在离炉 1～2m 处，要有盖子，工作完毕后应将盖子盖好，淬火油温一般不超过 80℃（等温淬火除外）。

第 286 条　氮化和气体渗碳应遵守下列规定：

1. 认真检查氮化炉和气体渗碳炉及管道等处的密封，严禁漏气。

2. 严防氮化时氨分解的氢自燃，要将炉内废气妥善引出，如发现氮化包内压力突然增高，立即切断电源，将氮化包吊出，尽量加大氨压及流量，把包内危险气体排出。

3. 气体渗碳过程中应将炉内可燃气体引出。

4. 氮化包在处理 6～8 次后应进行退氮一次，氮化包和渗碳包应经常检查外部氮化及漏气情况。

第 287 条　工作场所禁止喝水饮食。剧毒品要有专人负责领用保管和处理。

第三节　高频热处理

第 288 条　高频炉运行前必须进行预送。送入高压前必须将移用器调至零点，输入电压不许超过 1.35 万 V。

第 289 条　加热前要调整耦合线圈，阳极电流、槽路电流不得超过规范的要求。

第 290 条　高频发生器必须设置金属屏蔽。严禁将设备开口铁路部分连成闭合线路。

第 291 条　高频电炉严禁空载运转。淬火工件禁止接触感应圈。

第 292 条　工作完毕，应切断电源。

第四节　喷　镀

第 293 条　贮气罐、氧气瓶和乙炔罐三者不应同放一处，如因场地狭小可采取档板隔离。

第 294 条　作业时，应听从持枪者指挥，禁止喷枪头对人。

第 295 条　喷镀面粗化处理和使用电加热喷镀时，必须戴绝缘手套，并遵守安全用电规定。

第 296 条　喷镀曲轴必须配置平衡铁，转速要慢。

第五节　电　镀

第 297 条　电镀间应单独设置，通风良好。镀槽应配有抽风罩和吸风机。酸性镀槽和氰化镀槽不准合用。

第 298 条　工作间严禁存放食品、饮食、吸烟。

第 299 条　使用酸碱应戴防护眼镜和耐酸碱手套，配制电解液应将酸缓缓倒入水中，并不断搅拌。严禁将水倒入酸中。

第 300 条　镀铬时，手、脸和鼻腔内要涂护肤剂。镀铬液溅到身上后，应立即清洗。有外伤和皮肤病患者，禁止从事镀铬作业。

第 301 条　使用氰化物时，其存放、称量、配置应有专人负责。氰化物与酸不准接触，接触氰化物的零件、容器、镀槽应及时除毒。

第 302 条　工作间断时，应漱洗口腔、鼻孔及皮肤裸露部分。

第 303 条　未经处理的镀液，不准任意排放。

第六节　铸　造

第 304 条　开炉前，试风 2min，排除风道内的可燃气体，冲天炉出渣口应有罩。

第 305 条　操作中禁止袒胸露臂。打开风眼正面不准有人。

第 306 条　应用潮湿的泥团堵炉眼。如遇跑铁水应用干砂覆盖，禁止浇水。

第 307 条　向炉内投料前，应先清除原料中的封闭管子、冰雪块等物品。

第 308 条　开炉中因故停风，应立即打开各进风口，以免炉内燃气倒灌。

第 309 条　打炉时，炉前应铺干砂，炉中剩余铁水和熔渣必须清出。

第 310 条　清理冲天炉内部时，上面要挂防护网。

第 311 条　使用捣固机时，风箱和风锤必须完好。禁止对人开风门。

第 312 条　扣箱、翻箱动作要慢要稳，翻箱时应站在侧面，合箱时手不能放在分型面上。合箱后压上足够的压箱铁或用卡子卡紧。

第 313 条　浇铸前必须清除妨碍通行和操作的障碍物。所使用的铁水包、坩埚和勺子必须预热干燥。

第 314 条　铁水包盛量要适当，抬包要平稳、慢行、步调一致。一旦铁水溅出，应平稳放下，严禁扔包。

第 315 条　用吊车运铁水，必须有专人指挥。钢丝绳、链子不得打结，吊勾要挂好，吊包离地不超过 2m。

第 316 条　喷砂清砂要穿好防护用品，身体不要裸露。

第七节　轮胎修理

第 317 条　轮胎解体前要将内胎空气放尽。装胎打气时，要检查胎身有否裂痕，钢圈小压条是否确实卡入圈槽内，并将弹簧钢板片穿钢圈孔眼内，以防打气时压条崩出伤人。

第 318 条　禁止使用不合格的钢圈。

第 319 条　磨胎机应有吸尘装置。

第 320 条　硫化间应通风良好，硫化时应经常检查蒸汽和空气压及水位。如水位降低到最低容许限度以下，应把炉火压小，使硫化器冷却，禁止加水。

第 321 条　紧硫化模必须均匀，模子未紧好以前，禁止向汽囊内充压，放汽入模应缓慢，不可突然过大。气压必须根据压力表来测定，不准猜测。

第二部分　劳动保护用品

第 1 条　安全防护用品管理，要明确职责。安全部门掌握标准；材料物资部门编制计划，负责采购、保管、发放；财务部门负责费用保证；工会和安全部门组织监督。

第 2 条　安全防护用品由物资部门按年、季度编制计划，到专门商店购买，统一发放。

第 3 条　物资部门建立劳动防护用品发放卡片，一人一卡，凭卡发放，卡片统一保管。

第 4 条　凡发给职工在施工现场使用的安全防护用品（防毒、绝缘、安全帽、安全带等），必须是经省级鉴定合格、推荐使用的优质防护用品，符合有关技术标准。不符合标准的，不准使用。公用防护用品，指定专人妥善保管。

第 5 条　夏季防暑降温及冬季采暖费用原则上按所在省市标准执行，所在省市没有规定的按局当年规定标准执行。

第 6 条　对在有毒、有害、高温作业，可能引起职业病的职工，为增强其身体抵抗力，要按国家有关标准专门发放保健食品。

第 7 条　公司劳动保护用品实行公司统一发放制度。

第 8 条　各项目部依工程所需，制定劳动保护用品计划，报公司审批后，物资采购部门统一采购配备；防暑降温、传染病、四害等生活防护由办公室负责提供。

第 9 条　分包单位（施工队）必须依工程所需，将安全防护用品及时、足额发放给职工。

第 10 条　公司合同部门（或项目部）与分包单位（施工队）签订合同时，必须在合同中明确双方对劳动保护用品的投入责任、投入范围。

第 11 条　分包单位（施工队）按本单位职工人数每人 100 元提取安全劳保防护用品专项资金，保证足额投入，专款专用；并单独建账管理。

第 12 条　因分包单位（施工队）未将安全防护用品及时、足额发放给职工，造成安全隐患，而又以种种借口拒绝或不及时投入时，由项目部负责投入，发生的费用从其交纳的安全生产保证金中扣除。

第三部分 周转材料

第一章 脚 手 架

第一节 脚手架材料

第 1 条 钢管脚手应用外径 48～51mm、壁厚 3～3.5mm 的钢管，长度以 4～6.5m 和 2.1～2.3m 为宜。有严重锈蚀、弯曲、压扁和裂纹的不得使用。

第 2 条 扣件应有出厂合格证明，发现有脆裂、变形、滑丝的禁止使用。

第 3 条 木杆应采用剥皮杉木和其他各种坚韧硬木。杨木、柳木、桦木、椴木、油松和腐朽、折裂、枯节等易折木杆，一律禁止使用。

第 4 条 木脚手立杆，有效部分的小头直径不得小于 7cm，大横杆、小横杆（排木）有效部分的小头直径不得小于 8cm，6～8cm 之间的可双杆合并或单根加密使用。

第 5 条 竹脚手的立杆、大横杆、剪刀撑、支杆等有效部分的小头直径不得小于 7.5cm；小模杆不得小于 9cm（6～9cm 之间的可双杆合并或单根加密使用）。青嫩、枯脆、裂纹、白麻、虫蛀的竹竿不得使用。

第 6 条 钢制脚手板应采用 2～3mm 的 HPB235 级钢材，长度为 1.5～3.6m，宽度 23～25cm，肋高 5cm 为宜，两端应有连接装置，板面应钻有防滑孔。凡是裂纹、扭曲的不得使用。

第 7 条 木脚手板应月厚度不小于 5cm 的杉木或松木板，宽度以 20～30cm 为宜，凡是腐朽、扭曲、斜纹、破裂和大横透节的不得使用。板的两端 8cm 处应有镀锌铁丝箍绕 2～3 圈或用铁皮钉牢。

第 8 条 竹片脚手板，板厚不得小于 5cm，螺栓孔不得大于 1cm，螺栓必须拧紧。竹编脚手板，其两边的竹杠直径不得小于 4.5cm，长度一般以 2.2～3m，宽度以 40cm 为宜。

第 9 条 脚手架的绑孔材料可采用 8 号镀锌铁丝，直径不少于 10mm 的麻绳或水、葱竹篾。

第二节 外 脚 手 架

第 10 条 钢管脚手架的立杆应垂直稳放在金属底座或垫木上。立杆间距不得大于 2m；大横杆间距不得大于 1.2m。小横杆间距不得大于 1.5m。钢管立杆、大横杆接头应错开，要用扣件连接拧紧螺栓，不准用铁丝绑扎。

第 11 条 木脚手架的立杆应埋入地下 30～50cm，埋杆前先挖好土坑，将底部夯实并垫以砖石，如遇松土或者无法挖坑时，应绑扫地杆。木脚手架的立杆间距不得大于 1.5m；大横杆间距不得大于 1.2m；小横杆间距不得大于 1m。

第 12 条 竹脚手必须搭设双排架子。立杆间距不得大于 1.3m；小横杆间距不得大于 0.75m。

第 13 条 抹灰、勾缝、油漆等外装修用的脚手架，宽度不得小于 0.8m，立杆间距不得大于 2m；大横杆间距不得大于 1.8m。

第 14 条 木、竹立杆和大横杆应错开搭接，搭接长度不得小于 1.5m。绑孔时小头应压在大头上，绑扣不得少于三道。立杆、大横杆、小横杆相交时，应先绑两根，后绑第三根，不得一扣绑三根。

第 15 条 单排脚手架的小横杆伸入墙内不得少于 24cm；伸入大横杆不得少于 10cm。

通过门窗口通道时，小横杆的间距大于 1m 应绑吊杆；间距大于 2m 时，吊杆下需加设顶撑。

第 16 条　18cm 厚的砖墙、空斗墙和砂浆等级在 M10 以下的砖墙，不得用单排脚手架。

第 17 条　脚手架的负荷量，每平方米不能超过 270kg。如果负荷量必须加大，应按照施工方案进行架设。

第 18 条　脚手架两端、转角处以及每隔 6～7 根立杆应设剪刀撑和支杆。剪刀撑和支杆与地面的角度应大于 60°，支杆底端要埋入地下不小于 30cm。架子高度在 7m 以上或无法设支杆时，每高 4m，水平每隔 7m，脚手架必须同建筑物连接牢固。

第 19 条　架子的铺设宽度不得小于 1.2m。脚手板须满铺，离墙面不得大于 20 厘米；对头接时应架设双排小横杆，间距不小于 20cm。在架子拐弯处脚手板应交叉搭接。垫平脚手板应用木块，并且要钉牢，不得用砖垫。

第 20 条　翻脚手板应两人由里往外按顺序进行，在铺第一块或翻到最外一块脚板时，必须挂牢安全带。

第 21 条　上料斜道的铺设宽度不得小于 1.5m，坡度不得大于一比三，防滑条的间距不得大于 30cm。

第 22 条　脚手架的外侧、斜道和平台要绑 1m 高的防护栏杆和钉 18cm 高的挡脚板或防护立网。

第 23 条　在门窗洞口搭设挑架（外伸脚手架），斜杆与墙面一般不大于 30°，并应支承在建筑物的牢固部分，不得支承在窗台板、窗檐、线脚等地方。墙内大横杆两端都必须伸过门窗洞两侧不少于 25cm。挑架所有受力点都要绑双扣，同时，要绑防护栏杆。

第三节　里脚手架

第 24 条　砌筑里脚手架铺设宽度不能小于 1.2m，高度应保持低于外墙 20cm。里脚手的支架间距不得大于 1.5m，支架底脚要有垫木块，并支在能承受荷重的结构上。搭设双层架时，上下支架必须对齐，同时支架间应绑斜撑拉固。

第 25 条　砌墙高度超过 4m 时，必须在墙外搭设能承受 160kg 荷重的安全网或防护挡板。多层建筑应在二层和每隔四层设一道固定的安全网。同时再设一道随施工高度提升的安全网。

第 26 条　搭设安全网应每隔 3m 设一根支杆，支杆与地平一般须保持 45°，在楼层支网须事先预埋钢筋环或在墙的里外侧各绑一道横杆。网应外高里低，网与网之间段拼接严密，网内杂物要随时清扫。

第四节　其他脚手架

第 27 条　金属挂架的间距，一般不得大于 2m。预埋的挂环（钢销片）必须牢固，挂环距门窗口两侧不得少于 24cm，60cm 的窗间墙只准设一个挂环，最上一层的挂环要设在顶板下不少于 75cm。安挂架时，应两人配合操作，插销必须插牢，挂钩插入圆孔内须垂直挂到底，支承钢板要紧贴于墙面。在建筑物转角处，应挑出水平杆，互相绑牢。

第 28 条　吊篮应严格按照设计图纸进行安装。悬挂吊篮的钢丝绳围绕挑梁不得少于三圈，卡头的卡子不得少于三个，每个吊篮不少于两根保险绳，每次提升后要将保险绳与吊篮卡牢固定。钢丝绳不得与建筑物或其他构件摩擦，靠近时应用垫物或滑轮隔开。散落在上面的杂物要随时清除。

第 29 条　用手扳葫芦升降的吊篮，操纵时严禁同时扳动前进杆与返回杆，降落时要取掉前进杆上的套管，然后扳动返回杆徐徐降落。

第 30 条　桥式脚手架的支承架底座应夯实，并用垫木垫稳，每层必须与建筑物连接牢固。桁架应在地面组装，桁架两端的角钢必须卡抱支承架两侧角钢。用倒链或手扳葫芦提升时要安好保险绳，就位后立即与支承架挂牢。

第 31 条　用钢管搭设井架，相邻两立杆接头错开不少于 50cm，横杆和剪刀撑（十字撑）要同时安装。滑轨必须垂直，两轨间距误差不得超过 10mm。

第 32 条　钢门架整体竖立时，底部须用拉索与地锚固定，防止滑移，上部应绑好缆风，对角拉牢，就位后收紧固定缆风。

第 33 条　井架、门架和烟囱、水塔等脚手架，凡高度 10～15m 的要设一组缆风绳(4～6 根)，每增高 10m 加设一组。在搭设时应先设临时缆风绳，待固定缆风绳设置稳妥后，再拆临时缆风绳。缆风绳与地面的角度应为 45°～60°，要单独牢固地拴在地锚上，并用花篮螺丝调节松紧，调节时必须对角交错进行，缆风绳禁止栓在树木、电杆等物体上。

第 34 条　脚手架、井架、门架安装完毕，必须经施工负责人验收合格后方准使用。

第五节　脚手架拆除

第 35 条　拆除脚手架，周围应设围栏或警戒标志，并设专人看管，禁止入内。拆除应按顺序由上而下，一步一清，不准上下同时作业。

第 36 条　拆除脚手架大横杆、剪刀撑应先拆中间扣，再拆两头扣，由中间操作人往下顺杆子。

第 37 条　拆下的脚手杆、脚手板、钢管、扣件、钢丝绳等材料，应向下传递或用绳吊下，禁止往下投扔。

第二章　木 构 件

第一节　支 模 拆 模

第 38 条　模板支撑不得使用腐朽、扭裂、劈裂的材料。顶撑要垂直，底端平整坚实，并加垫木。木楔要钉牢，并用横顺拉杆和剪刀撑拉牢。

第 39 条　采用桁架支模应严格检查，发现严重变形、螺栓松动等应及时修复。

第 40 条　支模应按工序进行，模板没有固定前，不得进行下道工序，禁止利用拉杆、支撑攀登上下。

第 41 条　支设 4m 以上的立柱模板，四周必须顶牢。操作时要搭设工作台；不足 4m，可使用马凳操作。

第 42 条　支设独立梁模应设临时工作台，不得站在柱模上操作和在梁底模上行走。

第 43 条　拆除模板应经施工技术人员同意。操作时应按顺序分段进行，严禁猛撬、硬砸或大面积撬落和拉倒。工完后，不得留下松动和悬挂的模板。拆下的模板应及时运送到指定地点集中堆放，防止钉子扎脚。

第 44 条　拆除薄腹梁、吊车梁、桁架等预制构件模板，应随拆随加顶撑支牢，防止构件倾倒。

第二节　木构件安装

第 45 条　在坡度大于 25°的屋面上操作，应有防滑梯、护身栏杆等防护措施。

第 46 条　木屋架应在地面拼装。必须在上面拼装的应连续进行，中断时应设临时支撑。屋架就位后，应及时安装脊檩、拉杆或临时支撑。吊运材料所用索具必须良好绑扎，要牢固。

第 47 条　在没有望板的屋面上安装石棉瓦，应在屋架下弦设安全网或其他安全设施。并使用有防滑条的脚手板钩挂牢固后方可操作。禁止在石棉瓦上行走。

第 48 条　安装二层楼以上外墙窗扇，如外面无脚手架或安全网，应挂好安全带。安装窗扇中的固定扇，必须钉牢固。

第 49 条　不准直接在板条顶棚或隔声板上通告及堆放材料。必须通行时，应在大楞上铺设脚手板。

第 50 条　钉房檐板，必须站在脚手架上，禁止在屋面上探身操作。

第三章　大　模　板

第一节　大模板和预制构件的存放

第 51 条　大模板和预制构件，应按施工组织设计的规定分区堆放，各区之间保持一定距离。存放场地必须平整夯实，不得存放在松土和坑洼不平的地方。

第 52 条　各种类型大模板，应按设计制造。每块大模板应设有操作平台、上下梯道、防护栏杆以及存放小型工具和螺栓的工具箱。出厂前应认真检查，必须符合安全要求。

第 53 条　大模板存放，必须将地脚螺栓提上去，使自稳角成为 70°～80°，下部应垫通长木方。长期存放的大模板，应用拉杆连接绑牢。存放在楼层时，须在大模板横梁上挂钢丝绳或花篮螺栓，钩在楼板吊钩或墙体钢筋上。

第 54 条　没有支撑或自稳角不足的大模板，要存放在专用的堆放架内或卧倒平放，不应靠在其他模板或构件上。

第 55 条　外墙壁板、内隔墙板应放置在金属插放架内，下端垫通长方木，两侧用木楔楔紧。插放架的高度应为构件高度的 2/3 以上，上面要搭设 30cm 宽的走道和上下梯道，便于挂钩。

第 56 条　现场搭设的插放架，立杆埋入地下 50cm，立杆中间要绑扎剪刀撑，上下水平拉杆、支撑和方垫木必须绑扎成整体，稳定牢固。

第 57 条　靠放架一般宜采用金属材料制作，使用前要认真检查和验收。内外墙板靠放时，下端必须压在与靠放架相连的垫木上，只允许靠放同一规格型号的墙板，两面靠放应平衡，吊装时严禁从中间抽吊，防止倾倒。

第二节　大模板安装和拆除

第 58 条　安装和拆除大模板，吊车司机与安装人员应经常检查索具，密切配合，做到稳起、稳落、稳就位，防止大模板大幅度摆动，碰撞其他物体，造成倒塌事故。

第 59 条　模板安装和拆除时，指挥、挂钩、和安装人员应经常检查吊环，对筒模要预先调整好重心。起吊时应用卡环和安全吊钩，不得斜牵起吊。严禁操作人员随模板起落。

第 60 条　大模板安装时，应先内后外对号就位。单面模板就位后，用钢筋三角支架插入板面螺栓眼上支撑牢固。双面模板就位后，用拉杆和螺栓固定。未就位固定前不得摘钩。

第 61 条　吊装大模板时，如有防止脱钩装置，可吊运同一房间的两块，但禁止隔着墙同时吊运一面一块。

第 62 条　有平台的大模板起吊时，平台上禁止存放任何物体。里外角模和临时摘、挂的板面与大模板必须连接牢固，防止脱开和断裂坠落。

第 63 条　分开浇灌纵横墙混凝土时，可在两道横墙的模板平台上搭设临时走道或其他安全措施。禁止操作人员在外墙上行走。

第 64 条　拆模板应先拆穿墙螺栓和铁件等，并使模板面与墙面脱离，方可慢速起吊。

第 65 条　清扫模板和刷隔离剂时，必须将模板支撑牢固，两板中间保持不少于 60cm 的走道。

第 66 条　大模板放置时，下面不得压有电线和气焊管线。采用电热法养护混凝土时，必须将模板串联并与避雷网接通，防止漏电。

第三节　内外墙板、大楼板预制构件安装

第 67 条　各种预制构件安装必须按施工顺序对号就位，应保持垂直稳起。就位后，立即将构件的拉杆和支撑焊牢或锚固，方可摘钩。禁止站在外墙板边沿探身推拉钩件。

第 68 条　从插放架起吊墙板应用卡环卡牢，垂直稳起，墙板必须超过障碍物允许高度方可回转臂杆。

第 69 条　上下层壁板就位后，应将预留钢筋立即焊牢，禁止下层壁板焊牢前安装上层构件。

第 70 条　分流水段施工，流水段端头的外墙板，一侧与横墙连接，另一侧必须用铁管和带有花栏螺栓的钢丝绳，把外墙板与楼板临时拉牢。直到与下一流水段钢筋套环串好加固后方可拆掉。

第 71 条　墙板就位固定后不得撬动，需要撬动调整时，应重新挂钩。墙板安装过程中禁止拆移支撑和拉杆。

第 72 条　外墙为砖砌体，内墙浇灌混凝土前，必须将外砖墙加固，防止墙体外涨。在拆除时，禁止把加固材料悬挂在墙体上和直接下扔。

第 73 条　阳台板安装就位必须逐层支设临时支柱，连续支顶不得少于三层，并应与墙体拉结牢固。阳台板预留的拉结筋与圈梁钢筋应及时焊接。

第 74 条　阳台栏板和楼梯栏杆，应随楼层安装。如不能及时安装，必须在外侧搭设防护栏杆。

第 75 条　预制构件就位焊接牢固后，应立即将吊环割掉，防止绊脚。

第四部分　消防保卫制度

第 1 条　认真贯彻“预防为主、防消结合”的消防工作方针，努力实现“杜绝重大火灾事故、力争消灭一般火灾事故”的工作目标。

第 2 条　实行逐级防火责任制，施工现场指定一名施工现场负责人为防火责任人，全面负责施工现场的消防安全工作。

第 3 条　公司和项目部成立消防保卫领导小组，不定期对施工现场进行检查，及时发现并解决存在的问题，迅速整改，消除隐患，建立规范化档案资料。

第 4 条　公司和项目部组成义务消防队，加强消防业务训练，增强自防自救能力。在出现紧急情况，公安消防队到达火灾现场前进行扑救，减少火灾损失。并且服从公安消防机构火场总指挥员的统一调动，执行火场总指挥员的灭火命令。

第5条　建立施工现场用火审批制度，按规定办理用火证，操作人员持证上岗并采取严密的消防措施；无证不准用火。

第6条　施工现场设立吸烟室，教育职工在吸烟室内吸烟，施工现场禁止吸烟。进行危险性作业，要有书面安全交底。

第7条　安装电器设备，进行电气切割作业等，必须由合格的焊、电工等专业技术人员操作。禁止违章作业。

第8条　进入冬施阶段后，使用的电热器、须有工程技术部门提供的安全使用技术资料，并经现场防火负责人同意；保温材料不得采用可燃材料。要对施工现场的消防设备采取保温措施。

第9条　施工材料的存放、保管符合防火安全要求，易燃材料专库储存；对易燃、易爆、剧毒等用品要按《仓库防火安全管理规则》规定存放，并设专人负责管理，使用过程建立严格的领、用、退登记管理制度。使用后的废弃物料及时的在规定地点消除。

第10条　在建工程内禁止堆积存易燃、可燃材料。

第11条　现场支搭临时设施，须经项目消防领导小组审批，符合防火要求，禁止用易燃材料搭设。

第12条　施工现场、仓库、生活区按规定设置消火栓、消防器材和灭火工具，定期安排检测、调试、维护和更换，使之完好齐全。任何单位和个人应当保护消防设施，禁止下列行为：

12.1　改变消防设施的用途；偷窃、毁坏消防设施和器材；堵塞消防通道；

12.2　其他影响消防设施使用的行为。

第13条　任何人发现火情都应当迅速准确报警，任何单位和个人应当无偿为报警人员提供方便。不得谎报火情或者有意延误、阻挠报警。

第14条　建立施工消防奖罚制度，对于在消防工作中有突出贡献者给予表彰奖励；对违反管理规定行为者，根据行为结果给予批评教育、罚款直至行政处分，对触犯法律者，送交公安司法部门，依法追究刑事责任。

第五部分　安全防护用具和机械设备验收

第1条　安全防护用具包括以下条款：

1.1　安全防护用品，包括安全帽、安全带、安全网、安全绳及其他个人防护用品等；

1.2　安全防护设施，包括各种“临边、洞口”的防护用具等；

1.3　电气产品，包括手持电动工具、木工机具、钢筋机械、振动机具、漏电保护器、电闸箱、电缆、电器开关、插座及电工元器件等；

1.4　架设机具，包括用竹、木、钢等材料组成的各类脚手架及其零部件、登高设施、简易起重吊装机具等；

1.5　施工机械设备，包括大中型起重机械、施工电梯、挖掘机、打桩机、混凝土搅拌机等施工机械设备。

第2条　进场验收：

安全防护用具及机械设备进入施工现场时，由项目部技术负责人、材料员和安全员负责进行验收，未经验收或验收不合格的不准进入施工现场。

第3条　资料验收（必须具备下列资料）：

3.1　产品的生产许可证（指实行生产许可证的产品）和出厂产品合格证；

3.2　产品的有关技术标准、规范；

3.3　产品的有关图纸及技术资料；

3.4　产品的技术性能、安全防护装置的说明。

第4条　外观验收：

4.1　外观整洁，油漆颜色较新（七成新），外壳、护罩无明显变形，开关、手柄完好无破损，电源线、控制线外皮无龟裂、老化，线路连接牢固，绝缘良好无裸露。

4.2　机体结构：各部位完好齐全，机体部分无明显变形，焊接部分无开焊、裂纹，各部位连接牢固，无铁丝代替紧固螺栓或开口销。

4.3　工作装置：传动机构运转灵活，无卡阻、无异响，整机运行平稳，噪音低，工作性能与机型相符，能满足施工需要。

4.4　安全防护装置：各种安全防护罩、壳齐全有效，限位器灵敏可靠，制动器操作灵活，制动安全可靠。

第5条　安装验收：

5.1　一般防护设施和中小型设备由项目部工长组织分包单位工长进行验收。

5.2　整体防护设施以及重点防护设施由项目总工程师组织项目经理部工长及有关管理人员会同分包单位生产、技术、安全负责人进行验收。

5.3　施工区域内的单位工程防护设施由项目经理部工长组织分包单位生产、技术、安全负责人进行验收。

5.4　项目经理部安全总监｛安全主管或安全员｝都应该参加以上验收，其验收材料分专业归档。

5.5　以下高大防护设施、临电设施、大型设备需在自检自验合格的基础上，报请当地安检部门安全管理监督部门或公司安全管理部门进行验收：

5.5.1　吊篮架、挑架、外挂脚手架、20m以上高大落地脚手架、满堂红脚手架、卸料平台附着升降、井字架、龙门架、电动吊兰；

5.5.2　施工用电梯（安装、顶升）、塔吊（安装、顶升）；

5.5.3　临电设施、钢结构吊装吊索具等配套防护设施；

5.5.4　其他大型防护设施；

5.5.5　因设计方案变更，重新安装、架设的大型设备或者停工6个月以上又重新使用的塔式起重机、龙门架（井字架）、整体提升脚手架及高大防护设施必须重新进行验收。

第6条　未经验收或验收不合格的不准投入使用。

第五章　建筑施工项目资产管理信息化

第一节　建筑施工项目资产信息化管理系统的建立

一、信息化管理的目的

一般来讲，企业信息化是指将信息技术应用于企业的经营、生产、管理以及办公的过程。企业信息化可以帮助企业实现4个方面的好处，即：提高业务工作效率并降低成本；提高业务工作水平；提高管理工作的效率并降低成本；提高管理工作的水平。

施工企业使用信息系统进行项目资产管理，是一种企业信息化。信息管理的好处也就是项目资产信息化管理的目的。

提高业务工作的效率并降低成本。项目资产信息化管理，可以即时将项目资产的采购、调拨、划价、报废等环节登记台账，易于资产管理人员连续记录，不需要受到手工记账账页的限制和地域限制，大大提高了工作效率、服务能力，降低了成本。

提高业务工作水平。项目资产信息化管理台账，覆盖了项目资产的绝大多数要素，提供多种快速检索途径，使业务工作精细化、科学化管理成为可能。

提高管理工作的效率并降低成本。项目资产信息化管理，使企业项目资产具备统一的公共平台，原来固化在各个项目的项目资产由于信息通畅而广泛地流动，极大地提高了项目资产的利用效率，避免项目资产的重复购置。责任人的落实并挂名，使每个责任人都时刻提醒自己，妥善使用项目资产，大大降低了成本。

提高管理工作水平。项目资产的信息化管理，实现了企业项目资产管理从无序到有序，从经验管理到科学化、精细化的转变。

二、信息化管理的基本思路

项目资产管理制度制定以后，如何有效实施管理，既要保证制度落实到位，又要避免增加机构；既要实现精细管理，又要避免重复工作；既要落实管理责任，又要实现信息共享。寻找同时解决这些问题的手段，成了我们加强项目资产管理的突破口。经过反复思考，最后发现信息化是同时解决这些问题的惟一选择。

确定了项目资产信息化管理的思路后，需要做的第一件事就是编制项目资产管理问题清单。经过分析，目前建筑施工企业项目资产管理的问题主要如下：

1. 采购权分散，特别是非固定资产和小型固定资产，几乎各个层次都有权购买。

2. 没有统一的管理机构，实际上是没有管理，大型设备只有使用部门的日常维护使用，从资产角度没有管理，其他项目资产根本没有管理。

3. 没有落实责任人，买回来的项目资产使用多久，到哪去了，无法追查，除非有人举报，否则丢失的项目资产没人追究。

4. 项目资产管理形成内部“信息孤岛”，各地、各项目的项目资产存有情况和使用状态无法在公司内传递。经常一个地区或项目滞留大量多余的项目资产，另一个地区或项目还在不断购买。一个地区由于不需要做废品处理，另一个地区到处高价购置。

以上 4 个问题我们注意分析，1、2、3 属于需要制度规范的问题，2、3、4 需要信息化手段来解决。

分析了问题，信息化管理的思路也就清晰了：

1. 需要借助互联网或局域网实现信息共享，避免项目资产沉淀，实现内部调剂使用，解决重复购置问题；

2. 明确责任人，解决责任不清问题；

3. 集中管理，解决分散采购等问题；

4. 简化流程，一次性操作；

5. 建立内部牵制制度；

6. 历史记录不可更改设置，保持项目资产的可追溯性。

三、信息化管理的基本框架

根据项目资产信息化管理的基本思路，构建信息化管理框架。

1. 建立一个可以在互联网、局域网上运行的公共信息平台；

2. 设置两大信息管理系统；

3. 提供多终端同步使用；

4. 设计与管理制度相一致的软件系统；

5. 实现数据 Excel 输出功能。

整个框架完成后如图 5-1 所示，下面介绍框架的构建：

1. 建立公共信息管理平台

建立基于互联网环境下的公共信息管理平台。所有应用软件设置为网络环境下运行，所有终端输入输出数据都需要经过中心服务器，并储存在中心服务器。公共信息管理平台实际上就是在一定硬件条件下设置一定的软件操作系统。一般而言，目前大多数建筑公司都具备一定的内部网络环境，并实现与互联网的连接。具备这种条件的公司，建立该项目资产管理平台，基本上不需要专门投资。下面将搭建平台的基本要求做出简要说明。

中心处理器的网络环境要求：服务器端最好有固定 IP 地址，方便构建 WEB 服务器，并且空间不受限制。如果无固定 IP，则需要购买域名和空间。

硬件要求：P42. 8G/1G 内存/160G 硬盘。

软件构建：服务器端需要安装 Server 版的操作系统以提供相关服务，文件服务器和 WEB 服务器最好分开，以减少服务器端的负荷。

2. 设置两大信息管理系统

根据项目资产集中管理、信息透明的思路，对信息管理平台设置两大管理系统。一是录入系统；二是查询系统。这两大系统需要通过软件设计来实现。

录入系统是将有关项目资产信息变动情况进行信息化登记的操作系统。由于在管理制度的设计上，实行的是集中管理，因此具备录入操作权限的岗位有限，只限于项目实物资产管理部门。

查询系统是以电脑终端为载体，通过互联网或局域网，凭借用户账号登陆，可以查询公司范围内项目资产使用状态的操作系统，除了敏感资产设定查询权限外，一般而言所有

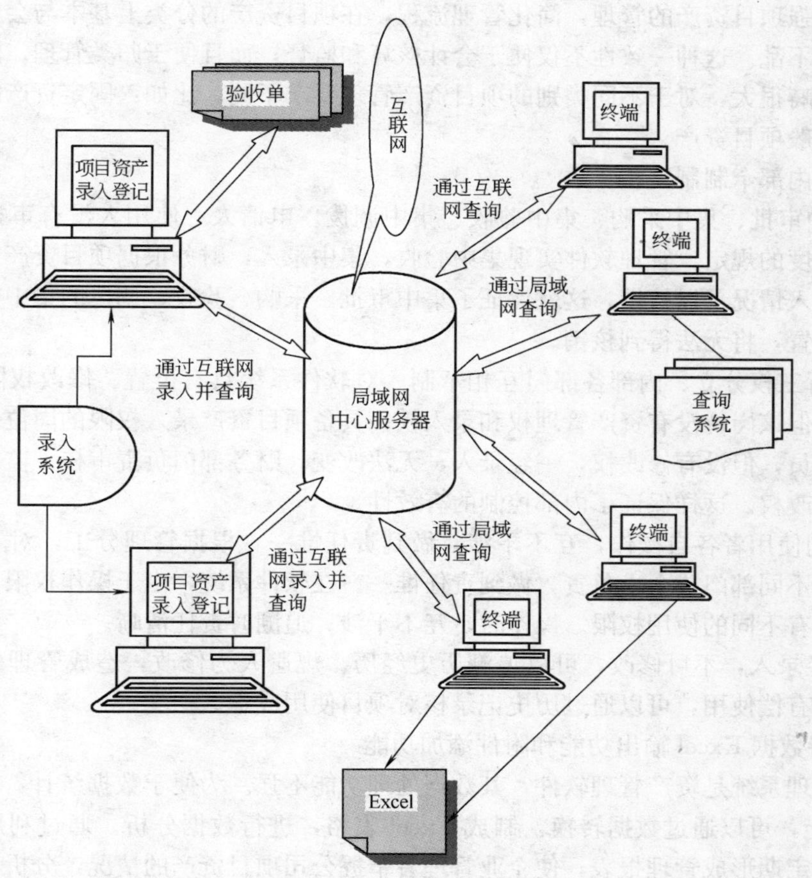

图 5-1　信息化管理框架图

资产的信息都是透明的。由于信息管理平台是建立在企业中心服务器上的，非公司用户无法查询。

两大系统设计实现了四个目的：

（1）集中管理；

（2）信息共享；

（3）公开透明；

（4）与制度相结合。

3. 多终端同步使用

基于互联网或局域网的信息管理平台，在公司范围内的用户，可以同步使用输入、查询功能，互不干涉。这就实现了对项目资产技术上的动态管理，管理和使用的合法用户，只要具备上网条件和电脑终端，随时随地可以使用，企业高层管理者和监督部门可以随时随地了解项目资产的情况，监督管理。

4. 管理制度与软件系统相一致

软件设计时充分考虑了管理制度与软件系统的一致性，管理制度与软件系统相一致主要体现在以下几个方面：

（1）与会计制度相一致

为了加强项目资产的管理，简化管理流程，在项目资产的分类上基本与会计科目保持一致，多而不乱。这种一致性不仅便于会计核算和监督，而且便于归类管理。因为项目资产的管理范畴很大，对于不同类别的项目资产管理要求不同，比如：固定资产的购置审批要求高于一般项目资产。

（2）与内部牵制制度相一致

① 集中审批、集中采购、集中验收、集中调拨。申请人、使用人没有审批权和采购权，这是制度的规定。管理软件实现集中验收，集中录入，财务根据项目资产管理员的验收和台账录入情况予以核销，这就保证了集中审批、采购、验收、调拨的集中管理。项目如果私自购置，将无法得到核销。

② 实行三权分立、内部各部门互相牵制。对软件系统具有设置、修改权限的只有信息管理员，但该岗位没有资产管理权和录入权；具备项目资产录入权限的岗位一般是实物资产管理人员，但没有修改权，一经录入，无法改变；财务部门负责审核、监督，但没有录入权和修改权。这样保证了内部控制的有效性。

③ 不同使用者各自操作，互不干涉，做到责任惟一。根据管理分工，对不同类型的项目资产由不同部门或个人负责，做到责任惟一。在软件系统，由于操作权限固定，不同的使用者具有不同的使用权限。操作时，互不干涉；追溯时责任清晰。

④ 一经录入，不可修改，可以追溯历史经历。规避人为修改，造成管理失效。由于项目资产是有偿使用，可以通过历史记录核对项目使用成本。

5. 支持数据 Excel 输出功能和附件添加功能

软件管理系统是资产管理软件，其数据处理功能不强。为便于数据统计，设计了 Excel 输出功能，可以通过数据转换，制成 Excel 表格，进行数据分析。通过利用数据分析系统，可以定期形成管理报表，使企业管理者掌握公司项目资产的情况，分析项目资产管理过程中存在的问题。

该软件还设置有附件添加功能。

第二节　录入系统的设置与应用

一、系统构建

录入系统的构建，包括初始录入、变更录入、修改录入三个环节。初始录入是将新购置或首次纳入项目资产管理的项目资产录入该信息管理平台的环节。

变更录入是对已纳入该信息管理平台的项目资产，因调拨、报废、处置等原因对其记录要素进行变更记录的环节。

修改录入是对错误登记事项进行修改、补充、完善的环节。

二、权限设置

项目资产在制度上规定了集中管理后，在信息管理平台上就需要设定录入权限，实行集中录入。因技术要求不同，企业对项目资产业务管理的部门也就不同。根据施工企业的具体情况，通常管理部门设置如下：

1. 机械设备、运输工具等生产用固定资产由机械管理部门管理；

2. 仪器仪表等试验用具由技术部门管理；

3. 办公设施、生活设施由后勤（物业）管理部门管理。

企业根据本单位业务管理职能的分工，由负责管理各类资产的人员录入该类项目资产。系统管理员根据公司设定的工作分工，对负责人员进行设定权限。权限的设定应该惟一，如果无法实现权限惟一，就必须对不同录入人能够进行区分。

由于施工企业普遍具有区域经营，对不同区域的管理者应该进行授权。

三、系统要素构成

系统要素的构成主要围绕项目资产管理的需要设计，在录入系统设计上，主要考虑以下因素：

1. 项目资产的分类：该要素为固定要素，除软件升级，具有不可修改性；

2. 序号：可以自动排列，只是数据排列，与项目资产不具备关联性；

3. 物品名称：社会属性，具有相对固定约束，比如电脑，不能有的叫电脑，有的叫微机，必须统一为电脑；

4. 部门（项目）名称：明确该资产所用单位及所在地；

5. 单价：购置、自建、调入时的价格；

6. 数量；

7. 金额：数量与单价的乘积；

8. 调拨价：根据该项目资产情况，确定的内部调拨价；

9. 责任人：保管和使用人；

10. 购买时间；

11. 领用时间；

12. 规格型号：每项项目资产的品质、特征；

13. 物品编号：每项项目资产的身份编号，具有终身和惟一性；

14. 经办人：负责购置、安装的经手人；

15. 物品状态：根据项目资产的状况，设为在使用、待调拨、待报废、已报废四种状态；

16. 附件：需要粘贴的原始要素；

17. 领用历程：从第一任领用人的领用到目前资产的去向，整个过程按时间记录，并注明每次调拨的调拨单编号。

以上 17 项为信息管理录入系统的构成要素，其中 1～11 项为页面显示事项，12～17 项为隐藏事项，需要鼠标双击“物品名称”进入。

四、系统应用

录入系统主要是对实物资产管理员开放，实物资产管理员在办理完项目资产的验收、调拨、回收手续后，根据列出的《物资领用单》登陆信息平台的录入系统。系统的应用主要是围绕以上所述 17 个要素依次登记，要素登记后，系统会自动生成不同层次的页面。

第三节 查询系统的设置与应用

一、系统的构建

查询系统设计了多元查询系统和模糊查询系统，能够多角度、多种方式地查询，具备单独查询和交叉查询。同时为了管理方便，还设计了排序功能、Excel 输出功能。录入系统的所有信息查询系统都可以查询。

单独查询是只确定某一查询要素，进行该要素项下的所有项目资产查询。例如，想了解公司电脑拥有情况，可在“物品名称”对话框下输入电脑，点击“查找”，则公司所有电脑情况就会按登记顺序显示，其他资产则不显示。

交叉查询是指同时约定多个查询要素，进行多要素项下的项目资产查询，这种查询一般比较明确。例如：想了解大厦项目部拥有的 2005 年购置的电脑，这里有三个要求，第一是单位要求：大厦项目部；第二是时间要求；第三是项目资产品种要求：电脑。查询时在“使用单位”对话框选择“大厦项目部”，在“购买时间”对话框选择“2005”，在“物品名称”对话框下输入“电脑”，点击“查询”，则大厦项目部在 2005 年购买的电脑就按顺序显示，其他资产则不显示。

为了方便查询者不同习惯，查询系统还设计了页面显示行数自由选择功能，可以根据不同查询者的爱好，自由选择。

该系统的设计，充分开发了信息技术的各种可能，体现了开发人员的聪明智慧。

二、权限的设置

查询系统权限设置较为简单，基本条件是查询者必须是公司信息管理平台的用户，拥有自己的账号和密码。一般而言，只有公司授权的管理者才会拥有内部账户，拥有内部账户的管理者都可以登陆查询。如果一个公司不想让普通管理者具备查询功能，也可以通过权限设置，限定可查询人员的范围。

在设计时，考虑到有些企业可能存在的敏感项目资产不便公开查询，也预留了敏感资产限制查询功能。

三、系统要素构成

查询系统在信息要素的构成上，基本与录入系统一样，区别在于增加查询功能以及可供查询者自由选择的页面行数显示功能。

单独查询的查询功能主要有以下八种方式：

1. 按大类查询；
2. 按小类查询；
3. 按购买时间查询；
4. 按使用单位查询；
5. 按使用状态查询；
6. 按物品名称查询；
7. 按物品编号查询；
8. 按当前责任人查询。

同时为了使用方便，在不需要多元素查询时，还设计了四种简易按钮：

1. 按物品排序；
2. 按部门排序；
3. 按责任人排序；
4. 按时间排序。

如果查询者想全面了解各种项目资产的情况，可以根据自己的需要选择某一简易按钮，则系统会自动按选择要求归类，并全面显示。例如：查询者想了解各年度的项目资产购置情况，只要点击“按时间排序”，则系统会按年度将所有资产归类。假设该公司最早拥有的项目资产是2000年，页面会依次显示2000年、2001年、2002年、2003年、2004年、2005年、2006年的各项资产情况。

四、系统应用

查询系统的应用充满人性化设计，按照系统的要素构成，简单选择或者输入搜索字符，就可以查询所需资料。同时为了管理者存档、归类、分析的方便，还设计了Excel输出功能，可以将网络资料通过输出功能输出数据，形成Excel表格。

第六章　建筑施工项目资产管理案例

第一节　公司基本情况

一、建筑公司的基本情况

中国BJ集团ZN公司是该集团下属的二级企业，2006年实现主营业务收入11亿元，利润3300多万，经营地区涉及中南地区、京津地区、西南地区，有管理人员600余人，是一家国有骨干建筑企业集团的成员。

2003年ZN公司销售收入只有1.9亿元，利润勉强持平，职工三个月没发工资，资金流几近崩溃。2003年底集团对ZN公司进行了调整，新一届领导班子上任后开展了深入细致的调查研究，掌握了企业存在的问题。这些问题有市场决策的，有内部管理的，也有企业文化的。面对这些问题，新班子经过认真思考，于2004年初制定了未来公司发展的一系列战略，包括市场战略、内部管理战略、职工教育战略、企业文化战略等全方位的管理框架。在这些战略框架下，公司从2004年到2006年的三年时间发生了天翻地覆的变化。2004年完成主营业务收入2.7亿元，实现利润1100万元；2005年完成主营业务收入7.3亿元，实现利润2200万元；2006年完成主营业务收入11亿元，实现利润3400万元，2006年完成的主营业务收入是2003年的5.7倍，利润是30多倍，职工收入增长了33%。这一系列成绩说明当年的战略决策是正确的。

二、建筑施工项目资产的管理概况

新班子上任不久就发现，内部管理漏洞很多，就项目资产（当时还没有这一概念）而言，基本上天天有人要买这买那，公司规模没有变化，需要天天购买这么多东西吗？天天买的东西都到哪里去了？这一现象可以从两个方面发现问题：一是资产管理，二是成本管理。两者是相互依存却又不完全一致，资产管理的好坏影响到成本的结果，但又不仅仅影响成本，还影响资金流，影响企业文化的构建，甚至涉及国有资产的流失；成本管理水平受项目资产管理水平的影响，而又不仅仅是项目资产管理一项所决定的，还受采购成本、技术方案等因素的影响。但是抓好项目资产既是资产管理的需要，又是成本管理的需要，对企业加强内部管理，推行精细化管理具有重要意义。

新一届领导班子大都是从基层逐步干上来的，对施工企业内部的各生产要素非常熟悉，经过广泛了解后，问题很快找出来了。下面以案例说明项目资产存在的问题。

【案例】 dx项目是ZN公司2004年的一个在建项目，该项目合同额1500万元，工期1年。在项目施工期间，该项目曾2次购置电话机，也就是在1年多的施工期间曾使用了3部电话机，并且第三次还买了400多元的名牌子母机。一般来说领导对审批过的账，不能都记得很清楚，但这件事被领导记住了，第三次来报销购置电话机的费用时，领导通过财务查账了解到，果然已经报销过两次了。在了解为什么用这么多电话机时，解释说坏了，经了解确实是坏了。追查为什么坏这么快，没有人知道，当然也就无法追究责任了。问为什么买这么好的子母机，解释说，没有规定不能买这样的。于是没有人有责任，没有人有过错，大家都对，领导也只能给报销了。按常规一部电话机正常使用十年、八年应该没有问题，即使充分考虑项目人员杂，公用设施浪费快的因素，一部电话机用两年、三年也应该没有问题。这件事对于正在全方位调整企业发展战略的公司领导来说可能是件小事，但是公司领导没有把这看成一件简单的小事，而是就此开始调查研究、分析问题，并列出了问题清单：

1. 购买随意性大。主要体现在三个方面：一是任何项目、任何人都可以购买；二是购买前没有人审批，买后报账；三是购买没有标准，买什么样的，凭购买者自我感觉。买回来找领导报账，如果不给报销，购买的人会感觉很委屈，领导不支持工作，还可能因影响了购买者的情绪，消极怠工。

2. 没有责任人。东西买回来大家就一起使用了，经常用着用着就没了，或者坏了或者掉包了，东西哪去了，没有人知道。追索责任，跟每个人都没关系，于是只好再买。特别是小型固定资产和非固定资产的工具用具、办公设备、生活用具等，管理好的项目，能用完一个项目，项目完工后，随着项目部的解体，东西也消失了，管理不好的项目中间就需要更换几次。

3. 没有损耗标准。项目资产从一个项目调到另一个项目，无法根据所调拨项目资产的状况冲减该项目的成本，对这个项目来说，甚至还是一种损失。因此，有的项目即使知道其他项目需要本项目拥有的且闲置的项目资产，也不积极提供，而宁愿作废品卖掉。

4. 信息不流畅，各项目资产固化。各项目之间，特别跨区域之间信息没有顺畅的沟通渠道，互相不了解情况。可能会出现一个项目有闲置的项目资产，被当废品卖了，而另一项目却在到处购买的现象。

5. 没有统一协调管理组织。包括计划、购置、保管、使用、调拨、报废各环节等没有具体负责的部门，成了谁都不管的事情。

问题清楚了，下面就是怎么办？

公司领导针对发现的这些问题，开始组织讨论研究，并提出要求，必须拿出解决这一问题的措施，该措施要求有效、易操作。经过有关领导和部门的认真思考，反复推敲，一套规范项目资产的制度也就产生了。

第二节　建筑施工项目资产的管理内容

ZN 公司的项目资产管理措施主要包括两个方面的内容，一是通过制度建设规范项目资产管理的各种行为；二是通过建立网上信息管理平台，保证该制度的有效实施。性质有点像 ERP 的功能，只是各种要素资源管理相对简单。

一、制度建设

ZN 公司根据发现的问题制定了《ZN 公司建筑施工项目资产管理办法》，该办法共有 3 大创新点：

1. 首次提出了“建筑施工项目资产管理”概念，建筑施工项目资产涵盖了施工企业除构成工程实体外的大部分实物资产。

2. 明确了项目资产在调拨过程中的定价方法，使得项目成本核算更为合理、公平，也解决了项目之间因资产调拨价格所产生的争端；另一方面促使资产使用责任人加强对项目资产的管理和维护。

3. 设计了项目资产从计划、购置、保管、使用、调拨、报废等整个管理流程。

《ZN公司建筑施工项目资产管理办法》文件如下：

中国BJ集团ZN公司文件

司财字［2004］××号

★

关于印发《ZN公司建筑施工项目资产管理办法》的通知

各单位、各片区、各项目经理部：

为加强对公司资产的管理，充分利用公司的资产资源，提高资产的使用效率，推动公司精细化管理进程，经公司领导研究决定，印发《ZN公司建筑施工项目资产管理办法》，望遵照执行。

此通知

中国BJ集团ZN公司

2004年11月15日

附：《中国BJ集团ZN公司建筑施工项目资产管理办法》

《中国BJ集团ZN公司项目资产使用周期及回收折价标准表》

主题词：资产管理办法　项目　通知

抄　送：公司领导、机关各部室

发　至：各单位、各片区（项目经理部）

附件一：

中国BJ集团ZN公司建筑施工项目资产管理办法

1　制定目的：为了加强公司建筑施工项目资产的管理，盘活项目实物资产，提高项目资产的使用次数，合理利用项目资产，以降低项目成本，最大限度地提高项目的经济效益。

2　制定依据：

2.1　《建设工程项目管理规范》

2.2　公司和项目签订的《项目管理责任书》

2.3　集团和公司项目管理规定及相关文件

3　建筑施工项目资产的概念：建筑施工项目资产指为进行项目施工或管理而配置或购买的不形成工程实体，但完成工程项目所必须的、可周转使用的、固定资产和价值在50元以上的非固定资产。包括机关使用的资产、项目部使用的资产、片区事业部使用的资产、其他经营主体使用的资产。以下简称项目资产。

4　项目资产的种类和范围

4.1　固定资产。按上级规定应列入固定资产管理的可周转使用资产。土地等不能为工程项目生产所使用的固定资产不在此列。主要包括以下几大类：施工机械、运输机械、生产设备、试验设备及仪器、其他固定资产等。

4.2　低值易耗品。主要包括以下几大类：办公用品、办公设施、宣传工具、生活及炊事用具、交通工具、生产工具、安全用品、劳保用品、其他低值易耗品等。

4.2.1　办公用品：包括规范、定额等工具用书和科技类书籍；移动硬盘、U盘、绘图工具、计算器、电话机等可重复使用的手头办公用品；办公软件等单价在50元以上的办公用品。

4.2.2　办公设施：包括办公桌椅、电脑、打印机、复印机、扫描仪、空调、电风扇、文件柜等单价在50元以上可重复使用办公设施。

4.2.3　宣传工具：包括照相机、摄像机、投影仪、音像设备、幻灯机以及各类CI用品和标牌、宣传栏等单价在50元以上可重复使用宣传工具、用品。

4.2.4　生活及炊事用具：包括机关和项目食堂所用的炊事用具、冰箱、消毒柜等；床铺、被褥、饮水机、温度仪、医疗设施等单价在50元以上的工具用具。

4.2.5　交通工具：摩托车、自行车、助力车等单价在50元以上的交通工具。

4.2.6　生产工具：包括小型机具、试验设备、测量仪器，质量检测工具等，电缆、电线、小型电器等单价在50元以上的生产工具。

4.2.7　安全用品：主要包括安全标志牌；消防设施、消防器材以及保健急救设备；安全带、安全帽、内外安全网；楼梯口、电梯口、通道口、预留洞口、阳台周边、楼层周边以及上下通道的临边安全防护栏杆和盖板；变配电装置的各级配电箱、外电防护；层间安全门、防护棚等单价在50元以上的用品设施。

4.2.8　劳保用品：包括雨衣、雨靴、劳动服、工作手套等单价在50元以上的劳动保护用品。

4.2.9　其他低值易耗品：其他可收回使用的单价在50元以上的实物资产。

4.3　临时设施：包括工人及管理人员宿舍、办公室、厕所、食堂；可拆除回收的其他设施，如岗楼、大门等。

4.4　周转材料：主要包括钢模板、木模板、脚手架和其他周转材料等。

5　项目资产的管理

5.1　管理原则：本着“谁报账谁负责”的原则和“属地原则”，确定项目资产的管理部门和机构；按“到期回收”和“已旧换新”的原则保管和使用。

5.1.1　“谁报账谁负责”是指由经办人负责到实物主管部门办理实物登记和财务核销手续并负责保管。

5.1.2　属地原则是指各地区事业部项目资产实物由各地区事业部安排专人负责管理和调拨。

5.1.3　“到期回收”是指当项目完工、本人调离该岗位、原有项目资产已不能使用时，由经办人交回实物资产管理部门。

5.1.4　“以旧换新”是指本部门或本人原已经配置的使用功能相同或相近的项目资产需要更新时，要将原有资产交回。

5.2　管理分工：

5.2.1　审批权限：项目或部门需要添置项目资产时，由经办人提出书面申请，经项目经理（部门经理、片区负责人）审核同意，报实物资产管理部门审核，属固定资产的，报公司经理审批。不构成固定资产的，报公司分管领导审批，异地地区事业部报本事业部经理审批。

5.2.2　公司财务资金部是项目资产的主管部门，负责项目资产的管理，监督项目资产的计划、购置、保管、使用、调拨、报废；对购置或调拨的项目资产进行账务处理。

5.2.3　公司和具备条件的事业部建立地区项目资产管理和调剂中心，或者指定相关部门负责项目资产的管理、回收和调剂。资产管理和调剂中心负责建立本地区项目资产台账，审核项目资产的采购，组织调拨和回收项目资产，对内部调拨实物资产按规定作价。本地事业部的项目资产纳入公司的统一管理和调度。各资产管理和调剂中心要统一使用公司项目资产管理平台，不得单独建立台账。

6　内部调拨：满足“到期回收”条件的，项目资产必须交回地区项目资产管理和调剂中心，并保持外观及使用功能的基本良好。对交回的项目资产公司作价回收，冲减项目成本。没有交回的，或不合理损坏的，按原价赔偿，由所属单位和保管人按 7：3 承担。月末，地区项目资产管理和调剂中心将当月项目资产调拨走向及价格表报财务资金部，财务资金部据以列账。各单位、部门需要的项目资产应优先从公司已有的项目资产中进行调剂。

7　保管和维修：项目资产管理和调剂中心应负责回收资产的检修和保管，维修应达到二次调拨时的良好使用状态。项目资产管理部门可以按规定从资产交回单位收取一定管理费。

8　报废及变卖。项目资产管理和调剂中心认为确实无法使用的项目资产，经报公司经理审批后，可以定期变卖和处理。变卖收入交公司财务。除项目资产管理和调剂中心按程序处理、变卖项目资产外，任何单位不得私自处理项目资产。

9　附则

9.1　本文件自下发之日起执行。

9.2　本文件由公司财务资金部负责解释。

附件二：

中国BJ集团ZN公司

项目资产使用周期及回收折价标准表

序号	资产名称	使用周期	回收折价标准
一	固定资产	执行企业固定资产使用周期	按固定资产管理办法管理并分摊成本
二	低值易耗品		
1	办公用品		
	规范定额、科技等工具书、办公软件	新标准、新规定出台	内部调拨不作价
	绘图工具、计算器、电话机等办公用品	4年	内部调拨不作价
	移动硬盘、U盘	3年	内部调拨不作价
2	办公设施		
	项目办公桌椅	3个项目或3年	第一次按原采购价的50%摊销，二次按30%，第三次按20%；保管部门每次按采购价的3%收管理费
	公司机关、事业部机关办公桌	6年	机关内部调拨不作价，项目调拨同"项目办公桌椅"
	公司机关、事业部机关办公椅	3年	机关内部调拨不作价，项目调拨同"项目办公桌椅"
	电脑	4年	机关内部调拨不作价，项目第一次按原采购价的40%摊销，第二次按35%，第三次按25%；保管部门每次按采购价的5%收管理费
	打印机、复印机、扫描仪	4年	机关内部调拨不作价，项目第一次按原采购价的40%摊销，第二次按35%，第三次按25%；保管部门每次按采购价的5%收管理费
	1000元以下简易空调、电风扇	3个项目或2年	第一次按原采购价的50%摊销、第二次按35%，第三次按15%；保管部门每次按采购价的3%收管理费
	超过1000元的空调	5个项目或5年	第一次按原采购价的50%摊销，第二次按35%，第三次按15%；以后不再摊销；保管部门每次按采购价的3%收管理费
	文件柜	5个项目或8年	第一次按原采购价的40%摊销，第二次按35%，第三次按25%，以后不再摊销；保管部门每次按采购价的3%收管理费
3	宣传工具		
	摄像机、照相机、投影仪、音像设备、幻灯机等	5年	内部调拨不作价
	CI用品、标牌		可使用的，第一次按原采购价的70%摊销，第二次按30%；保管部门每次按采购价的5%收管理费
4	生活及炊事用具		
	电锅、炒锅、煤气灶、煤气罐等炊具等	3个项目或3年	第一次按原采购价的50%摊销，第二次按35%，第三次按15%；保管部门每次按采购价的3%收管理费

续表

序号	资产名称	使用周期	回收折价标准
	家用冰箱、消毒柜	3个项目或5年	第一次按原采购价的50%摊销，第二次按35%，第三次按15%；保管部门每次按采购价的3%收管理费
	引水机、温度仪	3个项目或2年	第一次按原采购价的50%摊销，第二次按35%，第三次按15%；保管部门每次按采购价的3%收管理费
	床铺	3个项目或6年	第一次按原采购价的50%摊销，第二次按35%，第三次按15%；保管部门每次按采购价的3%收管理费
	医疗设施	按国家规定使用年限	内部调拨不作价
5	交通工具		
	3000元以下摩托车、200元以下自行车等交通工具	2个项目或2年	第一次按原采购价的50%摊销，第二次按35%，第三次按15%；保管部门每次按采购价的3%收管理费
	3000元以上摩托车、200元以上自行车等交通工具	3个项目或4年	第一次按原采购价的50%摊销，第二次按35%，第三次按15%；保管部门每次按采购价的3%收管理费
6	生产工具		
	小型电器、小型机具	按规范期限	可继续使用的，每次按原采购价的50%摊销；保管部门每次按采购价的3%收管理费
	测量仪器、试验设备	按规范期限	由工程部门统一管理、使用，不作价
	电缆	周转4次，每次按6个月	第一次按原采购价的35%摊销，第二次按30%，第三次按20%，第四次按15%；保管部门每次按采购价的3%收管理费
	电线	周转2次	第一次按原采购价的60%摊销，第二次按40%摊销，如可继续使用，二、三次折半摊销；保管部门每次按采购价的3%收管理费
	配电箱	按规范期限	可继续使用的，每次按原采购价的50%摊销；保管部门每次按采购价的3%收管理费
7	安全用品		本项以下资产须经公司安全主管部门确认可使用状况
	安全网		可使用的：白色平网，清理干净未开洞的，使用周期在6个月内，按原采购价50%摊销；开小洞、织好后不影响使用的，按原采购价70%摊销。立网、围护网清理干净未开洞，按50%摊销；开小洞不影响使用的，按70%摊销。保管部门每次按采购价的5%收管理费
	安全带		可使用的，第一次按原采购价的70%摊销，第二次按30%；保管部门每次按采购价的5%收管理费
	安全帽		可使用的，第一次按原采购价的70%摊销，第二次按30%；保管部门每次按采购价的5%收管理费
	消防设施、消防器材		可使用的，第一次按原采购价的70%摊销，第二次按30%；保管部门每次按采购价的5%收管理费
8	劳保用品	一个项目	不调拨，不作价
9	其他低值易耗品		实物资产管理部门与持有部门协商，按原采购价的50%～80%摊销

续表

序号	资产名称	使用周期	回收折价标准
三	临时设施		
	彩板房	2个项目或3年	第一次按原采购价的60%摊销，二次按40%；保管部门每次按采购价的收5%管理费
四	周转材料	按国家或企业标准	内部租赁按市场价，资产调拨按国家规定，丢失赔偿按市场价

制度的制定规范了项目资产管理从计划、购置、保管、使用、调拨、报废的各个环节，明确了管理原则，规范了流程，制定了标准，为项目资产科学化管理提供了依据。

二、技术措施

办法有了，必须有简洁高效的管理手段。当时BJ集团已经在企业管理的多个方面采用了信息化管理手段，并取得良好的效果。ZN公司领导想既然在其他方面取得了成功，在项目资产管理上可不可以信息化管理为手段——建立项目资产信息管理平台。设想提出来以后，公司财务部门、实物资产管理部门、网管中心等部门就开始设计。财务部门提出信息化管理以后要达到的目的，以及管理流程的要求，实物资产管理部门提出管理的可操作性和现实中可能存在的问题，将这些内容汇总后，由网管中心信息管理员构建信息化管理框架以及采用的技术。

大概2个月左右的时间，第一轮设计的结果出来了，基本符合管理的要求。

1. 确定了管理平台是网络版，而不是单机版；

2. 利用公司目前使用的内部管理平台，在其下单设“项目资产”管理板块；

3. 设计录入系统和查询系统两个两大块。

这些基本框架拿出来后，报公司有关领导确定。公司领导认为，思路正确，架构合理，可以实施。同时又指出操作细节有许多不足，不利于操作和使用。

存在的问题主要包括：

1. 页面不够简洁；

2. 历史记录可以修复；

3. 没有设计数据输出功能；

4. 记录要素不够齐全；

5. 资产编号不是惟一；

6. 查询方法单一；

7. 需要留出升级空间。

根据领导的意见，参与设计的几个部门又进一步细化设计方案，经过大概1个月的时间，完善后的信息管理平台终于出台，经有关领导审定后，认为可行。项目资产信息管理系统初步形成，该系统的形成有2个意义：

1. 开发、制作了项目资产管理软件，使用该软件不仅能动态地反映每一项资产的信息，而且让项目资产管理变得更轻松、规范。

2. 借助于网络资源，实现了项目资产管理公开化、透明化。

至此项目资产管理系统全面完成，并于2005年初开始运行使用。经统计到2005年底，该项管理措施降低成本 309.13 万元，其效果可见一般。

项目资产管理系统从思路设想、制度建设到软件开发都完全是 ZN 公司自己完成的，没有额外投入多少资金。由一批具有经验丰富、具有创新精神的管理者经过脚踏实地的工作，取得的成绩。具有独立的知识产权。

三、资产分类

根据 ZN 公司资产的拥有情况和本行业未来可能使用的项目资产情况，对公司的资产进行了分类。主要分为 4 大类，21 中类，小类若干。

大类分为：固定资产、低值易耗品、周转材料、临时设施。

中类分为：

固定资产： 施工机械
运输机械
生产设备
试验设备及仪器
其他固定资产

低值易耗品：办公用品
办公设施
宣传工具
生活及炊事工具
交通工具
生产工具
安全用品
劳保用品
其他低值易耗品

周转材料： 模板
模板扣件
钢管
钢管扣件

临时设施： 活动板房
金属大门
彩钢板围墙

小类根据具体用途分类，详见表 6-1。

四、权限设置

ZN 公司在项目资产的管理权限设置上，考虑了集中与授权两个因素。集中是所有项目资产的计划审批、购置、保管、使用、调拨、报废都集中在公司层次管理。同时为了提高工作效率在集中管理的前提下有效授权。授权中南地区、京津地区、西南地区三个地区事业部根据公司的要求，分别安排资产管理部门进行管理。

由于公司各项目资产管理的技术要求不同，因此不打乱原有的部门管理范围。继续按原管理部门进行管理，但是必须按新的管理办法和管理手段，进行管理。ZN 公司部门管理设置如下：

安全与环境管理部：负责机械设备类、安全类项目资产的管理；

工程部：负责周转材料类、临时设施类项目资产的管理；

技术部：负责仪器仪表类项目资产的管理；

办公室：办公类、生活类、宣传类项目资产的管理。

公司（地区事业部）范围内各项目（部门）需要项目资产，首先由需求岗位提出申请，所在项目（部门）负责人同意后报公司（地区事业部）的实物资产管理部门审核，实物管理部门根据需要，提出内部调拨、购置或不予配备意见，经财务部门审核后报领导审批。对于跨区域的资产调拨需地区事业部经理确认后，公司领导审批。审批通过后，实物资产管理部门根据情况决定集中采购或授权采购，并对购置的项目资产登记信息管理平台，财务部门在核销该项资产时，首先查看申请审批表，然后查看台帐登记情况，并根据原始单据核销。

第三节　管理方案实务操作

一、建筑施工项目资产清理与控制

2005 年 1 月 1 日起，ZN 公司开始进行项目资产的系统管理，以前公司购置的大量存量资产也必须纳入管理。由于公司在 2004 年 11 月份关于项目资产管理的文件就出台，而关于管理思路和管理方法的酝酿就更早了。因此公司在 2004 年底的财产清查时就明确要求必须严格查清，凡是符合项目资产管理范围的，不管账上有没有，必须据实盘点，并明确管理责任人，同时通过对现有项目资产原始发票的清查，找出购买时间和金额。这种行为实际上是对历史项目资产的清盘。不清不知道，一清吓一跳，仅固定资产和办公设备、生活用具等沉淀在各项目、机关各部门的竟有几千件，这其中大部分是非固定资产。相应的这几千件项目资产中也只有部分固定资产基本纳入了管理体系，不会轻易流失，而非固定资产基本都随着各项目部的解散而不翼而飞。究其原因：按会计制度不够成固定资产的非固定资产类项目资产在购买后都是直接进入成本一次或分次核销，没有纳入资产的管理范畴。项目资产一旦报了账就失去了管理。

摸清自身项目资产的家底及了解了项目资产管理失控的原因后，该公司从 2005 年 1 月 1 日信息管理系统启用伊始就展开对已清查出来的旧有项目资产进行补录平台、重新登记的工作；而对于 2005 年 1 月 1 日以后新增的项目资产加强了控制，要求严格采取新的管理办法。这样项目资产管理开始步入正轨了。

二、编码

在对 2004 年底盘查出来的项目进行登记平台时，首先要对每一项资产做出身份认定。也就是开始编码。

ZN 公司项目资产编码规则是：编码共九位构成，由汉语拼音和阿拉伯数字混合组成。编码前两位为汉语拼音字母大写，后面为七位阿拉伯数字。

编码的第一个字母表示第一分类，即总分类，用该类资产第一个字的第一个拼音字母表示；第二个字母是第二分类的顺序号，在第一分类后按 A、B、C、D……表示；字母后两位阿拉伯数字表示第三分类，在第二分类后按 01、02、03、04……表示；最后的 5 位数表示同类资产的顺序号。

如 GA0100001 表示固定资产——施工机械——起重机械——第一台起重机械，GA0100002 表示固定资产——施工机械——起重机械——第二台起重机械，GA0200001 则表示固定资产——施工机械——挖掘机械——第一台挖掘机械。

关于项目资产的编码名录可参见表 6-1：

编码规则目录 **表 6-1**

大类		中类及小类	编码	例 举 说 明
固定资产	一	固定资产：施工机械	GA	遵循中国××集团公司固定资产目录中的明细分类
	1	固定资产：施工机械：起重机械	GA01	遵循中国××集团公司固定资产目录中的明细分类
	2	固定资产：施工机械：挖掘机械	GA02	遵循中国××集团公司固定资产目录中的明细分类
	3	固定资产：施工机械：土方铲运机械	GA03	遵循中国××集团公司固定资产目录中的明细分类
	4	固定资产：施工机械：凿岩机械	GA04	遵循中国××集团公司固定资产目录中的明细分类
	5	固定资产：施工机械：基础及凿井机械	GA05	遵循中国××集团公司固定资产目录中的明细分类
	6	固定资产：施工机械：钢筋及混凝土机械	GA06	遵循中国××集团公司固定资产目录中的明细分类
	7	固定资产：施工机械：筑路机械	GA07	遵循中国××集团公司固定资产目录中的明细分类
	8	固定资产：施工机械：装饰机械	GA08	遵循中国××集团公司固定资产目录中的明细分类
	9	固定资产：施工机械：泵类	GA09	遵循中国××集团公司固定资产目录中的明细分类
	10	固定资产：施工机械：其他	GA10	遵循中国××集团公司固定资产目录中的明细分类
	二	固定资产：运输机械	GB	遵循中国××集团公司固定资产目录中的明细分类
	1	固定资产：运输机械：汽车及拖挂	GB01	遵循中国××集团公司固定资产目录中的明细分类
	2	固定资产：运输机械：小型车辆	GB02	遵循中国××集团公司固定资产目录中的明细分类
	3	固定资产：运输机械：运输船	GB03	遵循中国××集团公司固定资产目录中的明细分类
	4	固定资产：运输机械：其他	GB04	遵循中国××集团公司固定资产目录中的明细分类
	三	固定资产：生产设备	GC	遵循中国××集团公司固定资产目录中的明细分类
	1	固定资产：生产设备：木工加工机械	GC01	遵循中国××集团公司固定资产目录中的明细分类
	2	固定资产：生产设备：金属切削机床	GC02	遵循中国××集团公司固定资产目录中的明细分类
	3	固定资产：生产设备：锻压机末	GC03	遵循中国××集团公司固定资产目录中的明细分类
	4	固定资产：生产设备：焊接及切割设备	GC04	遵循中国××集团公司固定资产目录中的明细分类

续表

大类	中类及小类	编码	例举说明
5	固定资产：生产设备：铸造及热处理设备	GC05	遵循中国××集团公司固定资产目录中的明细分类
6	固定资产：生产设备：动能设备	GC06	遵循中国××集团公司固定资产目录中的明细分类
7	固定资产：生产设备：维修专用设备	GC07	遵循中国××集团公司固定资产目录中的明细分类
8	固定资产：生产设备：其他	GC08	遵循中国××集团公司固定资产目录中的明细分类
四	固定资产：试验设备及仪器	GD	遵循中国××集团公司固定资产目录中的明细分类
1	固定资产：试验设备及仪器：非金属材料试验设备	GD01	遵循中国××集团公司固定资产目录中的明细分类
2	固定资产：试验设备及仪器：金属材料试验设备	GD02	遵循中国××集团公司固定资产目录中的明细分类
3	固定资产：试验设备及仪器：土工仪器	GD03	遵循中国××集团公司固定资产目录中的明细分类
4	固定资产：试验设备及仪器：温湿度测定仪器	GD04	遵循中国××集团公司固定资产目录中的明细分类
5	固定资产：试验设备及仪器：光学测定仪	GD05	遵循中国××集团公司固定资产目录中的明细分类
6	固定资产：试验设备及仪器：显微镜	GD06	遵循中国××集团公司固定资产目录中的明细分类
7	固定资产：试验设备及仪器：电工测定仪器	GD07	遵循中国××集团公司固定资产目录中的明细分类
8	固定资产：试验设备及仪器：计量仪器	GD08	遵循中国××集团公司固定资产目录中的明细分类
9	固定资产：试验设备及仪器：测绘仪器	GD09	遵循中国××集团公司固定资产目录中的明细分类
10	固定资产：试验设备及仪器：无损探伤机	GD10	遵循中国××集团公司固定资产目录中的明细分类
11	固定资产：试验设备及仪器：环保监测	GD11	遵循中国××集团公司固定资产目录中的明细分类
12	固定资产：试验设备及仪器：其他	GD12	遵循中国××集团公司固定资产目录中的明细分类
五	固定资产：其他固定资产	GE	遵循中国××集团公司固定资产目录中的明细分类
1	固定资产：其他固定资产：管理用具	GE01	遵循中国××集团公司固定资产目录中的明细分类
2	固定资产：其他固定资产：交通车船	GE02	遵循中国××集团公司固定资产目录中的明细分类
3	固定资产：其他固定资产：文体宣传器具	GE03	遵循中国××集团公司固定资产目录中的明细分类
4	固定资产：其他固定资产：炊事机具	GE04	遵循中国××集团公司固定资产目录中的明细分类
5	固定资产：其他固定资产：医疗设备	GE05	遵循中国××集团公司固定资产目录中的明细分类

续表

大类		中类及小类	编码	例举说明
	6	固定资产:其他固定资产:消防设备	GE06	遵循中国××集团公司固定资产目录中的明细分类
	7	固定资产:其他固定资产:其他	GE07	遵循中国××集团公司固定资产目录中的明细分类
低值易耗	一	低值易耗:办公用品	DA	
	1	低值易耗:办公用品:书籍	DA01	各类工具用书等
	2	低值易耗:办公用品:计算器	DA02	各种型号的计算器
	3	低值易耗:办公用品:办公软件	DA03	各类办公软件
	4	低值易耗:办公用品:电脑配件	DA04	硬盘、内存条、显卡等
	5	低值易耗:办公用品:移动硬盘	DA05	容量较大的移动硬盘
	6	低值易耗:办公用品:U盘	DA06	小容量的移动硬盘
	7	低值易耗:办公用品:电话机	DA07	电话机
	8	低值易耗:办公用品:传真机	DA08	传真机
	9	低值易耗:办公用品:温度仪	DA09	温度仪
	二	低值易耗:办公设备	DB	
	1	低值易耗:办公设备:电脑	DB01	属固定资产
	2	低值易耗:办公设备:打印机	DB02	各类打印机
	3	低值易耗:办公设备:复印机	DB03	各类复印机
	4	低值易耗:办公设备:扫描仪	DB04	各类扫描仪
	5	低值易耗:办公设备:绘图机	DB05	各类绘图机
	6	低值易耗:办公设备:饮水机	DB06	各类饮水机
	7	低值易耗:办公设备:空调	DB07	各类空调
	8	低值易耗:办公设备:电扇	DB08	各类电扇
	9	低值易耗:办公设备:文件柜	DB09	各类文件柜
	10	低值易耗:办公设备:办公桌	DB10	各类办公桌
	11	低值易耗:办公设备:办公椅	DB11	各类办公椅
	三	低值易耗:宣传工具	DC	

续表

大类		中类及小类	编码	例举说明
	1	低值易耗:宣传工具:照相机	DC01	各类照相机
	2	低值易耗:宣传工具:摄像机	DC02	各类摄像机
	3	低值易耗:宣传工具:投影机	DC03	各类投影机
	4	低值易耗:宣传工具:音响设备	DC04	各类音响设备
	5	低值易耗:宣传工具:幻灯机	DC05	各类幻灯机
	四	低值易耗:生活、炊事用具	DD	
	1	低值易耗:生活、炊事用具:电视机	DD01	
	2	低值易耗:生活、炊事用具:床铺	DD02	床
	3	低值易耗:生活、炊事用具:被褥	DD03	各种床上用品
	4	低值易耗:生活、炊事用具:冰箱	DD04	冰箱、冰柜
	5	低值易耗:生活、炊事用具:消毒柜	DD05	生活用消毒柜
	6	低值易耗:生活、炊事用具:微波炉	DD06	
	7	低值易耗:生活、炊事用具:燃气炉灶	DD07	各式灶具
	8	低值易耗:生活、炊事用具:食品加工器	DD08	炒锅、电锅、刀具等
	9	低值易耗:生活、炊事用具:蒸饭锅	DD09	
	五	低值易耗:交通工具	DE	
	1	低值易耗:交通工具:摩托车	DE01	
	2	低值易耗:交通工具:自行车	DE02	
	3	低值易耗:交通工具:助动车	DE03	
	六	低值易耗:其他	DF	
	1	低值易耗:其他:医疗器械	DF01	各式医疗器械(医疗用消毒柜属此类)
	2	低值易耗:其他:灭火器	DF02	
	3	低值易耗:其他:其他	DF03	
周转材料	一	周转材料:模板	ZA	
	1	周转材料:平模	ZA01	
	2	周转材料:阴角模	ZA02	

续表

大类		中类及小类	编码	例 举 说 明
	3	周转材料:阳角模	ZA03	
	4	周转材料:小方模	ZA04	
	二	周转材料:模板扣件	ZB	
	1	周转材料:U 型卡	ZB01	
	2	周转材料:W 型卡	ZB02	
	三	周转材料:钢管	ZC	
	1	周转材料:脚手架钢管	ZC01	
	四	周转材料:钢管扣件	ZD	
	1	周转材料:扣件	ZD01	
	2	周转材料:主梁托架	ZD02	
	3	周转材料:接头管	ZD03	
临时设施	一	临时设施:活动板房	LA	此类设施可回收利用
		临时设施:活动板房	LA01	此类设施可回收利用
	二	临时设施:金属大门	LB	此类设施可回收利用
		临时设施:金属大门	LB01	此类设施可回收利用
	三	临时设施:彩钢板围墙	LC	此类设施可回收利用
		临时设施:彩钢板围墙	LC01	此类设施可回收利用

三、录入

1. 增量资产的录入

新增资产在办理完验收拨料手续，落实了保管责任人，进行了编码以后，开始录入工作。首先登陆资产管理信息平台，登陆步骤如下：

(1) 通过互联网或局域网登陆公司内网平台，会出现以下界面，如图 6-1。

中国 BJ 集团 ZN 公司内部网络平台

Thanks you for your access.

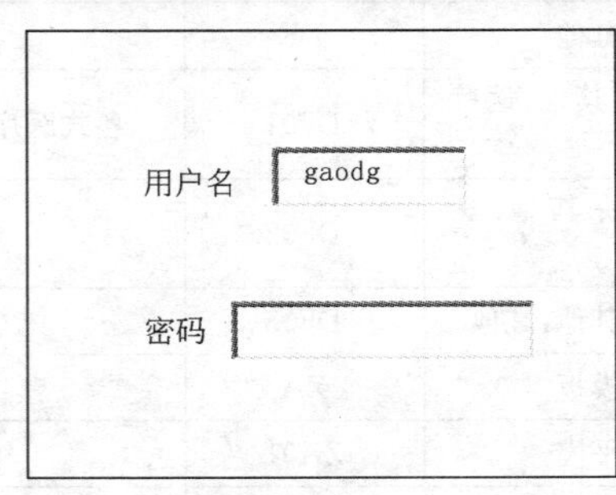

图 6-1　登陆公司内网

（2）输入用户名及密码后，点击登录按钮进入平台。会出现以下界面，如图 6-2。

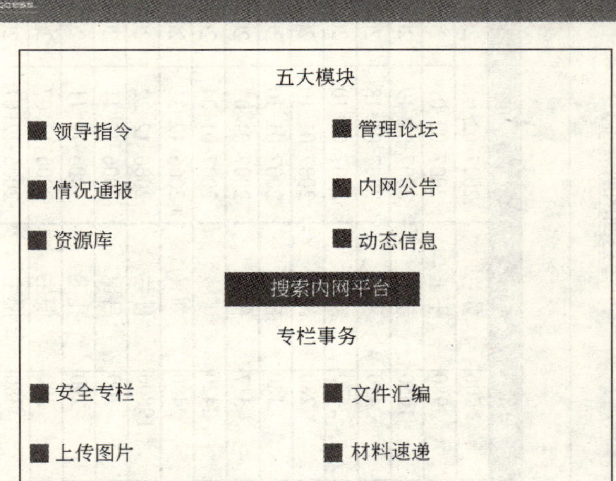

图 6-2　进入内网界面

进入平台后，双击左下角项目资产按钮出现以下界面如图 6-3，开始进行项目资产管理程序。

参照图 6-3 开始录入工作，点击右上方的【新建】按钮，进入项目资产录入界面，如图 6-4。按要素逐项录入，举例说明：在物品名称一栏中录入——空调；经办人一栏默认为进行录入工作的平台管理人员姓名，经授权后只有部分人员有录入权限；领用历程一栏填列——2007 年 2 月 8 号领用，拨料单号必须与办理拨料手续时拨料单号一致，此处举例填写为 0001234；物品种类可选大类、中类、小类或者不进行选择，直接默认为所有类别，此例就不进行选择；部门名称据实填列，此处举例为财务部；规格型号一栏填列——格力空调，此处可作明细说明；单价如实填列，此处举例为——3280 元；数量——1；单位——台；购买日期——2007 年 2 月 8 日；领用日期——2007 年 2 月 8 日；物品状态一栏中有——在使用、待调拨、待报废、已报废四个选项，此例我们选在使用；责任人举例填列——王四。点击“确认”后，出现以下页面如图 6-5。图中显示所增加项目资产——空调位于界面的最上端。这是因为系统默认为按时间排序，所以新录入项目资产自然而然会显示在最上端。

2. 存量项目资产的录入

此类情况是主要发生在公司新建资产管理平台、第一次使用资产管理系统时，如 ZN 公司对 2004 年末盘点的项目资产可归入此类。此类录入程序类同于新增项目资产的录入程序，而且使用频率较低。

四、查询

查询时首先通过互联网或局域网登陆公司内部网络平台。登录程序同图 6-1、图 6-2。进入项目资产信息管理平台后，可以按查询者需要进行查询。在查询之前可以根据需要或查询者的爱好设置每页显示条数，显示条数有最高限制。设置完上述参数后可按七种不同的方式查询所需要的内容。下面举例说明七种不同的查询方式。

图 6-3 进入项目资产管理平台界面

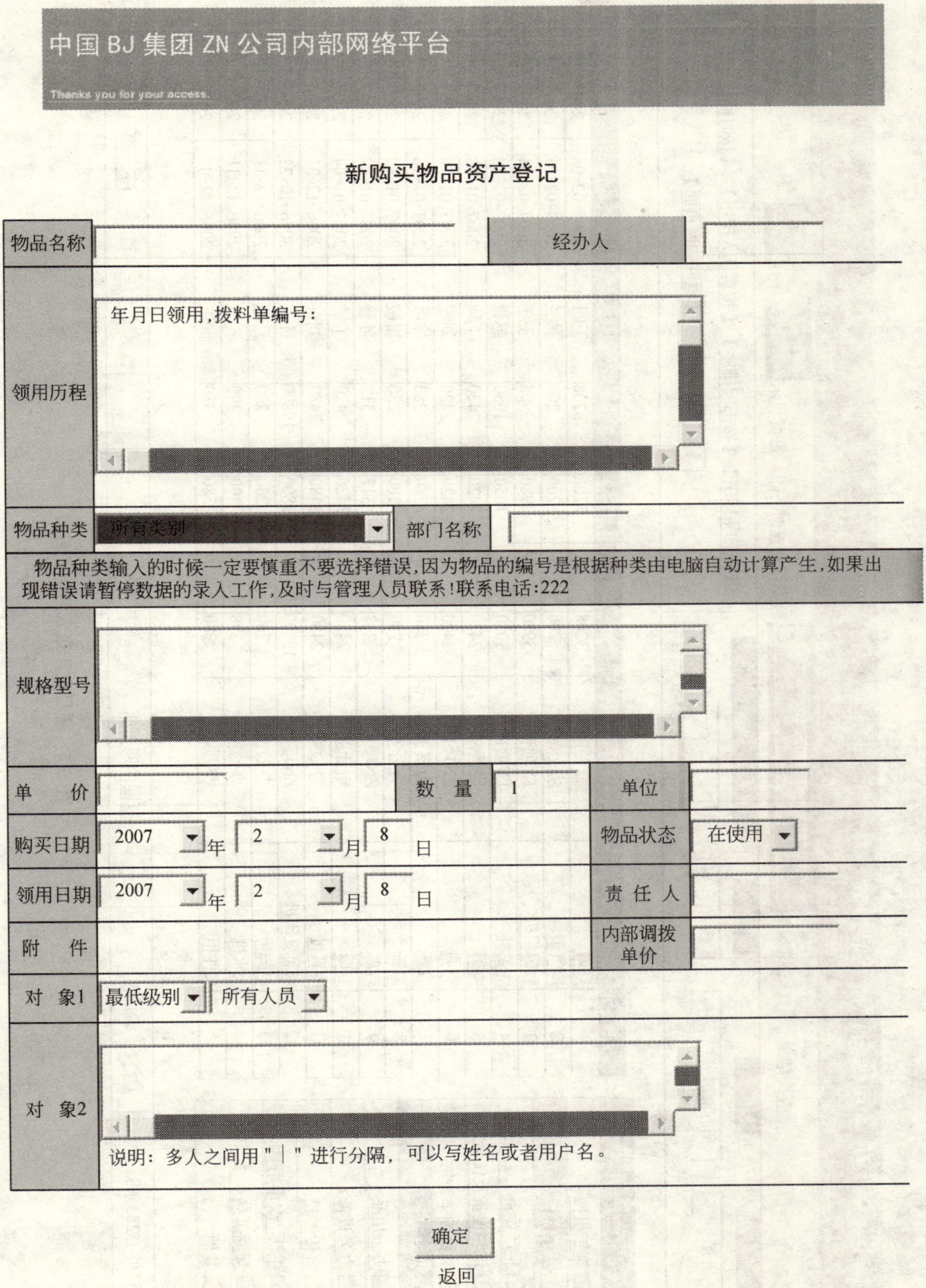

中国 BJ 集团 ZN 公司内部网络平台

Thanks you for your access.

新购买物品资产登记

物品名称		经办人	
领用历程	年月日领用，拨料单编号：		
物品种类	所有类别	部门名称	
物品种类输入的时候一定要慎重不要选择错误，因为物品的编号是根据种类由电脑自动计算产生，如果出现错误请暂停数据的录入工作，及时与管理人员联系！联系电话:222			
规格型号			
单　价		数　量 1	单位
购买日期	2007 年 2 月 8 日	物品状态	在使用
领用日期	2007 年 2 月 8 日	责 任 人	
附　件		内部调拨单价	
对　象1	最低级别　所有人员		
对　象2	说明：多人之间用"｜"进行分隔，可以写姓名或者用户名。		

确定

返回

图 6-4　项目资产录入平台界面

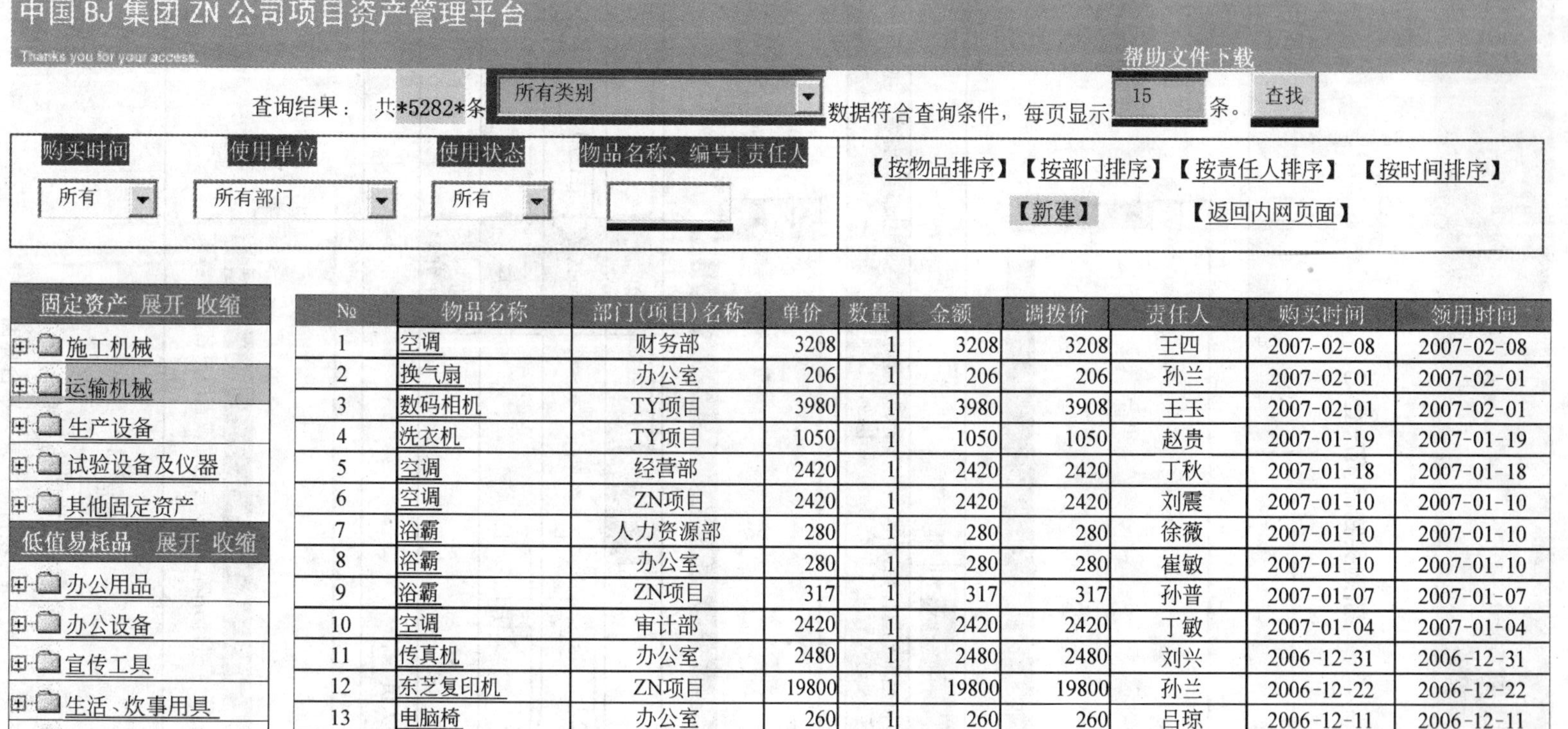

№	物品名称	部门(项目)名称	单价	数量	金额	调拨价	责任人	购买时间	领用时间
1	空调	财务部	3208	1	3208	3208	王四	2007-02-08	2007-02-08
2	换气扇	办公室	206	1	206	206	孙兰	2007-02-01	2007-02-01
3	数码相机	TY项目	3980	1	3980	3908	王玉	2007-02-01	2007-02-01
4	洗衣机	TY项目	1050	1	1050	1050	赵贵	2007-01-19	2007-01-19
5	空调	经营部	2420	1	2420	2420	丁秋	2007-01-18	2007-01-18
6	空调	ZN项目	2420	1	2420	2420	刘震	2007-01-10	2007-01-10
7	浴霸	人力资源部	280	1	280	280	徐薇	2007-01-10	2007-01-10
8	浴霸	办公室	280	1	280	280	崔敏	2007-01-10	2007-01-10
9	浴霸	ZN项目	317	1	317	317	孙普	2007-01-07	2007-01-07
10	空调	审计部	2420	1	2420	2420	丁敏	2007-01-04	2007-01-04
11	传真机	办公室	2480	1	2480	2480	刘兴	2006-12-31	2006-12-31
12	东芝复印机	ZN项目	19800	1	19800	19800	孙兰	2006-12-22	2006-12-22
13	电脑椅	办公室	260	1	260	260	吕琼	2006-12-11	2006-12-11
14	饮水机	办公室	390	1	390	390	孔飞	2006-12-11	2006-12-11
15	文件柜	PK项目	380	1	380	380	倪生	2006-12-07	2006-12-07

图 6-5 项目资产录入后更新界面

① 查询全部空调的基本情况；

② 查询 RK 项目的项目资产拥有情况；

③ 查询张三个人保管项目资产的使用情况；

④ 查询 2005 年购入项目资产的情况；

⑤ 按某一要求自动排序查询情况；

⑥ 模糊查询法的使用；

⑦ 多元查询功能的使用。

1. 查询全部空调的基本情况

进入“项目资产管理平台”后，在“物品名称、编码、责任人”对话框下填入“空调”；在“购买时间”、“使用单位”、“使用状态”对话框下，分别选择“所有”、“所有部门”、“所有”。在“每页显示____条”对话框填入“15”。点击“查找”。则出现以下界面，如图 6-6。公司所有空调全部按购买时间列示。在页面的最后一行，则显示，公司拥有空调信息共 291 条，按每页 15 行显示需要显示 20 页。

如果要继续查询图 6-6 中的序号 2——审计部的空调的详细情况，可以双击序号 2 所对应的物品名称一栏“空调”，所要查询的全部要素一目了然，其界面显示如图 6-7。

如图所示：审计部所用空调的所有信息一览无余。

2. 查询 RK 项目的项目资产拥有情况

进入“项目资产管理平台”后，在“使用单位”对话框下选择“RK 项目”，在“购买时间”、“使用状态”对话框下，分别选择“所有”、“所有”。在“物品名称、编码、责任人”对话框选空；在“每页显示____条”对话框填入“15”。点击“查找”。则出现以下页面，如图 6-8。

查询结果将反映出“RK 项目”所拥有的所有项目资产，图左下方显示共 10 页 137 项，说明“RK 项目”截止到查询日期共拥有 137 项项目资产。

3. 查询张三个人所保管项目资产的使用情况

进入“项目资产管理平台”后，在“物品名称、编码、责任人”对话框下填入“张三”；在“购买时间”、“使用单位”、“使用状态”对话框下，分别选择“所有”、“所有部门”、“所有”。在“每页显示____条”对话框填入“15”。点击“查找”。则出现以下页面，如图 6-9。

图 6-9 显示张三个人在公司领用过的全部项目资产，其中张三个人现在就职于 RK 项目，并领用了文件柜、保险柜、传真机三项项目资产，可是由于张三以前就职于财务部并领用过两把椅子，而且并没有及时办理退回仓库和在资产管理平台上进行注销，所以通过查询张三个人的项目资产情况，就可以监督并督促张三办理不用资产的交接手续。张三个人也可以通过查询了解划在自己名下的项目资产的数量及具体情况以便于落实责任人。

4. 查询 2005 年购入项目资产的情况

进入“项目资产管理平台”后，在“购买时间”对话框下选择“2005”，在“使用单位”、“使用状态”对话框下，分别选择“所有部门”、“所有”。在“物品名称、编码、责任人”对话框选空；在“每页显示____条”对话框填入“15”。点击“查找”。则出现以下页面，如图 6-10。

№	物品名称	部门(项目)名称	单价	数量	金额	调拨价	责任人	购买时间	领用时间
1	空调	财务部	3208	1	3208	3208	王四	2007-02-08	2007-02-08
2	空调	经营部	2420	1	2420	2420	丁秋	2007-01-18	2007-01-18
3	空调	ZN项目	2420	1	2420	2420	刘震	2007-01-10	2007-01-10
4	空调	审计部	2420	1	2420	2420	丁敏	2007-01-04	2007-01-04
5	空调	审计部	2420	1	2420	2420	刘永	2007-01-04	2007-01-04
6	空调	人力资源部	2320	1	2320	2320	王琼	2006-11-24	2006-11-24
7	空调	HT项目	1800	1	1800	1800	朱宁	2006-09-05	2006-09-05
8	空调	HT项目	1800	1	1800	1800	方建	2006-09-05	2006-09-05
9	空调	HT项目	1800	1	1800	1800	方建	2006-09-05	2006-09-05
10	空调	HT项目	3150	1	3150	3150	张军	2006-09-05	2006-09-05
11	空调	HT项目	1800	1	1800	1800	鲍亮	2006-09-05	2006-09-05
12	空调	HT项目	1800	1	1800	1800	周可	2006-09-05	2006-09-05
13	空调	HT项目	1800	1	1800	1800	张平	2006-09-05	2006-09-05
14	空调	HT项目	1800	1	1800	1800	郝晨	2006-09-05	2006-09-05
15	空调	HT项目	1800	1	1800	1800	方海	2006-09-05	2006-09-05

图6-6 单项项目资产——空调查询界面

中国 BJ 集团 ZN 公司项目资产管理平台

Thanks you for your access.　　帮助文件下载

空　调

【使用部门】　审计部

【规格型号】　格力空调 KFR-32GW/

【物品编号】　DB0700292

【单　　价】　2420元

【数　　量】　1台

【小　　计】　2420元×1台=2420元

【经 办 人】　张三

【现调拨价】　2420元 / 台

【物品状态】　在使用

【物品类别】　低值易耗：办公设备：空调

【购买日期】　2007 年 1 月 4 日

【领用日期】　2007 年 1 月 4 日

【责 任 人】　丁敏

【附　　件】　无相关附关

【领用历程】　07 年 1 月 4 日丁敏领用，拨料编号：0008954

返回

图 6-7　审计部空调查询界面

通过这项查询我们可以检索到 ZN 公司的各项目部及各职能部门在 2005 年度购置项目资产共计 2296 项，从而达到进一步了解和分析公司 2005 年全年的项目资产情况，从而找出问题，抓好项目资产管理，最大化的发挥项目资产管理平台的功效；这对于提高企业的效益、提升企业的整体管理水平，具有很大的实际意义。

5. 按某一要求自动排序查询情况

自动排序查询分为按物品排序、按部门排序、按责任人排序、按时间排序四种方式。四种方式满足不同的查询需要，但查询方法相同。进入“项目资产管理平台”后，在“购买时间”、“使用单位”、“使用状态”对话框下，分别选择“所有”、“所有部门”、“所有”。在“物品名称、编码、责任人”对话框选空；根据个人爱好在“每页显示____条”对话框

№	物品名称	部门(项目)名称	单价	数量	金额	调拨价	责任人	购买时间	领用时间
1	文件柜	RK 项目	380	1	380	3208	倪生	2006-12-07	2006-12-07
2	文件柜	RK 项目	380	1	380	2420	倪生	2006-12-07	2006-12-07
3	文件柜	RK 项目	380	1	380	2420	倪生	2006-12-07	2006-12-07
4	文件柜	RK 项目	380	1	380	2420	倪生	2006-12-07	2006-12-07
5	文件柜	RK 项目	380	1	380	2420	倪生	2006-12-07	2006-12-07
6	文件柜	RK 项目	380	1	380	2320	倪生	2006-12-07	2006-12-07
7	办公桌	RK 项目	250	1	250	250	钱华	2006-11-11	2006-11-11
8	打印机	RK 项目	3520	1	3520	3520	黄文	2006-10-27	2006-10-27
9	文件柜	RK 项目	380	1	380	380	缪浩	2006-10-20	2006-10-20
10	文件柜	RK 项目	380	1	380	380	黄月	2006-10-20	2006-10-20
11	热水器	RK 项目	1298	1	1298	1298	倪生	2006-10-14	2006-10-14
12	热水器	RK 项目	1298	1	1298	1298	倪生	2006-10-14	2006-10-14
13	U盘	RK 项目	120	1	120	128	徐正	2006-10-12	2006-10-12
14	办公桌椅	RK 项目	290	1	290	290	倪生	2006-09-30	2006-09-30
15	办公桌椅	RK 项目	290	1	290	290	倪生	2006-09-30	2006-09-30

图 6-8 RK 项目资产查询界面

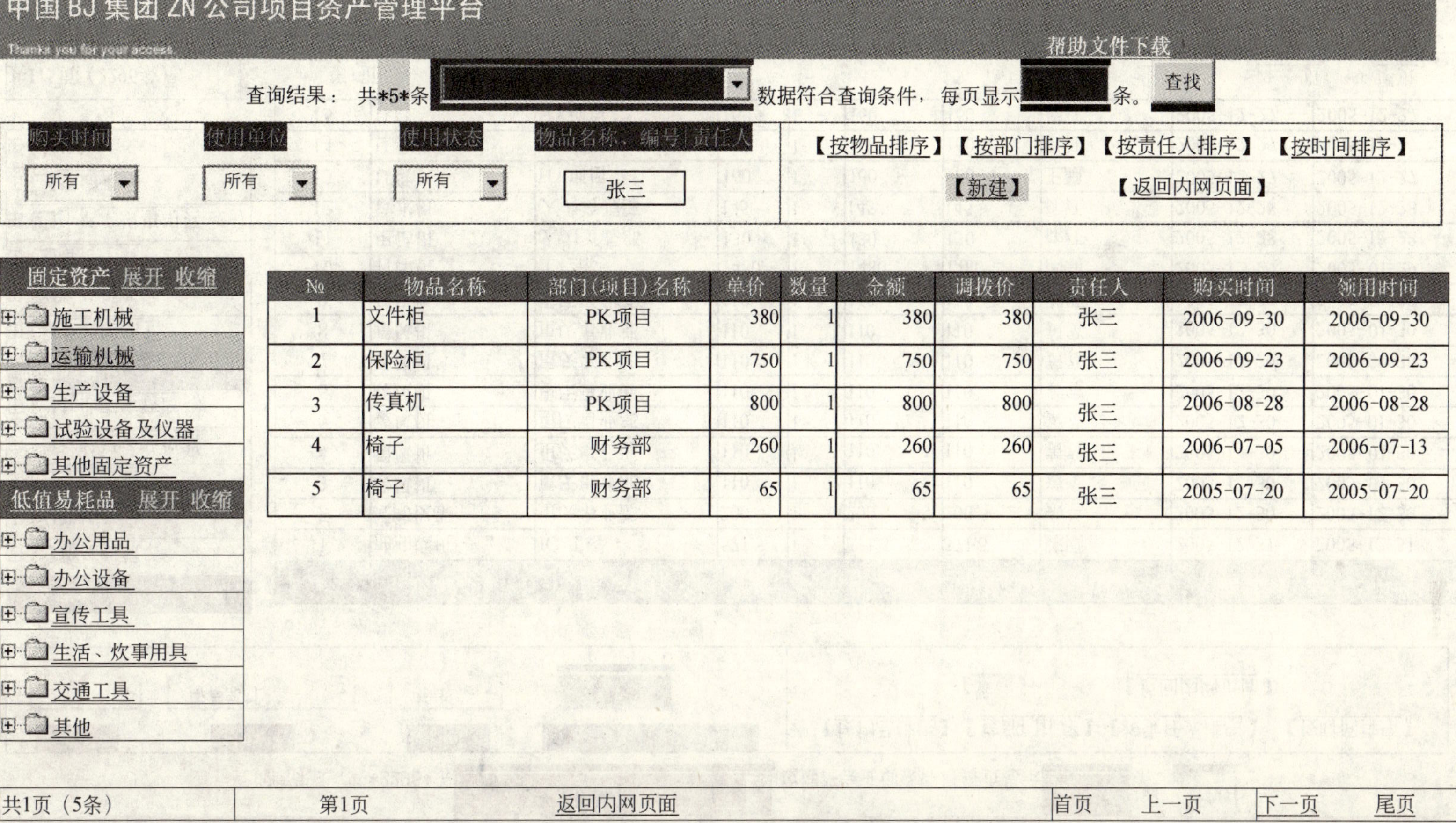

№	物品名称	部门(项目)名称	单价	数量	金额	调拨价	责任人	购买时间	领用时间
1	文件柜	PK项目	380	1	380	380	张三	2006-09-30	2006-09-30
2	保险柜	PK项目	750	1	750	750	张三	2006-09-23	2006-09-23
3	传真机	PK项目	800	1	800	800	张三	2006-08-28	2006-08-28
4	椅子	财务部	260	1	260	260	张三	2006-07-05	2006-07-13
5	椅子	财务部	65	1	65	65	张三	2005-07-20	2005-07-20

图 6-9　张三个人项目资产查询界面

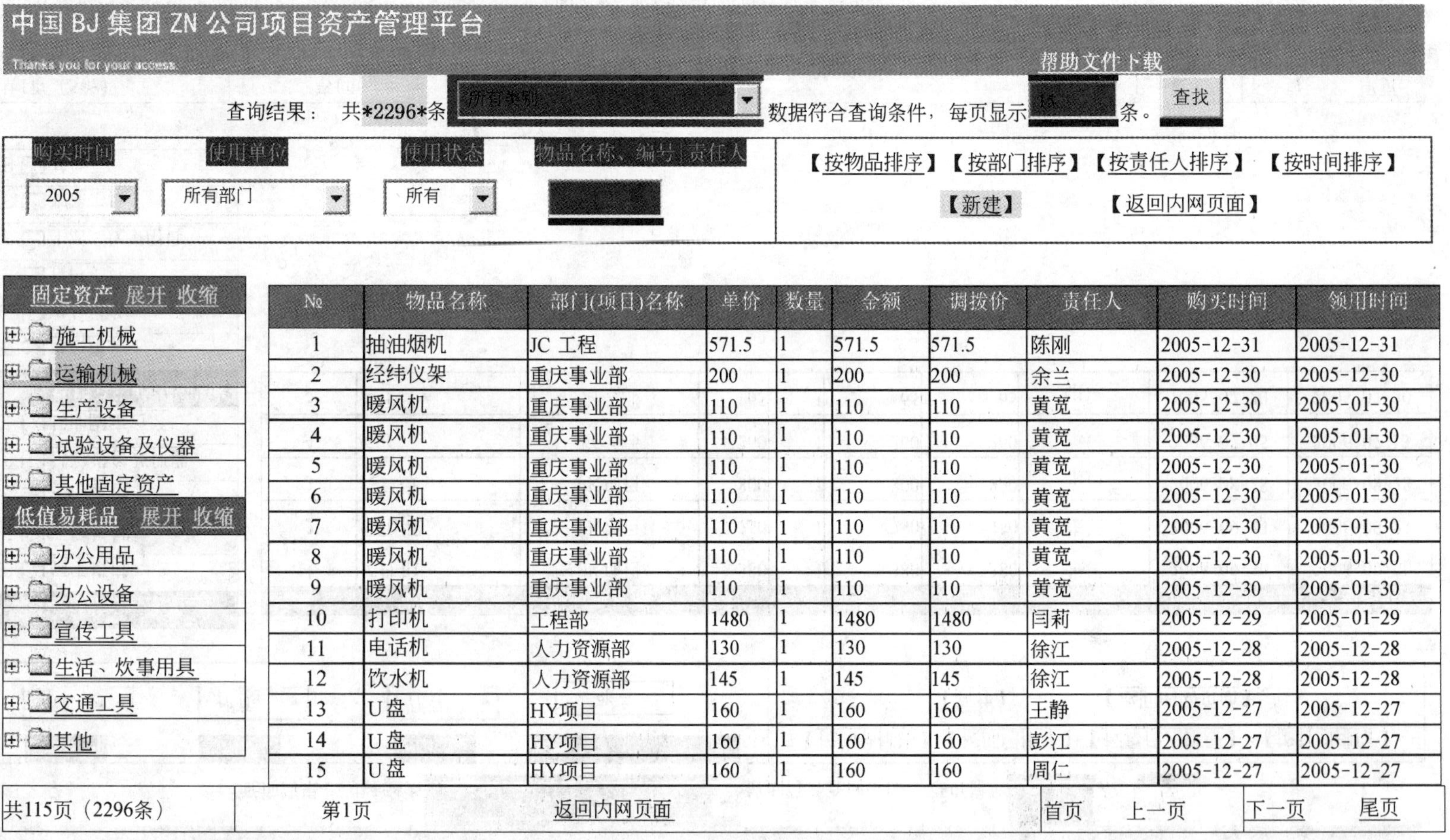

№	物品名称	部门(项目)名称	单价	数量	金额	调拨价	责任人	购买时间	领用时间
1	抽油烟机	JC 工程	571.5	1	571.5	571.5	陈刚	2005-12-31	2005-12-31
2	经纬仪架	重庆事业部	200	1	200	200	余兰	2005-12-30	2005-12-30
3	暖风机	重庆事业部	110	1	110	110	黄宽	2005-12-30	2005-01-30
4	暖风机	重庆事业部	110	1	110	110	黄宽	2005-12-30	2005-01-30
5	暖风机	重庆事业部	110	1	110	110	黄宽	2005-12-30	2005-01-30
6	暖风机	重庆事业部	110	1	110	110	黄宽	2005-12-30	2005-01-30
7	暖风机	重庆事业部	110	1	110	110	黄宽	2005-12-30	2005-01-30
8	暖风机	重庆事业部	110	1	110	110	黄宽	2005-12-30	2005-01-30
9	暖风机	重庆事业部	110	1	110	110	黄宽	2005-12-30	2005-01-30
10	打印机	工程部	1480	1	1480	1480	闫莉	2005-12-29	2005-01-29
11	电话机	人力资源部	130	1	130	130	徐江	2005-12-28	2005-12-28
12	饮水机	人力资源部	145	1	145	145	徐江	2005-12-28	2005-12-28
13	U盘	HY项目	160	1	160	160	王静	2005-12-27	2005-12-27
14	U盘	HY项目	160	1	160	160	彭江	2005-12-27	2005-12-27
15	U盘	HY项目	160	1	160	160	周仁	2005-12-27	2005-12-27

图 6-10　2005 年度项目资产查询界面

填数字。点击“按××排序”。下面以“按物品排序”查询举例，“每页显示15条”，点击“按物品排序”，则出现以下页面，如图6-11。所有项目资产按先数字后字母的顺序，字母从a到z升序排列，之后按项目资产汉字名称的首字母升序排列的原则显示。此种功能可以与其他索引结合使用。如可以在“物品名称、编码、责任人”对话框中填列——空调进行查询后，然后配合使用——使用按物品排序、按部门排序、按责任人排序、按时间排序等四个索引做出进一步的查询，更加便利快捷。

6. 模糊查询法的使用

由于项目资产种类繁多，查询人员对项目资产的登记要素不一定很清楚，比如一个叫李四的员工，按规定使用过一台笔记本电脑，某位领导想了解这台电脑的现在状态，但是想不起来这位李四叫什么，只记得姓李，就可以采用模糊查询法。进入“项目资产管理平台”后，在“购买时间”、“使用单位”、“使用状态”对话框下，分别选择“所有”、“所有部门”、“所有”。在“每页显示____条”对话框填“15”。在“物品名称、编码、责任人”对话框输入“李”，点击查找。则所有李姓管理的资产情况全部显示，如图6-12。结果缩小了范围，甚至直接找到。

7. 多元查询功能的使用

在管理中，很多时候，我们要求查询更加具体的查询范围，比如要查询2005年TY项目的空调配置情况，这里面同时有三个限制条件，2005年、TY项目部、空调。通过三个条件中的每一个条件，都可以查到，但由于公司有成千上万件项目资产，如果要按照三个条件中的一个查询，工作量大大提高，因此可以采用多元查询功能。进入“项目资产管理平台”后，在“购买时间”选择“2005年”；在“使用单位”选择“TY项目部”；在“使用状态”对话框下选择“所有”；在“物品名称、编码、责任人”对话框填“空调”；在“每页显示____条”对话框填“15”。则显示以下页面，如图6-13。

五、调拨

（一）项目资产调入

RK项目是ZN公司新承接的工程项目，合同造价1.3亿元。2005年1月1日开工，2006年6月30日竣工。在项目筹备时，拟定开办项目资产需求方案。其中办公、生活用项目资产需求如下：

办公、生活设施需求计划。预计需求资金21.65万元：

1. 电脑13500元（共8台，预计每台4500元）；
2. 办公桌椅12000元（共30套，预计每套400元）；
3. 办公用空调10000元（共5台，预计每台2000元）；
4. 保险柜700元（共1个）；
5. 电视机2000元（共2台，预计每台1000元）；
6. 会议室桌椅3000元（桌子一张，预计1500元；椅子15张，预计每张100元）；
7. 会议室立式空调5000元（1台）；
8. ……
9. ……

该项目按公司的规定的申请审批表填报需求计划，报ZN公司办公、生活设备资产管理部门——办公室。办公室根据公司关于项目办公、生活配备标准审核RK项目申报申请

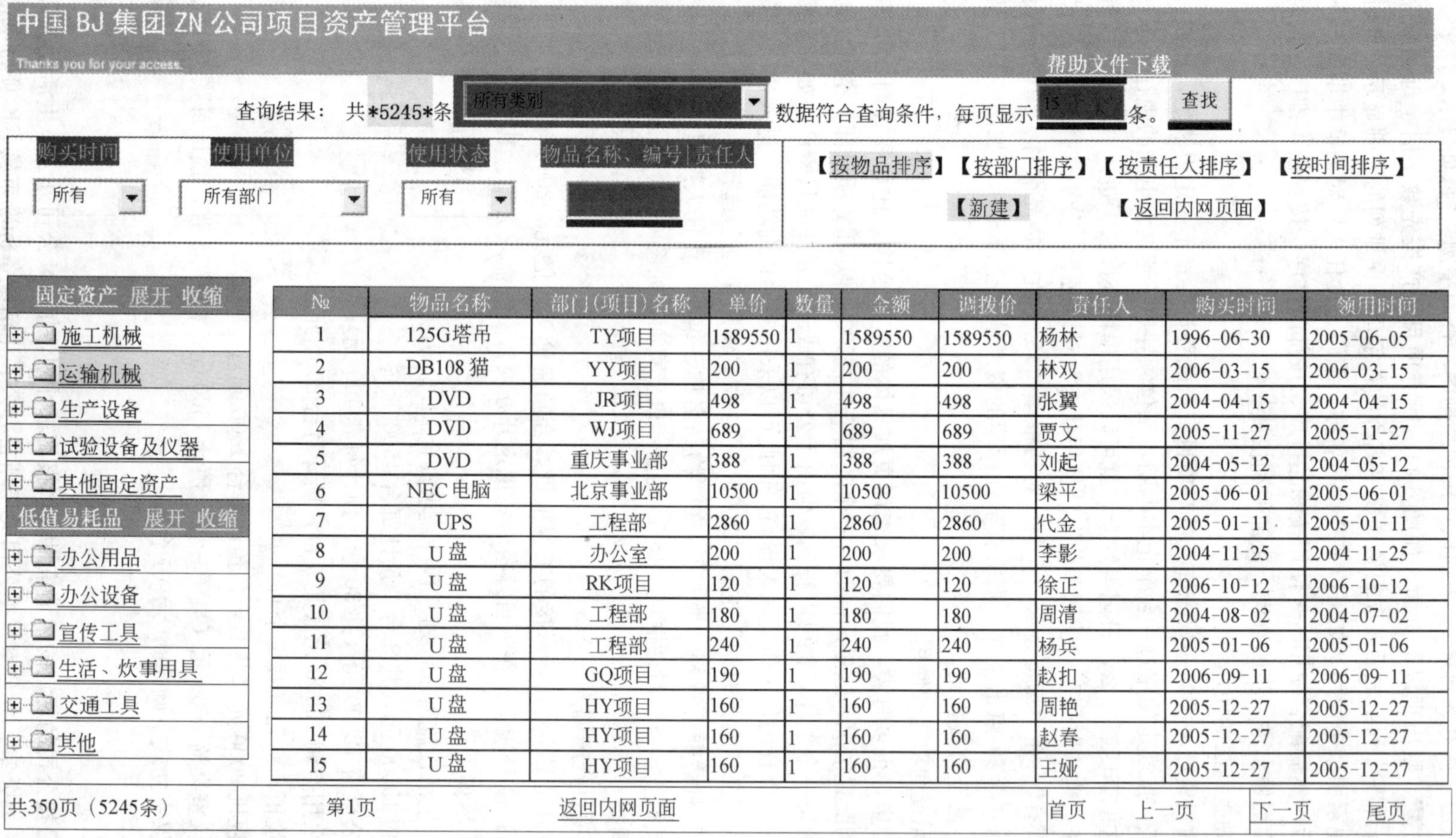

中国 BJ 集团 ZN 公司项目资产管理平台

Thanks you for your access.

帮助文件下载

查询结果：共*5245*条 所有类别 数据符合查询条件，每页显示 15 条。 查找

购买时间 所有 | 使用单位 所有部门 | 使用状态 所有 | 物品名称、编号|责任人

【按物品排序】【按部门排序】【按责任人排序】【按时间排序】

【新建】【返回内网页面】

固定资产 展开 收缩

- 施工机械
- 运输机械
- 生产设备
- 试验设备及仪器
- 其他固定资产

低值易耗品 展开 收缩

- 办公用品
- 办公设备
- 宣传工具
- 生活、炊事用具
- 交通工具
- 其他

№	物品名称	部门(项目)名称	单价	数量	金额	调拨价	责任人	购买时间	领用时间
1	125G塔吊	TY项目	1589550	1	1589550	1589550	杨林	1996-06-30	2005-06-05
2	DB108 猫	YY项目	200	1	200	200	林双	2006-03-15	2006-03-15
3	DVD	JR项目	498	1	498	498	张翼	2004-04-15	2004-04-15
4	DVD	WJ项目	689	1	689	689	贾文	2005-11-27	2005-11-27
5	DVD	重庆事业部	388	1	388	388	刘起	2004-05-12	2004-05-12
6	NEC 电脑	北京事业部	10500	1	10500	10500	梁平	2005-06-01	2005-06-01
7	UPS	工程部	2860	1	2860	2860	代金	2005-01-11	2005-01-11
8	U 盘	办公室	200	1	200	200	李影	2004-11-25	2004-11-25
9	U 盘	RK项目	120	1	120	120	徐正	2006-10-12	2006-10-12
10	U 盘	工程部	180	1	180	180	周清	2004-08-02	2004-07-02
11	U 盘	工程部	240	1	240	240	杨兵	2005-01-06	2005-01-06
12	U 盘	GQ项目	190	1	190	190	赵扣	2006-09-11	2006-09-11
13	U 盘	HY项目	160	1	160	160	周艳	2005-12-27	2005-12-27
14	U 盘	HY项目	160	1	160	160	赵春	2005-12-27	2005-12-27
15	U 盘	HY项目	160	1	160	160	王娅	2005-12-27	2005-12-27

共350页（5245条） 第1页 返回内网页面 首页 上一页 下一页 尾页

图 6-11 按物品排序查询界面

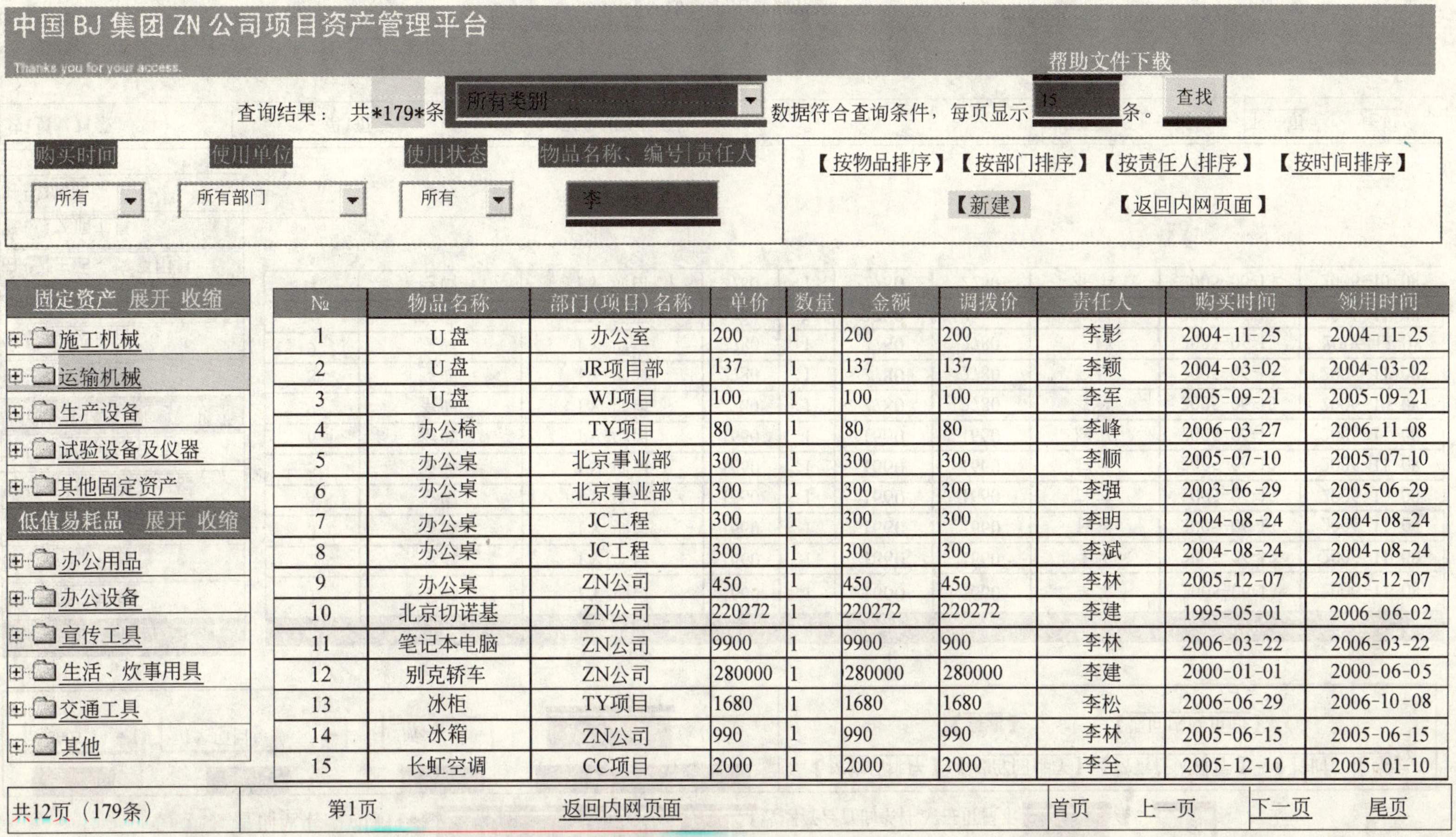

中国 BJ 集团 ZN 公司项目资产管理平台

Thanks you for your access.

帮助文件下载

查询结果： 共*179*条 所有类别 数据符合查询条件，每页显示 15 条。 查找

购买时间 使用单位 使用状态 物品名称、编号|责任人

所有 所有部门 所有 李

【按物品排序】【按部门排序】【按责任人排序】 【按时间排序】

【新建】 【返回内网页面】

固定资产 展开 收缩

- 施工机械
- 运输机械
- 生产设备
- 试验设备及仪器
- 其他固定资产

低值易耗品 展开 收缩

- 办公用品
- 办公设备
- 宣传工具
- 生活、炊事用具
- 交通工具
- 其他

№	物品名称	部门(项目)名称	单价	数量	金额	调拨价	责任人	购买时间	领用时间
1	U 盘	办公室	200	1	200	200	李影	2004-11-25	2004-11-25
2	U 盘	JR项目部	137	1	137	137	李颖	2004-03-02	2004-03-02
3	U 盘	WJ项目	100	1	100	100	李军	2005-09-21	2005-09-21
4	办公椅	TY项目	80	1	80	80	李峰	2006-03-27	2006-11-08
5	办公桌	北京事业部	300	1	300	300	李顺	2005-07-10	2005-07-10
6	办公桌	北京事业部	300	1	300	300	李强	2003-06-29	2005-06-29
7	办公桌	JC工程	300	1	300	300	李明	2004-08-24	2004-08-24
8	办公桌	JC工程	300	1	300	300	李斌	2004-08-24	2004-08-24
9	办公桌	ZN公司	450	1	450	450	李林	2005-12-07	2005-12-07
10	北京切诺基	ZN公司	220272	1	220272	220272	李建	1995-05-01	2006-06-02
11	笔记本电脑	ZN公司	9900	1	9900	900	李林	2006-03-22	2006-03-22
12	别克轿车	ZN公司	280000	1	280000	280000	李建	2000-01-01	2000-06-05
13	冰柜	TY项目	1680	1	1680	1680	李松	2006-06-29	2006-10-08
14	冰箱	ZN公司	990	1	990	990	李林	2005-06-15	2005-06-15
15	长虹空调	CC项目	2000	1	2000	2000	李全	2005-12-10	2005-01-10

共12页（179条） 第1页 返回内网页面 首页 上一页 下一页 尾页

图 6-12 按“李”字模糊查询界面

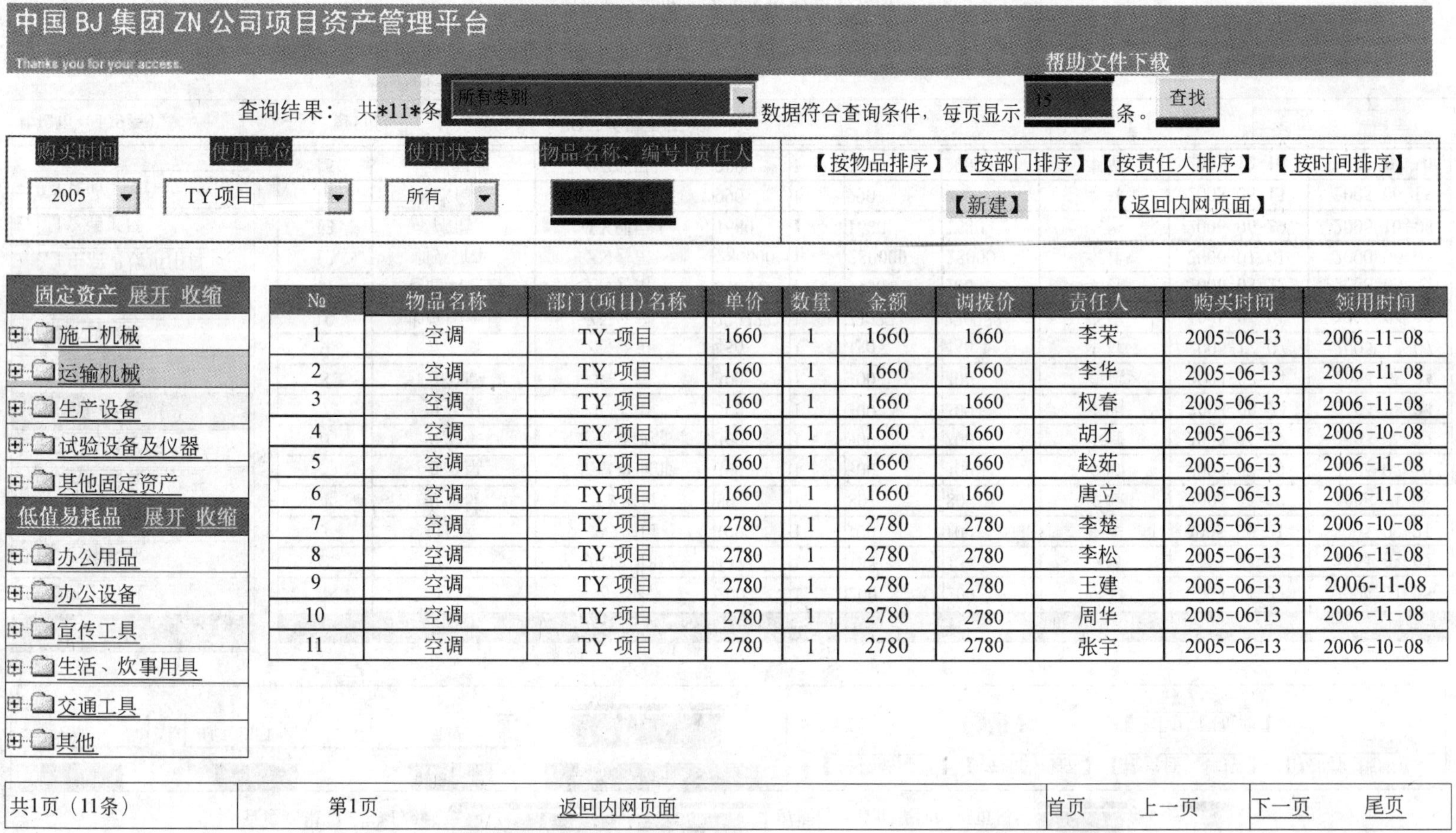

中国 BJ 集团 ZN 公司项目资产管理平台

Thanks you for your access.

帮助文件下载

查询结果： 共*11*条 所有类别 数据符合查询条件，每页显示 15 条。 查找

购买时间 2005　使用单位 TY项目　使用状态 所有　物品名称、编号|责任人

【按物品排序】【按部门排序】【按责任人排序】【按时间排序】

【新建】 【返回内网页面】

固定资产 展开 收缩
- 施工机械
- 运输机械
- 生产设备
- 试验设备及仪器
- 其他固定资产

低值易耗品 展开 收缩
- 办公用品
- 办公设备
- 宣传工具
- 生活、炊事用具
- 交通工具
- 其他

№	物品名称	部门(项目)名称	单价	数量	金额	调拨价	责任人	购买时间	领用时间
1	空调	TY 项目	1660	1	1660	1660	李荣	2005-06-13	2006-11-08
2	空调	TY 项目	1660	1	1660	1660	李华	2005-06-13	2006-11-08
3	空调	TY 项目	1660	1	1660	1660	权春	2005-06-13	2006-11-08
4	空调	TY 项目	1660	1	1660	1660	胡才	2005-06-13	2006-10-08
5	空调	TY 项目	1660	1	1660	1660	赵茹	2005-06-13	2006-11-08
6	空调	TY 项目	1660	1	1660	1660	唐立	2005-06-13	2006-11-08
7	空调	TY 项目	2780	1	2780	2780	李楚	2005-06-13	2006-10-08
8	空调	TY 项目	2780	1	2780	2780	李松	2005-06-13	2006-11-08
9	空调	TY 项目	2780	1	2780	2780	王建	2005-06-13	2006-11-08
10	空调	TY 项目	2780	1	2780	2780	周华	2005-06-13	2006-11-08
11	空调	TY 项目	2780	1	2780	2780	张宇	2005-06-13	2006-10-08

共1页（11条）　第1页　返回内网页面　首页　上一页　下一页　尾页

图 6-13　多元查询界面

表。根据该表，办公室首先登陆项目资产信息平台查询有关资产的待调拨情况：

公司拥有待调拨项目资产如下：

1. 待调拨电脑 4 台，调拨价分别为 3000 元的 2 台，1250 元的 1 台，还有 1 台可以继续使用的但已摊销完，可以免费调拨。

2. 待调拨办公桌椅 30 套，调拨价每套 200 元。

3. 待调拨办公用空调 2 台，调拨价每台 1000 元。

4. 待保险柜 1 个，调拨价 420 元。

5. 待调拨电视机 0 台。

6. 待调拨会议桌 0 张，椅子 5 张，调拨价每张 50 元。

7. 待调拨会议室立式空调 0 台。

8. ……

9. ……

办公室根据实际情况审核意见如下：

根据公司××号文件规定，批复意见如下：

1. 同意配备电脑 8 台。其中新购电脑 4 台，每台价格控制在 4500 元以内，由公司统一购置、调拨；从公司库存中调拨该项目电脑 4 台，调拨价如下：编码 DB0100001 为 3000 元，编码 DB0100008 为 3000 元，编码 DB0100011 为 1250 元，编码 DB0100012 免费调拨。

2. 同意配置办公桌椅 30 套。由公司库存中统一调拨，调拨价为每套 200 元。编码如下：办公桌 DB1000001～DB1000030，办公椅 DB1100001～DB1100030。

3. 同意配置办公用挂式空调 4 台。其中新购置 2 台，每台价格控制在 2000 元以内，由公司统一购买、调拨；从公司库存中调拨挂式空调 2 台，每台调拨价 1000 元，调拨空调编码如下：DB0700038，DB0700039。

4. 同意配备保险柜 1 个。由公司库存中调拨，调拨价为 420 元，调拨保险柜编码 DF0300009。

5. 同意配备电视机 2 台。新购 2 台，每台价格控制在 1000 元以内，由公司统一购买。

6. 同意配置会议桌 1 张，椅子 15 张。自制会议桌 1 张，价格控制在 300 元以内，自制后报公司登记；新购椅子 10 张，每张价格控制在 100 元以内，由公司库存调拨 5 张椅子，每台调拨价 50 元，调拨椅子编码：DB1100068～DB1100072。

7. 同意购置立式空调 1 台。其中新购买 1 台，价格控制在 5000 元以内，由公司统一购置。

8. ……

9. ……

办公室

××年××月××日

办公室签署意见后，交公司财务部门审核，财务审核后认为，配置标准符合公司有关文件，充分利用了库存项目资产。认为可行。签署意见：

办公室意见符合公司有关项目资产管理的文件，配置合理，调配得当，认为可行。

财务部

××年××月××日

财务部签署意见后，报公司分管领导审批，公司领导根据审批权限分工审批决定。公司领导签署意见：

同意以上意见。

×××

××年××月××日

财务部将领导批复的申请审批表做如下工作：

(1) 申请审批表存档一份，交办公室一份，交 RK 项目部一份。

(2) 办公室办完购置手续后，按申请审批表进行核销，并分列项目成本。

(3) 办公室办完库存项目资产登记手续后，转移项目资产使用成本。

(4) 复查项目资产信息台账的登记情况。

办公室收到审批的申请审批表，做如下工作：

(1) 按审批意见购买新增项目资产；

(2) 采购后办理编码手续，确认项目资产身份，粘贴标签；

(3) 通知项目部办理调拨领用手续；

(4) 办理新购项目资产及库存项目资产的调拨手续，根据项目部经办人确认有关责任人；

(5) 登记项目资产管理台账；

(6) 到财务部门核销。

RK 项目部收到审批的申请审批表，做如下工作：

(1) 按批复意见自制有关项目资产，自制后报办公室登记；

(2) 因公司部分批复意见与原计划方案不一致，调整使用方案；

(3) 安排有关责任人到公司接受调拨的项目资产；

(4) 按调整后的使用方案合理使用项目资产。

(二) 项目资产调出

2006 年 6 月 30 日，该项目按时竣工，项目部开始办理退场手续，相关项目资产开始退回。

退回项目资产清单如下：

1. 电脑 8 台。编号分别为 DB0100001，DB0100008，DB0100011，DB0100012，(公司待调拨的电脑)；DB0100060，DB0100061，DB0100062，DB0100063（项目开工时新购电脑）。

2. 办公桌椅 30 套。办公桌 DB1000001～DB1000030，办公椅 DB1100001～DB1100030（公司待调拨的办公桌椅）。办公用挂式空调 4 台。编码分别为 DB0700038，DB0700039（公司待调拨的空调），DB0700085，DB0700086（项目开工时新购空调）。

3. 保险柜 1 个。编码 DF0300009。(公司待调拨的保险柜)。

4. 电视机 1 台。编码 DD0100056。(项目开工时新购电视机)。

5. 会议桌 1 张，椅子 15 张。桌子编码 DB1000011（项目开工时新购会议桌)，椅子编码：DB1100068～DB1100072，（公司待调拨的椅子)，DB1100130～DB1100140（项目开工时新购置的椅子)。

6. 立式空调 1 台。编码 DB0700087（项目开工新购买的空调)。

7. ……

8. ……

9. ……

RK 项目部

××年××月××日

RK 项目部将上述项目资产清单及相应的实物资产交到公司办公室。办公室经验收后，得出如下结论：

RK 项目部项目资产交接清单：

1. 电脑 8 台。原内部调拨的 4 台电脑：编号 DB0100001，状况基本良好，可以继续使用，下次调拨价为 1250 元；DB0100008，状况基本良好，可以继续使用，下次调拨价 1250 元；DB0100011，状况一般，检修换件后，可以继续使用，下次调拨价 0 元；DB0100012，已经自然老化，不具备继续使用功能。项目开工时调拨的 4 台新电脑：DB01000060，状况良好，可以继续使用，下次调拨价 3000 元；DB0100061，状况良好，可以继续使用，下次调拨价 3000 元；DB0100062，状况良好，可以继续使用，下次调拨价 3000 元；DB0100063，状况良好，可以继续使用，下次调拨价 3000 元。根据公司××号文件，RK 项目部交纳原采购价 5%的管理费，以上电脑原采购价均为 5000 元，因此应收管理费 5000×8×5%＝2000 元。

2. 办公桌椅 30 套。原内部调拨的办公桌椅：办公桌 DB1000001～DB1000030，办公椅 DB1100001～DB1100030，所有办公桌椅经检修后可以继续使用，下次调拨价为每套 80 元。根据公司××号文件，RK 项目部交纳原采购价 3%的管理费，以上桌椅原采购价均为 400 元，因此应收管理费 400×30×3%＝360 元。

3. 办公用挂式空调 4 台。原内部调拨的两台空调：编码 DB0700038，状况一般，检修换件后可以使用，下次调拨价为 300 元；DB0700039 状况基本良好，可以继续使用，下次调拨价为 300 元。项目开工时新购的两台空调：DB0700085，状况良好，可以继续使用，下次调拨价 1000 元；DB0700086 状况良好，可以继续使用，下次调拨价 1000 元。根据公司××号文件，RK 项目部交纳原采购价 3%的管理费，以上空调原采购价均为 2000 元，因此应收管理费 2000×4×3%＝240 元。

4. 保险柜 1 个。公司调拨的保险柜：编码 DF0300009，状况良好，可以继续使用，下次调拨价 175 元。根据公司××号文件，RK 项目部交纳原采购价 3%的管理费，以上保险柜原采购价均为 700 元，因此应收管理费 700×1×3%＝21 元。

5. 电视机 1 台。项目开工时新购电视机 2 台：编码 DD0100056，状况良好可以继续使用，下次调拨价 500 元；编码 DD0100057，没有交回，应落实丢失责任，按规定处理。

根据公司××号文件，RK项目部交纳原采购价3%的管理费，以上电视机原采购价均为1000元，因此应收管理费1000×1×3%=30元。

6. 会议桌1张，椅子15张。项目开工时自制会议桌：编码DB1000011，状况良好，可以继续使用，下次调拨价150元。项目开工时新购椅子：编码DB1100130～DB1100140，状况良好，可以继续使用，下次调拨价每张50元。公司调拨的椅子，编码DB1100068～DB1100072，已经不能继续使用，按规定可以在使用一次。根据公司××号文件，RK项目部交纳原采购价3%的管理费，以上桌子原制造价为300元，椅子为100元，因此应收管理费（300+100×10）×3%=39元。

7. 立式空调1台。项目开工时购买的新空调：编码DB0700087，状况良好，可以继续使用，下次调拨价2500元。根据公司××号文件，RK项目部交纳原采购价3%的管理费，以上空调原采购价为5000元，因此应收管理费5000×1×3%=150元。

8. ……

9. ……

交出单位：　　RK项目部　　　　　　　　　　接受单位：公司办公室

××年××月××日　　　　　　　　　　　　　　××年××月××日

公司办公室根据以上交接清单登记项目资产信息平台。

公司财务部根据以上交接单处理如下：

1. 核销应冲减该项目的成本；
2. 复查项目资产信息平台。

根据双方确认的交接清单，财务部应冲减该项目成本为：

1. 电脑1250×2+3000×4=14500元；
2. 办公桌椅80×30=2400元；
3. 挂式空调300×2+1000×2=2600元；
4. 保险柜175元；
5. 电视机500元；
6. 会议桌椅150+50×10=650元；
7. 立式空调2500元；
8. ……
9. ……

合计108900元。

根据双方确认的交接清单，财务部应增加该项目成本为：

1. 电脑　　　2000元；
2. 办公桌椅　360元
3. 挂式空调　240元
4. 保险柜　　21元
5. 电视机　　30元
6. 会议桌椅　39元

7. 立式空调　　150 元

8. ……

9. ……

合计　　12500 元

对于没有交回的电视经查，其责任人为王五。由于自己保管不善，被盗。根据有关规定，按未摊销价值赔偿，原价 1000 元，未摊销价值 500 元，王五当月赔偿了 500 元。赔偿款不能冲减项目成本。

六、报废

不能继续使用的固定资产需要办理报废手续。以上面 RK 项目为例：

RK 项目部交回的项目资产已经不能继续使用的有：

1. 电脑 1 台。编码 DB0100012，已经自然老化，不具备继续使用功能。

2. 会议用椅子 5 张。编码 DB1100068～DB1100072，已经不能继续使用，按规定可以再使用一次。

3. 电视机 1 台。编码 DD0100057，按规定可以继续使用，丢失，已由责任人赔偿。

4. 电脑 1 台。DB0100011，状况一般，检修换件后，可以继续使用，下次调拨价 0 元；

以上涉及 4 种情况：

1. 第一种到了报废期，实际已不能继续使用；

2. 第二种没到报废期，实际已不能使用；

3. 第三种没到报废期，实际已不存在；

4. 第四种到了报废期，实际还能使用。

对于前三种情况，应该办理报废审批手续，进行报废处理。对于第四种情况，能够继续使用的，不能做报废处理，需要在待使用状态下登记，下次调拨时免费调拨。

报废处理主要包括以下环节：

1. 实物资产管理部门根据报废的情况填写申请审批表；

2. 财务部门审核并提出意见；

3. 公司领导审批；

4. 定期组织处置已报废的固定资产。

属于固定资产的还需要按固定资产程序办理。

办公室根据项目资产已报废情况，开始组织处理。

首先填报项目资产报废申请审批表。

清单如下：

电脑　　25 台（实物存在）

办公桌　　20 张（实物存在）

办公椅　　20 张（实物存在）

电视机　　1 台（实物丢失）

挂式空调　　15 部（实物存在）

……

以上项目资产已经无法使用或丢失，对于属于使用不当造成的提前损坏的，已经由项目部承担，对于个人原因，丢失的已经落实责任人，并进行了赔偿，现申请对以上项目资产进行报废处理。并建议组成处置小组处置以上已报废项目资产。

公司办公室
××年××月××日

财务部门审核意见：

以上情况属实。

公司财务部
××年××月××日

中国 BJ 集团 ZN 公司项目资产管理平台

Thanks you for your access.

电脑

【使用部门】 办公室
【规格型号】 兼容电脑，C4 2G/128M/40G
【物品编号】 DB0100033
【单　　价】 5668元
【数　　量】 1台
【小　　计】 5668元×1台=5668元
【经 办 人】 张三
【现调拨价】 5668元/台
【物品状态】 已报废
【物品类别】 低值易耗：办公设备：电脑
【购买日期】 2004年4月2日
【领用日期】 2006年6月28日
【责 任 人】 王四
【附　　件】 无相关附关
【领用历程】 2004年4月2日管*领用，拨料单编号：0009134
06年3月31日转周*领用，拨料单编号：0009134
06年6月28日转入仓库领

图 6-14　项目资产报废界面

公司领导审批意见：

同意以上意见。由公司办公室、财务部、审计部有关人员组成报废项目资产处置小组，采取招标的形式，对外出售，回收资金交公司财务部。

×××
××年××月××日

领导批复后，有关部门组成工作小组，组织公开招标处理。

报废资产处置后，根据处置清单，办公室项目资产管理员负责在信息管理平台上做报废登记，如图 6-14 所示。

财务部门根据报废清单，复查信息管理平台的登记情况。

参考文献

1 孙三友著．施工企业现代成本管理与流程再造．北京：中国建筑工业出版社，2004
2 中国建筑业协会统计专业委员会编著．建筑经济常用术语及法规手册．北京：中国大百科全书出版社，2005
3 章显中著．预算控制．长春：吉林人民出版社，2004
4 中国建筑工程总公司财务部．会计基础工作文件汇编．1997
5 马智亮，丘亮新著．施工企业信息化成功秘密．北京：中国建筑工业出版社，2006
6 卢有杰编著．新建筑经济学．北京：中国水利水电出版社，2002
7 金敏求主编．建筑经济学．北京：中国建筑工业出版社，2003